当代中国社会变迁研究文库编委会

主　任　李培林

副主任　陈光金　张　翼

委　员　（按姓氏音序排列）
　　　　　陈婴婴　景天魁　李春玲　李银河
　　　　　罗红光　王春光　王晓毅　王延中
　　　　　王　颖　杨宜音

中国社会科学院国家治理领域重大创新项目"共同富裕的阶段性衡量"（23YZD002）
国家社科基金重大项目"中国式现代化的评价指标及发展规律研究"（23AZD010）

当代中国社会变迁研究文库

共同富裕
衡量指标与实现路径

邹宇春 ◎ 著

Common Prosperity
Measurement Indicators and Implementation Paths

社会科学文献出版社
SOCIAL SCIENCES ACADEMIC PRESS (CHINA)

总 序
推进中国社会学的新成长

中国社会学正处于快速发展和更新换代的阶段。改革开放后第一批上大学的社会学人，已经陆续到了花甲之年。中国空前巨大的社会变迁所赋予社会学研究的使命，迫切需要推动社会学界新一代学人快速成长。

"文化大革命"结束后，百废待兴，各行各业都面临拨乱反正。1979年3月30日，邓小平同志在党的理论工作务虚会上，以紧迫的语气提出，"实现四个现代化是一项多方面的复杂繁重的任务，思想理论工作者的任务当然不能限于讨论它的一些基本原则。……政治学、法学、社会学以及世界政治的研究，我们过去多年忽视了，现在也需要赶快补课。……我们已经承认自然科学比外国落后了，现在也应该承认社会科学的研究工作（就可比的方面说）比外国落后了"。所以必须奋起直追，深入实际，调查研究，力戒空谈，"四个现代化靠空谈是化不出来的"。此后，中国社会学进入了一个通过恢复、重建而走向蓬勃发展和逐步规范、成熟的全新时期。

社会学在其恢复和重建的初期，老一辈社会学家发挥了"传帮带"的作用，并继承了社会学擅长的社会调查的优良传统。费孝通先生是我所在的中国社会科学院社会学研究所第一任所长，他带领的课题组，对实行家庭联产承包责任制后的农村进行了深入的调查，发现小城镇的发展对乡村社区的繁荣具有十分重要的意义。费孝通先生在20世纪80年代初期发表的《小城镇·大问题》和提出的乡镇企业发展的苏南模式、温州模式等议题，产生了广泛的影响，并受到当时中央领导的高度重视，发展小城镇和乡镇企业也随之成为中央的一个"战略性"的"大政策"。社会学研究所第三任所长陆学艺主持的"中国百县市经济社会调查",形成了100多卷本调查著作,已建立了60多个县(市)的基础问卷调查资料数据库,现正在组织进行"百村调查"。中国社会科学院社会学研究所的研究人员在20世纪90年代初期集体撰写了第一本《中国社会发展报告》,提出中国社会变迁的一个重要特征,就是在从计划经济向社会主义市场经济的体制转轨的同时,也处于从农业社会向工业社会、从乡村社会向城市社会、从礼俗社会向法理社会的社会结构转型时期。在社会学研究所的主持下,从1992年开始出版的《中国社会形势分析与预测》年度"社会蓝皮书",至今已出版20本,在社会上产生了较大影响,并受到有关决策部门的关注和重视。我主持的从2006年开始的全国大规模社会综合状况调查,也已经进行了三次,建立起了庞大的社会变迁数据库。

2004年党的十六届四中全会提出的构建社会主义和谐社会的新理念,标志着一个新的发展时期的开始,也意味着中国社会学发展的重大机遇。2005年2月21日,我和我的前任景天魁研究员为中央政治局第二十次集体学习做"努力构建社会主义和谐社会"的讲解后,胡锦涛总书记对我们说:"社会学过去我们重视不够,现在提出建设和谐社会,是社会学发展的一个很好的时机,也可以说是社会学的春天吧!你们应当更加深入地进行对社会结构和利益关系的调查研究,加强对社会建设和社会管理思想的研究。"2008年,一些专家学者给中央领导写信,建议加大对社会学建设发展的扶持力度,受到中央领导的高度重视。胡锦涛总书记批示:"专家们来信提出的问题,须深入研究。要从人才培养入手,逐步扩大社会学研究队伍,推动社会学发展,为构建社会主义和谐社会服务。"

目前,在恢复和重建30多年后,中国社会学已进入了蓬勃发展和日渐成熟的时期。中国社会学的一些重要研究成果,不仅受到国内其他学科的广泛重视,也引起国际学术界的关注。现在,对中国社会发展中的一些重大经济社会问题的跨学科研究,都有社会学家的参与。中国社会学已基本建立起有自身特色的研究体系。

回顾和反思30多年来走过的研究历程,社会学的研究中还存在不少不利于学术发展的问题。

一是缺乏创新意识,造成低水平重复。现在社会学的"研究成果"不可谓不多,但有一部分"成果",研究之前缺乏基本的理论准备,不对已有的研究成果进行综述，不找准自己在学科知识系统中的位置，没有必要的问题意识，也不确定明确的研究假设，缺少必需的方法论证，自认为只要相关的问题缺乏研究就是"开创性的""填补空白的"，因此研究的成果既没有学术积累的意义，也没有社会实践和社会政策的意义。造成的结果是，低水平重复的现象比较普遍，这是学术研究的大忌，也是目前很多研究的通病。

二是缺乏长远眼光，研究工作急功近利。由于科研资金总体上短缺，很多人的研究被经费牵着鼻子走。为了评职称，急于求成，原来几年才能完成的研究计划，粗制滥造几个月就可以出"成果"。在市场经济大潮的冲击下，有的人产生浮躁情绪，跟潮流、赶时髦，满足于个人上电视、见报纸、打社会知名度。在这种情况下，一些人不顾个人的知识背景和学科训练，不尊重他人的研究成果，不愿做艰苦细致的调查研究工作，也不考虑基本的理论和方法要求，对于课题也是以"圈"到钱为主旨，偏好于短期的见效快的课题，缺乏对中长期重大问题的深入研究。

三是背离学术发展方向，缺乏研究的专家和大家。有些学者没有自己的专门研究方向和专业学术领域，却经常对所有的问题都发表"专家"意见，"研究"跟着媒体跑，打一枪换一个地方。在这种情况下，发表的政策意见，往往离现实很远，不具有可操作性或参考性；而发表的学术意见，往往连学术的边也没沾上，仅仅是用学术语言重复了一些常识而已。这些都背离了科学研究出成果、出人才的方向，没能产生出一大批专家，更遑论大家了。

这次由中国社会科学院社会学研究所学术委员会组织的"当代中国社会变迁研究文库"，主要是由社会学研究所研究人员的成果构成，但其主旨是反映、揭示、解释我国快速而巨大的社会变迁，推动社会学研究的创新，特别是推进新一代社会学人的成长。

李培林

2011年10月20日于北京

序

　　每个时代都有独特的时代景观和人物特征，以及与之相对应的学科发展趋势。过去，理工科在社会发展中占据了重要的地位。这主要源于工业革命以来人们对科学技术的强烈需求，还在于我们人类对自然的控制能力不足，不能够获得足够的满足人类生存需求的必需物质。理工科的发展推动了人类社会的进步。从蒸汽机的发明到电力的广泛应用，再到信息技术和人工智能的迅猛发展，理工科的研究和人类对其的应用不断改变着人类的生产方式与生活方式。这几十年生产的产品超过了过去几千年的生产总和。科技的突破不仅提高了生产效率，提高了人们的生活质量，也为人类社会的未来发展奠定了坚实的基础。

　　随着时代的进步和社会的发展，科学研究的重心逐渐向社会科学倾斜。虽然人们仍旧在探讨人与自然的关系，但人与人的关系成为焦点。人们会问，现在的技术已能保证人人有饭吃、有房子住，可为什么这个世界上仍旧充满着挣扎在贫困线上的人？机械化、智能化已经让生产可以自动化，可为什么人们越来越倦怠，充满着抑郁和紧张？如若科技的发展不能给人带来幸福，那么发展科技的意义在哪里？理想的社会应该是什么样子？天下大同这个中国自古就有的理想究竟有无实现的可能？

　　党的二十大报告指出，中国式现代化是人口规模巨大的现代化，是全体人民共同富裕的现代化，是物质文明和精神文明相协调的现代化，是人与自然和谐共生的现代化，是走和平发展道路的现代化。我们的奋斗目标是在2035年基本实现社会主义现代化，在新中国成立一百年时，把我国建成富强民主文明和谐美丽的社会主义现代化强国。同时，"十四五"规划明确提出了"浙江高质量发展建设共同富裕示范区"的举措。理论的先导加上示范区的实践，使得共同富裕从古时候的理想逐步成为现实。研究共同富裕实现的道路、共同富裕的状态、共同富裕的影响成为社会学研究者必须回答的时代之问和人民之问。

中华文化源远流长，我国很早就提出"天之道"和"人之道"的区别，并努力追求天人合一。从传统文化角度讲，追求共同富裕是中华文明的根本特征之一，"大道之行也，天下为公"，"天无私覆，地无私载"。鸦片战争之后，伴随多次战争挫败和社会动荡，中国文化走向低谷，人们逐渐失去了文化上的自信，把文化中的瑰宝当成落后的垃圾舍弃，也丢掉了对人类前途命运的关注。直到毛泽东率领中国共产党，把马克思主义基本原理同中国具体实际相结合，才使中华民族走上了复兴之路。可以说，共同富裕既是马克思主义的理论要求，也是我们对传统文化的不懈追求。

研究共同富裕一方面要有历史文化的本源梳理，另一方面要有精确量化分析的工具。共同富裕不只是一个概念，当它真正实施的时候，它的内涵与外延，它的测量和发展，需要借助量化分析的工具。只有量化之后，才能谈得上"扎实推进"，才能确定是否"取得实质性进展"。邹宇春博士一直致力于现代社会发展的研究，尤其是她作为中国社会综合状况调查（Chinese Social Survey）连续十年的主要负责人，积累了丰富的社会调查经验，对当前中国社会的发展有着比较深入、全面的理解和认识。基于这些研究积累，她撰写了这本关于测量和推进共同富裕的专著。

此书详细阐述了共同富裕的文化基础，分析了构建共同富裕衡量指标的必要性，从富裕度、共同度、驱动力三个维度出发，构建了一套由3个一级指标、21个二级指标、37个三级指标组成的共同富裕衡量指标，并用此指标测量分析了我国当前共同富裕的水平，还分专题讨论了我国共同富裕的实现路径，对我国共同富裕工作提供了评估和推进的参考。翻阅完此书，我对作者的探索钻研和创新精神印象深刻，相信它的出版会给共同富裕的研究和实践带来新的启示与动力。当然，书中尚存一些不足亟待以后深入研究，比如存在指标仍需细化、权重有待优化、测量结果准确性有待增强等问题。

序

总的来说，很高兴看到此书的出版，希冀在共同富裕的研究和实践大潮中，能有更多中国特色共同富裕和社会发展理论的产生。

杨 典
中国社会科学院社会学研究所
2024 年 5 月

目 录

第一章　研究概述……………………………………………………… 1
　　一　构建衡量指标的研究缘起…………………………………… 1
　　二　构建衡量指标的研究重点…………………………………… 2
　　三　构建衡量指标的研究路径和研究内容…………………… 4

上篇　衡量指标

第二章　共同富裕理念的文化探索………………………………… 11
　　一　中华传统文化………………………………………………… 11
　　二　西方传统文化………………………………………………… 21
　　三　东西方传统文化对构建共同富裕衡量指标的启发…… 30

第三章　构建共同富裕衡量指标的必要性……………………… 35
　　一　新中国成立后对共同富裕的持续探索…………………… 36
　　二　当前共同富裕推进面临的挑战…………………………… 42
　　三　构建指标，凝聚共识，应对挑战………………………… 48

第四章　共同富裕衡量指标的内容构建………………………… 55
　　一　构建衡量指标的技术难点………………………………… 55
　　二　构建衡量指标的具体内容………………………………… 58

第五章　共同富裕衡量指标的衡量方法………………………… 112
　　一　衡量指标指数化的总体思路……………………………… 113

1

二 衡量指标的去量纲化……………………………………… 115

三 衡量指标的加权…………………………………………… 146

四 共同富裕衡量指标的特点、优点和不足………………… 151

下篇　实现路径

第六章　共同富裕目标下的专题之一：中等收入群体……… 161

　　一 共同富裕与中等收入群体………………………………… 161

　　二 中等收入群体的阶层认同………………………………… 162

　　三 中等收入群体的消费结构………………………………… 187

第七章　共同富裕目标下的专题之二：志愿服务…………… 205

　　一 共同富裕与第三次分配、志愿服务……………………… 205

　　二 我国活跃志愿者的总体规模与发展状况………………… 207

　　三 我国志愿服务的参与状况………………………………… 211

　　四 活跃志愿者群体的社会心态……………………………… 218

　　五 思考：志愿者与志愿服务的发展趋势和建议…………… 221

第八章　共同富裕目标下的专题之三：城市社区治理及其区域差异…… 225

　　一 共同富裕与城市社区治理………………………………… 225

　　二 中国城市社区治理的基本分析范式……………………… 226

　　三 中国城市社区治理的基本状况与区域差异……………… 231

　　四 思考：中国城市社区治理特点与区域平衡发展的建议… 244

第九章　共同富裕目标下的其他专题………………………… 247

　　一 借鉴先进经验：浙江高质量发展建设共同富裕示范区… 247

　　二 提高先进生产力："人工智能+"与新质生产力………… 252

　　三 缩小城乡差距：城乡差距、乡村振兴、城乡一体化…… 256

　　四 释放消费潜能：新发展格局、消费主义和消费社会…… 260

　　五 构建社会治理体系：共建共治共享……………………… 265

　　六 发展与互构：个人、家庭、国家和世界………………… 268

第十章　扎实推进共同富裕：从衡量到实践………………… 275
　　一　总路径：以中国式现代化推动共同富裕………………… 275
　　二　核心路径之一：加强发展机制…………………………… 280
　　三　核心路径之二：完善共享机制…………………………… 281
　　四　核心路径之三：深挖动力机制…………………………… 282

附录　共同富裕衡量指标 ……………………………………… 284

参考文献 ………………………………………………………… 286

第一章
研究概述

一 构建衡量指标的研究缘起

共同富裕是社会主义的本质要求，是中国式现代化的重要特征。习近平总书记在《扎实推动共同富裕》中明确指出，"我们说的共同富裕是全体人民共同富裕，是人民群众物质生活和精神生活都富裕"，同时提出，"党的十八大以来，党中央把握发展阶段新变化，把逐步实现全体人民共同富裕摆在更加重要的位置上，推动区域协调发展，采取有力措施保障和改善民生，打赢脱贫攻坚战，全面建成小康社会，为促进共同富裕创造了良好条件。现在，已经到了扎实推动共同富裕的历史阶段"。[①]

追求富裕是全世界的共同目标，但只有中国将共同富裕放入国家远景目标规划中，并采取措施逐步推进。在"已经到了扎实推动共同富裕的历史阶段"的背景下，习近平总书记特别强调，"要深入研究不同阶段的目标，分阶段促进共同富裕"，即"到'十四五'末，全体人民共同富裕迈出坚实步伐，居民收入和实际消费水平差距逐步缩小。到2035年，全体人民共同富裕取得更为明显的实质性进展，基本公共服务实现均等化。到本世纪中叶，全体人民共同富裕基本实现，居民收入和实际消费水平差距缩小到合理区间。要抓紧制定促进共同富裕行动纲要，提出科学可行、符合国情的指标体系和考核评估办法"。

---

① 习近平：《扎实推动共同富裕》，《求是》2021年第20期。

为理解并实现以上目标，本研究尝试构建一套既具有中国特色，又能横向比较，还能实现阶段性监测的衡量指标，以便从多维度、多视角为中国的共同富裕进行量化定位，切实推进共同富裕的如期实现。可以说，要在政策上切实引导共同富裕的推进，要在推进过程中有效监测与评估实践效果，离不开一套能够量化操作的、符合中国国情的共同富裕衡量指标。

二　构建衡量指标的研究重点

当前关于共同富裕的研究，主要分为三个方向：一是共同富裕的基本内涵分析，二是共同富裕的实现路径探究，三是共同富裕的衡量指标构建。总的来说，这些研究成果颇为丰富，为有关共同富裕的政策和实践提供了理论指导。其中，在共同富裕衡量指标构建方面，多数研究主要从富裕和共享两个维度构建一级指标，并据此生成一系列的二、三级指标群，为衡量当前的共同富裕水平提供了一定的评估参考。不过，需要指出的是，对于同一维度下的二级指标、三级指标，学者们从不同学科视角提出的衡量指标存在较明显的差异，在有效指导实现路径方面稍显乏力。换言之，已有研究构建的衡量指标极大地加深了人们对共同富裕的理解，但从评估成效的角度来看，人们对已有的衡量指标尚未达成共识，还有较大的提升空间。本研究认为，在衡量指标的构建上，有如下四个方面有待完善和优化，它们理应成为接下来构建衡量指标的研究重点。

（一）需加强对中华优秀传统文化元素的测量

目前衡量指标需加强对中华优秀传统文化元素的测量，以便更好地识别我国共同富裕的动力。大同社会是中国自古以来就追求的社会目标，共同富裕是大同社会的应有之义。在信史记载的历史中，天下为公、天下大同、先天下的社会理想，民为邦本、为政以德等治理思想，一直在我国传统文化中占有一席之地。这些优秀的传统文化经过不断演变，在新中国成立后，尤其是在进入新时代后，有何表现、发挥何种作用，理应在衡量指标中有所体现。

（二）需增强衡量指标的世界可比性

在测量中华优秀传统文化元素的同时，共同富裕的衡量指标还应具有世界可比性的特点。当希冀通过中国实践为全球社会治理提供经验参考时，就需要提炼可供世界各国进行比较、对照和参考的实践内容。因此，共同富裕衡量指标的构建，既要能推动我国的共同富裕，还要能评估世界经济社会建设状况，确保共同富裕与人类命运共同体有机结合。构建衡量指标时需注意选用能同时衡量我国共同富裕水平和世界共同繁荣水平的指标，以增强衡量指标的世界可比性和适用性。

（三）需增加对制度元素的核心测量

在扎实推进共同富裕的进程中，由制度因素导致的贫富差距是最大的阻力。共同富裕是社会主义的本质要求，我国的共同富裕衡量指标应该体现社会主义制度在缩小贫富差距方面的制度优势。富裕是世界上每个国家走向现代化的重要目标，中国式现代化的特征之一是社会主义市场经济体制下"全体人民的共同富裕"。我国的共同富裕具有较鲜明的制度特点。在构建共同富裕衡量指标时，需增加能够测量制度优势或制度差别的指标，使整个衡量指标既能在我国共同富裕目标下对社会生产布局发挥更贴近中国实践的指引和评估作用，又有助于世界各国定位自身特点并进行相应的参考和比较。

（四）需能对阶段性水平予以评估测量

习近平总书记指出，实现共同富裕"不是所有人都同时富裕，也不是所有地区同时达到一个富裕水准"，"这是一个在动态中向前发展的过程"。对共同富裕的衡量应能反映动态性的特点，衡量指标应具有阶段性特征。从党的二十大报告中对推进共同富裕的规划来看，2025年、2035年、2050年，是三个重要的节点，其间对应的指标在测量内容或量值上可有所不同。这意味着，一方面，指标内容在不同阶段可能会发生一定程度的变化，尤其是对于多层级的指标而言。随着社会经济的快速发展有可能需要采用更能反映时代变化特点的三级指标。[①] 反观当前有关共同富裕的衡量指标，大

---

① 类似于股票指数，其成分股是动态调整的。需要的时候，一些股票会被移出，一些股票会被加入。也类似于消费者物价指数CPI，它所涉及的一揽子商品并非一成不变的，而是会结合经济社会的发展新趋势不断变化，将新的商品和服务纳入商品篮子，但指标本身会保持延续性。

多试图用一个固定的体系来完成对共同富裕的衡量与评估，共同富裕的动态性难以体现。另一方面，在不同阶段，衡量指标的水平值会有所变化；而作为评估考核之用的衡量指标应对各个阶段的目标值做出相应的水平估算，通过现值与目标值的比对可对社会生产布局进行相应的调整。不过，目前多数衡量指标都只是对现值的评估和衡量，缺少对阶段性目标的比对和考核。

三　构建衡量指标的研究路径和研究内容

　　针对上述我国共同富裕的目标以及衡量指标构建中需要完成的重点任务，本研究旨在构建一套能够衡量我国共同富裕水平的指标。为此，本研究的研究路径如下：通过梳理东西方传统文化中有关共同富裕的理论探索，论证构建符合中国国情的共同富裕衡量指标的必要性并相应构建出一套衡量指标，随后基于统计数据、调查数据等对该指标予以测量和评估，在此基础上从社会学理论视角出发，探讨需重点关注的研究路径，为相关学术研究和政策评估提供参考。对照此研究路径，本研究的具体内容安排如下。

　　首先，第一章为研究概述。此部分详细论证本研究的研究缘起、研究重点、研究路径等，并阐述了本研究的研究框架和研究内容。

　　接着分为上、下两篇。上篇主要讨论如何构建共同富裕的衡量指标，共有四章。第二章分析了有关共同富裕理念的文化探索。"以人为鉴，可知荣辱；以史为鉴，可知兴替。"本研究的首要一步是，分析东西方在历经上千年的文化理论建构过程中，围绕共同富裕的探索有哪些可供当前借鉴的参考点。通过文献梳理，本研究发现，中华传统文化和西方传统文化在共同富裕的探索中各自都有较为丰富的文化积淀，呈现了以人为本、关注发展、共享成果、主动参与、公平公正、消除分化、加强再分配、强调精神与物质共存、强调公共服务、强调法治精神十方面可供当前推进共同富裕参考的优秀文化元素，同时两者也存在明显的历史局限性。在构建衡量指标时，需考虑集体主义与个人主义的张力、等级观念和平等理念的冲突、传统与现代的脱节、全球化背景下国际环境的复杂多变等影响因素对推进共同富裕的影响。

　　第三章分析了构建共同富裕衡量指标的必要性。在已有的文化传承分析的基础上，探讨我国在逐步推进共同富裕的进程中已经做了哪些尝试，有了哪些积累，面临哪些挑战，唯有如此方能领会为何习近平总书记提出"已经到了扎实推动共同富裕的历史阶段"。本研究认为，新中国成立以来，我国在政策和实践两方面做了基础性的共同富裕探索，取得了举世瞩目的成效；同时，随着国内外局势的变化，推进共同富裕面临着发展不平衡不充分、科技革命、产业变革、人工智能（AI）迅猛发展、国际环境的不确定性等挑战。基于已有的文化传承和当前面临的各种挑战，为能更好地理解并衡量共同富裕，本研究进一步探讨了我国共同富裕的核心理论、内涵和外延以及核心内容，提出衡量指标必须建立在对东西方优秀传统文化的深刻理解和继承之上，建立在马克思主义本土化的基础上，建立在习近平新时代中国特色社会主义思想的指导之下。同时，应注意推进共同富裕是从物质到精神的全面升华、动态发展与全面参与的过程。在明确共同富裕的内涵是全面的、多层次的，外延是动态的、逐步实现的基础上，确定共同富裕的内容应包含"发展""共享""动力"三方面，并强调随着衡量指标构建工作的深入，可以更加系统地引导各界达成共识，并在推进共同富裕中把挑战和风险转化为实践合力。

基于以上分析，第四章详细分析论证了共同富裕衡量指标的主要内容。衡量指标的构建，既是理论工作，也是技术工作。在此部分，本研究分析了构建衡量指标的技术难点，包括论证衡量指标的理论自洽、五大原则和三个关键问题（数据类型、指标属性、指标指数化）。基于这些分析，本研究详细阐述了衡量指标的一二三级指标内容。此部分的论证逻辑是，分析论证本研究试图测量的各维度下可选用的指标，比较这些可用指标的内涵和外延，并选出本研究认为最为适用的指标。通过分析比较同类型指标的理论内涵和实践意义，本研究构建了一套新的共同富裕衡量指标，由富裕度、共同度、驱动力3个一级指标构成。其中，富裕度包括客观物质丰裕度与主观富裕感知度两部分，共同度包括客观共同程度与主观感受的公平感，驱动力包括客观驱动力和主观驱动力。三者分别测量了共同富裕内容中的发展、共享和动力，都从客观标准和主观感知两方面予以测量。整套衡量指标包含3个一级指标、21个二级指标、37个三级指标。具体而言，富裕度有7个二级指标，包括生产水平、收入水平、物质消费水平、服务消费水平、消费结构、居民发展和富裕感。共同度有7个二级指标，包括收入不均匀度、一次分配系数、二次分配系数、三次分配系数、城乡平等度、地区平等度和民众公平感。驱动力也有7个二级指标，分别是国有和集体经济占比、科技创新力、政府清廉度、民众参与治理观、利他性价值观占比、政体支持度、共同富裕素养。

第五章着重讨论分析了该衡量指标的衡量方法。首先，本研究提出了通过使用加权平均法以完成衡量指标指数化的总体思路。接着，基于指标类型和研究目标，本研究比较分析了多种去量纲化的方法并确定采用最大值归一化法。在此基础上，本研究探讨了可以获得最大值的多种标准，并提出不同国家和地区的发展模式与特点各不相同，不能简单采用单一标准来衡量和比较，最终确定以"被认定为世界中等及以上发达国家且人口超过6000万人的国家的指标平均值"为富裕度维度下的大部分指标的最大值/最优值的参照值；同时，基于我国自身的发展目标和实践特点，以及理论界对于某些指标的学术讨论，结合世界其他可借鉴国家的情况，完成各指标最大值或值域的设定。在完成去量纲化处理后，本研究采用等权重法和熵权法两种方法进行了指标的加权，并基于2022年数据完成了指数化合成。基于测量的结果，我国共同富裕的三个维度的水平从高到低依次为驱动力、富裕度和共同度。这意味着提高共同度水平是推进共同富裕的工作重点，同时，富裕度中的生产水平和收入水平、共同度中的收入不均匀度和一次分配系数、驱动力中的政府清廉度和民众参与治理观也应成为接下来的工作重点。总的来说，运用本研究构建的衡量指标进行衡量评估时，在2050年目标值为1的设定下，可以反推各个指标在2035年达到什么水平为宜。可以使用本研究构建的衡量指标测算各个指标在评估当年的水平值，还可以根据水平值的大小对各个指标的建设进展进行评估，进而对于差距较大的指标有针对性地调整建设方案。该衡量指标呈现了共同富裕的基本框架，特别强调共同富裕的驱动力，便于确立分阶段的发展目标，既突出了中国特色，还具有世界可比性，但也存在指标仍需细化、权重有待优化、测量结果准确性有待增强等不足。本章最后对如何衡量"阶段性"提出了几点思考。

至此，本研究完成了衡量指标的建构和评估，开始进入下篇对实现路径的讨论。下篇共包含五章，围绕指标衡量结果不太理想的领域，以专题研究的形式，聚焦讨论分析共同富裕的实现路径。第六章聚焦分析共同富裕目标下的中等收入群体。由于中等收入群体被认为是社会经济发展进程中的"稳定器",扩大中等收入群体被认为是推动共同富裕和高质量发展的重要手段与战略基点,并在2002年以来被多次写入中央相关文件中。但需要注意的是,如果中等收入群体未能对自我阶层形成理性的阶层认同,其"稳定器"的作用并不会必然发挥出来,而扩大中等收入群体的结果能否实现物质和精神的双富裕也就变得不确定。为此,本研究采用全国随机抽样入户调查数据,运用年龄-时期-同世代交互效应模型(APC-I模型)分析中等收入群体的阶层认同偏差趋势,并进一步分析其阶层认同偏差对消费结构升级和消费潜能释放的影响,旨在回答中等收入群体能否以及如何促进其在推进共同富裕进程中发挥应有的"稳定器"作用这一问题。

第七章聚焦分析共同富裕目标下的志愿服务。在习近平总书记提出的推动共同富裕的总体思路中,特别强调了构建初次分配、再分配、三次分配协调配套的基础性制度安排。作为推动第三次分配中最具有劳动本质和道德意蕴的形式,志愿服务同时产出物质价值与精神价值。因此,为了在高质量发展中推进共同富裕,发挥好第三次分配的调节作用,本章运用全国随机抽样入户调查数据,分析和评估我国志愿服务的主体(活跃志愿者,即过去一年有过志愿服务行为的居民)以及志愿服务的现状和不足。分析发现我国18~69岁居民中,活跃志愿者占比自2019年逐步上升,2023年占比超三成。从人口结构上看,党员、"00后"、有较高家庭收入和受教育水平的群体更可能成为活跃志愿者。他们具有更加积极的社会心态,通过志愿服务贡献了巨大的经济价值,发挥了较好的资源调节作用。同时,由于发展水平和群众需求等差异,各领域的志愿服务的发展在不同程度上存在不平衡、不充分的特点,本研究提出需要有针对性地提升志愿服务水平。比如,常态化和精细化并举进一步优化志愿服务供给,因人制宜整合不同行业的志愿者资源,厘清社区和志愿服务组织的互动关系等,以便更好地推进共同富裕。

第八章主要分析共同富裕目标下的城市社区治理及其区域差异。鉴于发展的不平衡不充分是推进共同富裕进程中需要认真应对的挑战,以及推进城市社区治理是推动共同富裕的内在需求和重要路径,本研究基于多元复合型自治模式,构建了共同体社区的指标框架,进而分析了我国城市社区治理的基本现状和区域差异。本研究分析得出我国城市社区治理体系具有三方面特点，并基于社区治理存在的区域差异提出促进社会组织协调发展、增强社区治理的合力，促进基本公共服务均等化、提高社区治理的水平，提升社区社会资本、提高社区人际信任水平等建议，以推动社区治理，推动共同富裕。

第九章在前几章深入探讨了因收入差异、群体差异或区域差异等原因而需注意的中等收入群体、志愿服务以及城市社区治理的区域差异等议题的基础上，集中讨论了①浙江高质量发展建设共同富裕示范区，②"人工智能+"与新质生产力，③城乡差距、乡村振兴和城乡一体化，④新发展格局、消费主义和消费社会，⑤构建共建共治共享社会治理格局，⑥个人、家庭、国家和世界的关系 6 个还需深入剖析与妥善应对的议题。通过对这些议题的剖析，本研究提出，在推动共同富裕的进程中，我们既要紧密结合中国的实际国情，还要敏锐把握时代发展的脉搏和国际形势的变化，在不断摸索中借鉴先进经验和做法，不断提高生产力水平、缩小城乡差距、释放消费潜能、构建治理体系，在发展与互构中认识个体、家庭、国家和世界的关系，如此才能更加理性、从容地面对前进道路上的各种挑战和困难。

第十章基于以上几章关于实现路径的专项讨论，重点阐述了以中国式现代化推动共同富裕的总路径，并总结分析了加强发展机制、完善共享机制、深挖动力机制三条核心路径。

上篇
衡量指标

第二章
共同富裕理念的文化探索

  共同富裕不只是一个经济概念，更是一个涵盖了社会、文化、政治等多维度的综合发展目标。对于共同富裕的理解，不能仅仅局限于物质财富的积累和分配，还应包括人民的精神文化需求、社会公平正义、生态环境保护、人类命运共同体等方面的内容。这就需要我们在对共同富裕的内涵和内容进行深入探讨的基础上，达成广泛的社会共识，为推动共同富裕奠定坚实的思想基础并提供行动指南。换言之，要扎实推进共同富裕，需对共同富裕的内涵和内容达成广泛共识，这是确保推动共同富裕具有明确目标、清晰路径和强大内生动力的关键所在。

  为此，构建一套科学合理的衡量指标对于评估共同富裕水平、引导共同富裕推进和调整共同富裕实现路径具有重要意义。这套衡量指标应该既能综合体现共同富裕的重要内容，又能衡量并评估推动共同富裕的现状，进而引导、推动全国各地对共同富裕的认知和实践。在构建衡量指标的过程中，我们可以借鉴东西方传统文化中关于共同富裕议题的优秀元素，将这些元素融入衡量指标中，使其在更加符合我国国情的同时，也符合人类的共同追求和价值取向，成为一套既易于理解又便于操作，且能为世界大多数国家所借鉴的共同富裕衡量指标。

一　中华传统文化

  作为中国经济社会发展中的一项重要政策目标，共同富裕的核心理念是要实现全体人民共同享有社会经济成果，确保社会财富的广泛分配，使更多的人能从经济社会的发展中受益。它是中国特色社会主义制度下经济社会发展到一定阶段的必然产物，对整个中国的社会经济结构的发展变化有着深远影响。这种相互建构的互动关系，有着深厚的文化基础。回顾中华传统文化的发展脉络，可以发现共同富裕的理念深深植根于中华优秀传统文化之中，是对中华民族源远流长的优秀传统文化的继承和发展。中华传统文化在很大程度上塑造了我国民众对富裕、社会公正和公平的理解。

（一）先秦时期

中华传统文化中有关共同富裕的论述和观点，可以追溯到先秦时期。在这个时期，诸子百家争鸣，各种思想流派纷纷涌现，为后世提供了丰富的思想资源。其中，儒家的大同思想、道家的小国寡民、墨家的兼爱非攻等，都对后来的共同富裕产生了深远的影响。[①]

儒家的大同思想最早可以追溯到《礼记·礼运》："大道之行也，天下为公，选贤与能，讲信修睦。故人不独亲其亲，不独子其子，使老有所终，壮有所用，幼有所长，矜、寡、孤、独、废疾者皆有所养。"这描述了一种理想的社会状态，其中"天下为公"意味着社会的所有资源是公共所有的，而不是私有的；"选贤与能"意味着社会的领导者应该由有才能和德行的人担任，而不是通过世袭、财富或其他非国家治理能力因素来确定；"讲信修睦"则强调社会成员之间应该讲究诚信并和睦相处。此外，还提出了一个理想的社会福利体系，确保老年人、壮年人、儿童各得其所，以及残疾人等社会弱势群体能得到适当的照顾和保障。这段描述反映了儒家对于理想社会的设想，即一个公正、和谐且充满爱心的社会，其中每个人都能够充分发挥自己的才能和潜力，社会成员之间互相关爱和尊重，社会弱势群体得到妥善的照顾。作为儒家的代表人物，孔子特别鲜明地主张"仁者爱人"，认为仁爱不仅仅是一种个人品质，还是一种"君子"的社会责任。一个仁爱的人会关心他人的幸福和安宁，而不仅仅是自己的利益，并且还会关心国家大事，为国家的繁荣富强和人民的幸福生活贡献自己的力量。这些观点实际上强调的是一个真正的人需要在社会服务中实现，需要在致力于天下为公的路途中实现。除了大同思想，儒家还提出了民本主义思想。

---

① 陈忠海：《先秦时代的共同富裕思想》，《中国发展观察》2021年第17期，第63~64页。

这一思想在《尚书》《左传》等经典中都有体现。孔子认为："己所不欲，勿施于人。"这句话体现了儒家对人的尊重和关爱，强调的是以人为本的思想。此外，儒家的天下观则强调整体利益和长远利益，认为天下一家，即一个国家的繁荣和强盛需要全体人民的共同努力与奋斗。这一思想在《论语》《孟子》等都有体现。

儒家的这些思想，对于与共同富裕相关的政策的制定和实施有如下几点启示：其一，强调社会公平和财富分配的重要性，认为要实现共同富裕，必须打破阶层固化，让各个阶层的人民都能享受到社会发展的成果；其二，政府应该以人民的利益为出发点和落脚点，让人民成为社会发展的受益者；其三，政府应该着眼于全体人民的利益和长远发展，制定出科学合理的政策措施，促进共同富裕。总的来说，这些思想体现了先秦儒家对于全体人民、社会公正和共同富裕的关切，倡导全体人民共享社会发展成果。

道家主张无为而治、顺应自然。老子提出"道法自然"的观念，认为人类社会应该遵循自然界的规律，实现人与自然的和谐共生。他强调"无为而治"，即让事物按照自己的规律自然发展，而不是过度地人为干预。在《道德经》中，老子写道："道生一，一生二，二生三，三生万物。万物负阴而抱阳，冲气以为和。"这两句话说明了万物生成的过程，同时也体现了道家思想中顺应自然、和谐共生的观念。在这种观念下，共同富裕并非刻意追求的目标，而是自然而然实现的结果。庄子也提倡"无为而治"，他认为政府应该减少干预，让人民自由发展、主动参与，如此才能实现共同富裕。他在《庄子·养生主》中写道："吾生也有涯，而知也无涯。以有涯随无涯，殆已！"这两句话在一定程度上表达了对于过度追求的批判，同时也强调了自由发展、顺其自然的重要性。可以说，道家思想强调自然规律的重要性，主张无为而治、顺应自然。这种思想对于共同富裕的推进具有重要的启示意义，即政府应尊重自然规律，减少过度干预，按照经济和社会发展的规律实现共同富裕。同时，人们不应过度追求物质享受，而应该树立正确的价值观，追求内心的自由和满足。

墨家则关注公平正义，主张消除贫富差距。作为墨家的创始人，墨子提出了"兼爱非攻"的观点，主张人们应该平等地关爱所有人，不分亲疏、贫富和贵贱。这种观点强调了公平和正义的重要性，认为只有通过公平的分配和关爱，才能消除贫富差距。在《墨子·兼爱》中，墨子明确提出：

共同富裕：衡量指标与实现路径

"天下之人皆相爱，强不执弱，众不劫寡，富不侮贫，贵不敖贱，诈不欺愚。凡天下祸篡怨恨，可使毋起者，以相爱生也，是以仁者誉之。"这两句话表达了对于社会弱势群体的关注和爱护，同时也强调了人们应该相互关爱和帮助①，如此方可以实现共同富裕的社会所需的无祸患、无掠夺、无憎恨。虽然墨子没有直接提出实行公有制和合理分配来实现共同富裕，但他认为财富应该由所有人共同拥有，而不是被少数人垄断。在《墨子·尚贤》中，墨子提出了"尚贤"的观点，认为应该选拔贤能的人来治理国家，因为贤能的领导者会以公正、平等和为人民谋福利为原则，来分配社会资源和财富。此外，墨子还提倡节俭、勤劳等美德，以促进共同富裕。他认为人们应该勤俭节约、勤奋努力，通过自己的劳动来创造财富和价值。在《墨子·节用》中，他详细阐述了节俭的重要性，提出"去无用之费，圣王之道，天下之大利也"，认为只有节俭才能积累财富，促进社会的发展。总的来说，墨家思想强调公平正义和消除贫富差距的重要性，主张通过公有制、合理分配和节俭勤劳以实现共同富裕。这种思想对于当前共同富裕的推进具有重要的启示意义。政府应该加强公平正义的制度建设，倡导公正、友善的价值观，保障社会弱势群体的权益，促进资源的合理分配。同时，人们应该树立正确的价值观，勤俭节约、勤奋努力，通过自己的努力创造财富和价值，并且把通过自己的努力工作获得的财富以"爱"的形式反馈给这个社会。

作为中国古代的重要思想流派，法家强调法治，并坚信法律是调节社会关系、确保社会秩序稳定的关键。《韩非子·有度》明确指出："国无常强，无常弱。奉法者强则国强，奉法者弱则国弱。"这说明了法律对于国家强盛、社会秩序的重要性。法家认为，只有通过严格的法律制度，才能确保民安国泰；只有"法不阿贵，绳不挠曲"，才能实现社会的公平正义，防止贫富差距过大。这一观点对后来的共同富裕思想有很大的启发意义。共同富裕，作为社会主义的本质要求，在实现过程中必须确保社会资源的公正分配，而这正是法家所提倡的法治精神的重要体现。同时，法家也注重法律制度的不断完善和适应时代的变化。《史记·商君列传》中提到："治

---

① 孟凡平：《墨子的弱势群体人文关怀思想》，《石家庄经济学院学报》2014年第3期，第111~114页。

世不一道，便国不法古。"这说明了法律制度应该随着时代的变化而不断变革，以适应社会的发展需求。在共同富裕的道路上，需要不断完善法律制度，以确保其与社会发展的步伐相一致。总的来说，法家的法治思想与共同富裕的目标具有高度的契合性。在实现共同富裕的过程中，必须充分发挥法治的作用，确保社会资源的公正分配，保障人民的合法权益。

（二）汉唐时期

汉唐时期，中国传统文化中的民本主义思想得到了进一步发展。这一时期，许多杰出的思想家对人民与国家的关系进行了深入的探讨和思考，为后来以人民为中心的发展思想奠定了基础。

汉朝的贾谊是这一时期民本主义思想的代表人物之一。"民惟邦本，本固邦宁"这句话出自《尚书·五子之歌》。贾谊在反思秦亡之鉴后，进一步在《新书·大政》中提出，"闻之于政也，民无不为本也。国以为本，君以为本，吏以为本……此之谓民无不为本也"，成为汉代儒家治国理政的重要思想。这一重要思想深刻阐述了人民在国家治理中的根本地位，国家的繁荣昌盛离不开人民的辛勤付出和默默奉献，只有真正关注人民的利益，才能实现国家的长治久安。在行动上，西汉时期实行了黜陟法，这是一项基于民本主义思想的"与民休息"政策。这一政策的推行，减轻了农民的负担，促进了经济的发展。[①]

唐朝时期，民本主义思想得到了进一步的探讨和发掘。唐朝的统治者们更加认识到了人民的利益和需求对于整个国家的重要性。他们深知人民是国家的根本，只有让人民过上好日子，国家才能安定。例如，唐太宗李世民就提出了"水能载舟，亦能覆舟"的著名论断，强调人民对于国家政治的重要性。在行动上，他通过减轻赋税、发展经济、加强法治等措施来改善民众的生活条件，赢得了百姓的支持和拥护。此外，唐朝还延续并发展了隋朝开创的科举制度，为普通百姓提供了上升的渠道，进一步增强了民众对于国家政治的参与感和归属感。柳宗元作为一位杰出的文学家和思想家对官员的角色与职责有着独特的见解。他在《柳河东集》中明确提出：

[①] 褚雪：《浅析西汉初年"与民休息"政策的影响》，《经济研究导刊》2013年第17期，第253~254页。

"吾小人辍飧饔以劳吏者，且不得暇，又何以蕃吾生而安吾性耶？故病且怠。"这句话深刻揭示出了官员的职责所在，即要为人民的利益服务，而不是成为人民的负担。柳宗元明确指出官员必须为人民谋福利。这一观点不仅在当时具有先进性，对于我们今天的治理理念仍然具有重要的启示意义。如果官员只是为了自己的私利而工作，那么他们就会失去为人民谋福利的初心。相反，只有真正关注人民的利益，才能实现社会的发展与繁荣。

这一时期传统文化中的观点和思想，都为后来的共同富裕思想提供了重要的启示。首先，以人民为中心推进共同富裕，这与民本主义思想中的"民惟邦本"观点高度契合。其次，共同富裕的推进需要关注民生福祉，让人民过上好日子，这正是民本主义思想的实质所在。此外，共同富裕的推进需要各级政府官员切实履行职责，为人民服务，这也与柳宗元的"吏为民役"观点相呼应。总之，汉唐时期民本主义思想的发展为中华传统文化注入了新的活力，也为共同富裕的推进提供了宝贵的经验。

（三）宋明时期

宋明时期，中华传统文化迎来了一个新的繁荣期。程朱理学和阳明心学等学派的兴起，进一步发展了共同富裕的思想。这一时期的思想家们在理论上进行了深入的探讨，为后世的治国理政提供了宝贵的思想资源。

程朱理学强调"格物致知"，认为要通过研究万物之理，来认识事物的本质和规律。朱熹在《大学章句》中提出："格，至也。物，犹事也。穷至事物之理，欲其极处无不到也。"他认为，通过深入探究事物的本质和规律，可以获得对社会发展变化的深刻理解。朱熹还深入发展了"天人合一"的观念，认为人类应该遵循天道，实现人与自然、人与人之间的和谐共处。这与"天下一家"的理念相符合，都强调人类社会的整体利益和相互依存。在程朱理学的指导下，人们通过不断的学习、实践和思考，逐步认识到物质世界的运行规律，从而为实现共同富裕提供了理论基础。

阳明心学强调"心即理"，认为人的本性是善良的，每个人都有提高自我修养和道德水平的潜能。比如通过王阳明的《传习录》，可以发现他特别强调人的本性中具有辨别是非的能力，这种能力可以通过自我修养的提高得到增强。这意味着，通过不断学习和实践，人们可以摆脱自私自利的心态，实现个人与社会的共同发展。① 王阳明还提倡"知行合一"，认为知识和行为是不可分割的，只有将知识付诸实践，才能实现道德水平的提升和社会的进步。这一观点与大同思想中的人人平等观念相辅相成，都强调道德实践的重要性。

此外，晚明时期的王夫之提出了"平天下者，均天下而已"。他在《读通鉴论》中认为，只有实现社会的公平和平等，才能实现人民的富裕。这种思想实际上是对大同思想的进一步发展，它要求实现社会公平正义和共同富裕，如此才能使所有人都享受到幸福的生活。

以上思想都为后来的共同富裕思想提供了重要的理论支持。从某种意义上说，宋明时期的理学和心学的思想是中华传统文化中关于共同富裕思想的集大成者。它们在理论上进行了深入的探讨，为后世的治国理政提供了宝贵的思想资源。首先，宋明时期的理学和心学的思想强调公平正义的重要性。它们认为只有把握事物的本质和规律才能实现公平正义。这种思想对于后世的治国理政有重要的启示，即只有把握住公平正义的本质，才能制定出符合人民利益的制度和政策，从而实现共同富裕的目标。其次，宋明时期的理学和心学的思想强调道德修养的重要性。它们认为通过自我修养和道德水平的提升，人们可以变得更加善良和正直。这种思想对于提高人民的道德水平有着重要的意义。只有当每个人都能够注重自我修养和道德水平的提升时，才能形成良好的社会风尚，从而为实现共同富裕创造良好的社会环境。最后，宋明时期的理学和心学的思想强调天下一家的理念，这种理念要求在社会中实现人人平等和天下一家。这种理念实际上与后来的共同富裕思想是一致的，因为只有当每个人都能够享受到公平正义和平等时，才能真正实现共同富裕和人民的幸福生活。

（四）清朝时期

清朝时期，国外形势发生剧变，中国面临着前所未有的挑战和危机。因此，一些有识之士开始思考改革和振兴的必要性。其中，康有为和梁启超作为最具代表性的改革家，提出了各自的思想和主张。

---

① 苏晓冰：《王阳明"良知"概念新解——以"天人之际"为视域》，《求索》2024年第1期，第119~125页。

共同富裕：衡量指标与实现路径

康有为是清朝末期的重要思想家，他对于清朝社会的现状有着深刻的认识。在《孔子改制考》中，他认为人类社会遵循着据乱世、升平世和太平世的规律依次发展，而太平世是人们共同享乐、万物和谐共处的理想状态，为此他提出了"大同社会"的概念，强调消除阶级差别，实现人人平等和财产公有等。康有为指出，"大同之道，至平也，至公也，至仁也"。这意味着大同社会是一个公平、公正、充满仁爱的社会。在这个社会中，人们不再受到阶层、地位、财富等因素的限制，每个人都能够自由地发挥自己的才能和潜力。同时，大同社会也是一个共同富裕的社会，资源分配将更加合理，每个人都能分享到社会发展的成果。为了实现大同社会，康有为提出了一系列的改革措施。他主张废除封建制度，建立君主立宪制，以限制君主的权力，保障人民的自由和权利。同时，他提倡引进科学技术和管理经验，提高国家的综合国力。此外，康有为还强调教育的重要性，提倡普及教育，提高人民的素质和文化水平。

梁启超主张国家应该通过发展经济来改善民生，提高人民的生活水平。梁启超认为，国家的富强与人民的幸福是密不可分的，而要实现这一目标，就需要发展实业，增加社会财富。他在《变法通议》中指出："欲强国，必先强民；欲强民，必先富民。"[1] 这一观点体现了梁启超对共同富裕的追求。此外，梁启超还提出了"平均地权"的思想，主张通过土地制度改革来实现社会财富的公平分配。他认为，土地是财富的主要来源，如果土地分配不公，那么社会财富也会分配不均，从而导致社会矛盾和不稳定。因此，他主张通过立法手段，实现土地的平均分配，以保障人民的基本生活权益。这在一定程度上体现了共同富裕的思想。

康有为和梁启超的主张在当时引起了广泛的关注和讨论。遗憾的是，清朝末期政治腐败和统治者的保守心态、社会经济条件的落后以及思想观念的束缚等不足，制约了他们的改革措施的实施。但他们的思想和主张为后来中国社会的改革和发展提供了重要的借鉴与启示，即只有真正关注人民的需求和利益，才能实现社会的公平、公正和共同富裕；只有通过全面的改革和创新，才能推动国家和社会的进步与发展。

---

[1] 梁启超：《变法通议》，何光宇评注，华夏出版社，2002。

（五）民国时期

民国时期是中国历史上的一个重要阶段，经历了深刻的社会变革，各种思想流派百花齐放，为后来的共同富裕思想提供了一定的思想积淀。以下是一些重要的思想和流派。

孙中山提出的三民主义，即民族、民权、民生，不仅为当时的中国指明了前进的方向，更在深层次上为共同富裕的提出与实施奠定了坚实的理论基础。民族主义主张强调的是国家的独立与自主。孙中山认为，一个国家要实现现代化，首先必须摆脱外来侵略与压迫，实现民族的真正独立。这一思想在后来的共同富裕思想中得以延续，即国家的发展和富强是实现共同富裕的前提与基础。民族主义的提出，实际上明确了中国现代化发展的根本方向。民权主义主张强调的是政治的民主与人民的权利。孙中山倡导建立真正的民主共和国，主张国家的权力来自人民，并为人民所共有。这一思想为后来的共同富裕思想奠定了政治基础。只有真正实现人民当家作主，才能确保国家的发展成果为人民所共享。民生主义主张关注的是人民的生计与福祉。孙中山认为，一个国家的发展不仅仅局限于经济的增长，更重要的是人民的生活水平与幸福感的提升。这一思想在共同富裕思想中得到了进一步的贯彻，即经济发展的最终目的是改善人民的生活条件，确保每一个公民都能分享到国家发展的成果。

新文化运动（1915~1923年）是一场由陈独秀、胡适等知识分子发起的思想文化革新运动，旨在通过倡导民主、科学、平等、自由等思想，推动中国社会的现代化进程。这场运动对中国社会的思想观念、文化传统和价值取向产生了深远的影响，也为共同富裕思想的形成和发展提供了重要的思想资源。在新文化运动中，民主思想的传播对共同富裕思想产生了积极的影响。民主思想强调人民的权利和自由，主张通过民主政治制度实现人民的共同利益。这种思想为共同富裕的实现提供了政治上的保障，使得政府更加关注人民的福祉，制定和实施有利于共同富裕的政策。科学思想的传播对共同富裕思想产生了重要的影响。科学思想强调科学的态度和方法，主张通过科学技术的进步推动社会的发展。这种思想为共同富裕的实现提供了物质上的支持，使得科技的发展更好地满足人民的需要，促进经济的增长和社会的进步。平等和自由思想的传播也对共同富裕思想产生了积极的影响。平等思想强调人人平等，主张消除社会不公和贫富差距；自由思想强调个人的权利和自由，主张释放社会的创造力和活力。这些思想为共同富裕的实现提供了伦理上的支持，社会需要富裕与文明，人们需要自由和平等。

乡村建设运动是中国近现代史上一次重要的社会实践，其发起者梁漱溟在1920年代至1930年代积极倡导乡村建设、关注农村问题，为后来的共同富裕思想提供了宝贵的实践经验。梁漱溟认为，中国作为一个农业大国，农村的繁荣与稳定对于国家的整体发展至关重要。他指出乡村问题是中国民族复兴与社会改造的根本问题。[①] 因此，他提倡通过乡村建设，推动农村经济、教育、文化等多方面的发展。在实践层面，梁漱溟先生积极推动农村经济的发展。他主张通过发展农业技术、推广现代化的农业机械和种植方法，提高农业生产效率和农民收入水平。同时，他还注重发展农村手工业和商业，促进农村经济的多元化发展。在山东邹平县，梁漱溟与同仁开展了乡村建设的试点工作。他们通过创办合作社、推广现代农业技术、设立农民学校、建设乡村图书馆等多种方式，努力提高农民的生活水平与文化素养。此外，他们还倡导乡民参与地方事务的管理，培养其民主意识。尽管这一运动在当时面临诸多困难和挑战，但它为后来的共同富裕思想提供了宝贵的实践经验。通过这一运动，中国积累了关于如何解决农村问题的宝贵经验，为后续的政策制定和实施提供了有益的参考。

作为杰出的实业家和改革者，张謇倡导的实业救国理念及推动的工商业改革，无疑也为后来的共同富裕思想和具体实践奠定了重要的经济思想基础。张謇认为，发展民族工业、实现经济现代化是提升国家综合实力、改善民生的关键所在。他通过创办一系列工业企业，不仅促进了当地经济的繁荣，更在全国范围内引领了工商业发展的潮流。他注重引进先进技术和设备，提升产品质量和竞争力，为民族工业的崛起奠定了坚实基础。同时，他积极倡导并实践"棉铁主义"，即优先发展棉纺织业和钢铁工业，以此带动其他相关产业的发展，这一战略对于当时的中国经济具有深远的指导意义。张謇的工商业改革实践，为后来的共同富裕思想提供了宝贵经验。共同富裕的核心理念是实现社会财富的公平分配和全民共享，而张謇所倡

---

① 梁漱溟：《乡村建设理论》，商务印书馆，2015。

导的实业救国、发展民族工业正是实现这一目标的重要途径。他用实践表明，通过发展一个民族的工业、提升其经济实力，可以为共同富裕提供重要的物质条件。

民国时期，除了上面的几类思想或流派，马克思主义以其鲜明的阶级立场和革命精神，成为一股不可忽视的力量。它不仅为中国共产党的诞生和发展提供了理论支撑，更在后来的社会主义建设中发挥了关键作用。在马克思主义看来，社会的发展是阶级斗争的结果。只有通过无产阶级的革命，推翻资产阶级的统治，才能实现真正的社会公平和共同富裕。这一观点深刻影响了中国早期的共产主义者，促使他们积极投身于民族解放和人民幸福的伟大事业。当然，马克思主义在中国的传播和应用并非一帆风顺的，它面临着来自国内封建残余势力和国外帝国主义的双重打压。然而，正是在这样的困境中，中国共产党应运而生，团结带领广大人民群众，通过长期的革命斗争，终于成立了人民当家作主的新中国。

二　西方传统文化

追求经济上的富裕和社会福祉并不仅仅是中华传统文化的独特诉求，在西方思想的发展进程中，也能找到共鸣。纵观西方思想发展史，有几个非常重要的时期值得梳理，分别是古希腊罗马时期、中世纪至文艺复兴时期（从5世纪持续到15世纪）、近代时期（17世纪到19世纪中叶）、现代时期（从19世纪中叶至今）。在不同的时期都有一些对西方文化产生深远影响的人物，他们在丰富人类物质生活和精神生活、共享繁荣、增进共同福祉、促进社会公正和公平等方面有着较为深刻的思考。他们的观点、思想、理论虽没有直接提到共同富裕这个词，但在不同的语境下探索了与共同富裕相关的问题，直接或间接地体现了追求共同富裕的文化元素，并推动了一定范围的社会实践，深刻构建了西方的文化发展史。尽管这些观点、思想、理论在实践过程中由于各种原因最终都未能真正实现其指向的目标，但为当前中国共同富裕的推进提供了借鉴和启示。

（一）古希腊罗马时期

柏拉图的思想体系涵盖众多领域，包括物理、逻辑、政治哲学等。共同富裕作为社会发展的重要理念，在柏拉图的思想中有所体现。在《理想国》中，柏拉图描绘了一个理想的社会蓝图，提出了财产公有制的概念。他认为，私有财产是导致社会不公和贫富差距的根源。因此，他主张废除财产私有制，实行财产公有制，认为这样可以避免贫富差距，实现社会的和谐与平等。实际上，这种公有制的观念在某种程度上体现了共同富裕的思想。当然柏拉图的公有制是限于某类阶层的，并不是全民的。此外，柏拉图还极为重视教育在构建理想社会中的作用。他认为，通过教育可以培养出品德高尚、有智慧的公民。同时，他还提出了对社会阶层的划分，认为不同阶层的人应该承担不同的职责。[①] 这种对教育的重视、对社会阶层的划分的理念，有助于实现社会的和谐与公正。

作为古希腊文化的集大成者，亚里士多德在其伦理学巨著《尼各马可伦理学》中详尽探讨了个人德性和幸福的实现路径，其中他提出的"中庸之道"（golden mean）不仅适用于个体品格修养的提高，更体现了他对城邦公民共同幸福的深刻洞察和理想建构。亚里士多德认为，美德是一种介于过度和不足之间的适度品质，这一理念构成了"中庸之道"的核心。在他看来，无论是对待财富的态度还是参与公共事务的行为，公民都应该避免极端，寻求适当的平衡。例如，在对待财富问题上，他并不提倡完全摒弃物质财富或者无度地贪婪积累，而是主张追求适度的财富，即足够满足生活需求但不过分追求奢华，并提出"财富是美好生活的必要条件"的观点，认为富裕是实现个人幸福和社会繁荣的基础。这种适度的财富观认为过大的贫富差距往往会引发社会矛盾和冲突，不仅无助于对个人品德的培养，还使得维护城邦内部的和谐稳定变得困难。亚里士多德进一步强调了公共生活的价值和共同善的概念。在他的政治哲学中，城邦不仅是众多家庭和个体的集合体，更是实现人类最高目的——美好生活（eudaimonia）的场所。公民在城邦中不仅要追求个人的完善，还要积极投身于公共事务，努力增进城邦的整体福祉。这意味着公民应当具备诸如正义、勇气、节制和智慧等德性，这些德性既是个体幸福的源泉，也是城邦得以实现共同善的基础。虽然《尼各马可伦理学》中没有明确出现共同富裕这样的词，但亚里士多德提倡的公正分配资源、合理管理财产和积极参与公民生活的理念，

---

① 柏拉图：《理想国》，郭斌和、张竹明译，商务印书馆，2019。

实际上预示了一种基于公民平等与共同利益的社会秩序。①

古罗马文明作为古代文明的重要代表，其法律制度中的公平分配思想对后来的社会公正和平等观念产生了重要影响，这些观念在某种程度上与共同富裕思想有共通之处。其中，西塞罗作为古罗马杰出的政治家和思想家，对社会公正观念的形成发挥了重要作用。西塞罗在其重要著作《论共和国》中提出了深刻的"共和国"理念，认为国家在本质上是人民共同参与的公共事务，是一个遵循法律并共享各种权利与共同利益的广大公民共同体。② 虽然西塞罗并未直接系统地阐述现代意义上的公平分配概念，但他确实讨论了正义、平等和公民权益在国家治理中的核心地位，尤其是法律在维护社会公正和平等方面的作用。西塞罗强调，在古罗马社会中，每个公民应当在法律面前享有平等的权利与机会，这一点可延伸理解为对资源和财富分配公正性的诉求。他在著作中提出了对财产权的保护，认为财产权是公民基本权利中不可或缺的部分，法律必须确保每个人的财产安全。同时，尽管他未明确提出公平分配的具体制度设计，但他暗示了财产权享有者应承担相应的社会责任。西塞罗主张正义的交易原则，这在一定程度上可以被解读为对经济活动公平性的要求。可以说，西塞罗的理念不仅对当时古罗马社会产生了广泛影响，也对后世包括现代社会有着重要启示。具体来说，他提倡的法律面前人人平等、法律在维护社会公正及稳定中的关键角色以及拥有更多资源者应承担更大社会责任等观点，为我们理解和构建现代公正社会提供了历史智慧。尤其在现代社会，我们仍需通过不断完善法律制度和强化法律执行来实现资源与财富的公平分配，促进社会稳定和谐，并鼓励个人在追求自身利益时兼顾社会责任。

（二）中世纪至文艺复兴时期

在中世纪，托马斯·阿奎那（Thomas Aquinas，约 1225~1274 年）的思想对西方哲学和神学产生了深远的影响，其理论框架内蕴含了社会和谐与公正的理念。他认为，人类社会的存在不仅是为了满足个体的需要，更是为了追求共同的善。这一观点体现了他对社会和谐与公正的深刻理解。在

---

① 亚里士多德：《尼各马可伦理学》，廖申白译注，商务印书馆，2003。
② 西塞罗：《论共和国》，李寅译，译林出版社，2013。

阿奎那看来，共同的善的实现依赖于财产和资源的公正分配。他强调，公正的分配原则不仅要求确保每个人的基本生活需求得到满足，而且要求这种分配能够反映个体的贡献和社会的需求。为了实现这一目标，阿奎那提出了一系列政策和制度。比如，他特别强调税收和慈善在调节社会财富方面的重要性。通过税收，政府可以收集公共资源，为那些无法自给自足的个体提供必要的支持。同时，慈善作为一种个人行为，也能够有效地缓解社会不平等现象，增进社会的整体福祉。[1] 阿奎那的思想对现代社会的公正与和谐建设具有重要的启示意义，尤其是其所强调的公正分配和慈善行为，对于缓解现代社会中的贫富差距和社会不平等问题具有重要的参考价值。

约翰·洛克（John Locke，1632~1704年）的哲学思想对西方政治哲学和法学理论产生了深远的影响。在其《政府论》第二篇《论政府》中，他提出的财产权理论成为现代财产权观念的基础，并间接地为追求更为公正的社会经济秩序提供了理论依据。他认为，人们通过劳动将自然界的无主物变为私人财产，这种劳动赋予物品价值，并因此使人获得了对该财产的合法权利，这是人的自然权利之一。他强调劳动在创造和增值财产过程中的决定性作用，认为个人对其劳动成果拥有无可争议的所有权。洛克明确指出，政府的主要职责之一就是建立和维护法律体系，以保护公民的生命、自由和财产权利，从而确保社会的稳定与繁荣。他认为政府的存在是为了保障所有公民都能在一个公正有序的社会环境中生活，通过保障财产权来激发个体的积极性和创造性，推动社会生产力的发展。[2] 洛克的财产权理论在一定程度上加深了人们对社会公正和共同繁荣的认识，虽然他并未直接提出共同富裕的理念，但其理论为后世探讨社会公正分配和集体福祉奠定了基石，强调了社会整体秩序和个体权利之间的平衡关系。通过保护劳动所得和合法取得的财产权，洛克的思想为后来的经济社会政策制定者们提供了实现更加包容性增长和合理分配的重要参照。

在文艺复兴时期，托马斯·莫尔（St. Thomas More，1478~1535年）在他的代表作《乌托邦》中，提出了一个蕴含着深刻平等与共同富裕思想的社会模式。在这个社会中，所有财产和资源都由公共所有，没有私人占有

---

[1] 托马斯·阿奎那：《阿奎那政治著作选》，马清槐译，商务印书馆，2011。
[2] 洛克：《政府论》，瞿菊农、叶启芳译，商务印书馆，1982。

第二章　共同富裕理念的文化探索

的概念。所有的生活必需品，如食物、衣物和住所，都按照人们的需要进行平均分配，确保每个人都能得到他们所需的基本生活资料。这种财产公有制的理念，体现了共同富裕的思想。他还特别强调消除贫富差距的重要性，认为私有制和阶级分化是导致社会不公和贫困的根源。在乌托邦中，人们不再因为财富的多寡而被分为不同的阶级，每个人都享有平等的地位和机会。这种消除贫富差距的理念，也是共同富裕的重要体现。而且，他提倡共同劳动和共同休闲的生活方式，认为每个人都需要参与社会劳动，应该为社会的运转和发展贡献力量；同时，社会也能保障每个人有足够的休闲时间，用于自我提升和享受生活。这种共同劳动和共同休闲的理念，体现了共同富裕所追求的社会和谐与平衡。此外，他还强调了教育平等的重要性。在乌托邦中，每个人都有接受教育的机会，无论他们的社会地位如何。[1] 这种教育平等为每个人提供了改变自身命运的可能性，促进了社会流动和各阶级之间的融合。可以说，莫尔的思想和观点中确实包含了许多共同富裕的元素。他通过描绘乌托邦这一理想社会的蓝图，展现了他对共同富裕的追求和对理想社会的构想。

（三）近代时期

在近代，法国哲学家让-雅克·卢梭（Jean-Jacques Rousseau，1712~1778年）以其《社会契约论》在社会科学领域产生了深远的影响。卢梭的核心主张是通过建立基于自愿同意的社会契约，重构政治权力与公民自由的关系，进而实现社会的公共福祉与共同利益。他详细阐述了社会契约的理念，认为每个人都应该将自己的权利转让给共同体，从而实现社会的平等与和谐。在这一过程中，个体并非完全放弃权利，而是通过将权利集合于共同体，换取更大范围内的平等与自由。他认为，人类在原始状态下是自由和平等的，但随着社会的发展和私有制的出现，不平等的问题逐步滋生。社会契约就是为了矫正这种不平等问题，使人们能在新的社会秩序中重获并维护其平等地位。通过这种方式，卢梭试图解决社会不平等的问题，并实现社会的平等与和谐。为此，卢梭反对贫富差距和社会不平等。他认为，财富的不平等分配会导致社会的分裂和冲突，破坏社会的稳定与和谐。因此，他

---

[1]　托马斯·莫尔：《乌托邦》，戴镏龄译，商务印书馆，1982。

提倡通过税收和再分配等手段来调节社会财富，确保每个人的基本生活需求得到满足。卢梭认为，这种公正的财富分配是实现社会平等和共同繁荣的关键，人们通过社会契约可以重新建立平等的社会关系，实现共同利益。① 总体而言，卢梭的社会契约论为我们提供了一种理解社会不平等和寻找解决方案的理论框架，不仅有助于解决社会不平等问题，而且能够促进社会的整体福祉和繁荣。这一思想不仅揭示了社会契约的重要性，而且在一定程度上体现了共同富裕的理念，即人们通过社会契约可以重新建立平等的社会关系，实现共同利益。当然，卢梭的理论过于理想化，在现实中不容易实现。因为现实中的社会契约往往是不平等和强制性的，难以确保每个人的权利和自由。

亚当·斯密（Adam Smith，1723～1790年）作为古典经济学的奠基人之一，对于经济增长和国民财富的增加有着深刻的见解，其观点在某种程度上与后来的共同富裕思想有共通之处。斯密在其著作《国富论》中主张市场经济的自由竞争和自由贸易，认为通过个人追求自身利益的行为，会无意识地促进整体经济繁荣，这种繁荣为后来的共同富裕思想奠定了物质基础。他强调劳动分工的重要性，提出通过专业化的劳动分工可以提高生产效率进而增加整个社会的财富。除了市场经济和自由贸易的观点外，斯密还提出了"看不见的手"的概念。这一概念强调了市场经济下的共同富裕会在个体追求自身利益的行为中得以实现。斯密认为，当每个人追求自己的利益时，通过市场竞争和价格机制的作用，整个社会的财富和福祉将会增加。这种观点关注市场经济对于实现共同富裕的潜力。此外，斯密也关注到了社会公正和公共福利的重要性。斯密认为政府在促进经济增长和社会福祉方面应扮演有限但重要的角色，特别是通过提供基本的公共服务和确保法律秩序来维护社会的正常运转。斯密认为，政府的职责是确保社会的公正和稳定，为每个人提供平等的机会并满足基本的生活需求。② 斯密的理论特别关注经济增长和国民财富的增加，为后来的共同富裕思想提供了重要的思想启示。

伊曼努尔·康德（Immanuel Kant，1724～1804年）并未直接提及共同富裕这一概念，但他的道德哲学、政治哲学以及经济哲学中的某些观点和

---

① 卢梭：《社会契约论》，李平沤译，商务印书馆，2011。
② 亚当·斯密：《国富论》，郭大力、王亚南译，商务印书馆，2015。

理念与共同富裕有着内在的联系。首先，康德的道德哲学强调人的尊严和道德自主性。在其《道德形而上学基础》中，他提出每个人都应该被视为目的本身，而不是实现他人目的的手段；每个人都应该享有基本的自由和权利，包括财产权、人身自由等。[1] 这种对个体权利的尊重与保护，在某种程度上为共同富裕的实现奠定了基础。因为如果每个人的基本权利都得到保障，那么社会财富的分配就会更加公正，从而有利于实现共同富裕。其次，康德的政治哲学强调共和制的理想政府形式。在《永久和平论》中，康德认为，共和制政府能够实现人民的自由和平等，因为它基于人民的共同意志和利益。康德强调，政府的职责是保障人民的权利和自由，同时要促进社会的公正和福利。[2] 这种对公正和福利的追求，与共同富裕的思想有着相似之处。

皮埃尔-约瑟夫·蒲鲁东（Pierre-Joseph Proudhon，1809~1865年）是法国的小资产阶级社会主义者和无政府主义理论家。他的思想中包含了一些与共同富裕相关的元素，如互助主义、无政府主义等。首先，他在《什么是所有权》中首次提出了"互助论"（mutuellisme），强调人们应当通过互助合作来实现社会的平等与和谐。蒲鲁东批判了资本主义的私有制，认为私有制是导致社会不平等的根源。他主张实行一种基于互助合作的社会主义制度，通过共同劳动和共同享有劳动成果来实现共同富裕。蒲鲁东的思想体现了通过互助合作和共享劳动成果来实现共同富裕的理念。其次，他强调了劳动的重要性。他认为，劳动是创造价值的唯一源泉，因此劳动者应该享有劳动成果的权益。[3] 不过，蒲鲁东对于私有制和资本主义的批判并不彻底，他主张通过改良而非革命的方式来实现社会的变革。这种局限性使得蒲鲁东的思想在实现共同富裕方面具有一定的挑战性。

这一时期是欧洲社会、经济和政治变革的重要时期，资本主义逐渐兴起，同时伴随着人们对社会结构和公平的深刻反思。圣西门、傅立叶和欧文等人的空想社会主义理论，正是在这样的历史背景下产生的。相对而言，他们的思想中包含了较明显的共同富裕的元素，他们试图通过构建理想的

---

[1] 伊曼努尔·康德：《道德形而上学基础》，孙少伟译，中国社会科学出版社，2009。
[2] 伊曼努尔·康德：《永久和平论》，何兆武译，上海人民出版社，2005。
[3] 蒲鲁东：《什么是所有权》，孙署冰译，商务印书馆，1963。

社会制度来实现社会的公平与和谐。在圣西门的社会主义思想中，他特别强调组织社会生产活动以实现集体福祉。他认为，如果个体不能组织起来就没有力量，导致生产秩序紊乱且没有效率。他还主张生产、消费要实现平衡。这些都体现了一定的共同富裕思想，即通过合理的社会组织，确保社会资源的公平分配和高效利用，从而实现整个社会的发展与进步。傅立叶则对资本主义社会进行了深刻的批判，并提出了社会主义和共产主义的某些原则。他的理想社会制度被称为"和谐制度"，这一制度旨在消除贫富差距，实现社会和谐和共同发展。傅立叶认为，通过建立这种制度，可以消除社会的不平等和剥削，使每个人都能享受到社会发展的成果。此外，欧文也致力于寻求社会的公平与和谐。他在美国的共产主义实验"新和谐公社"就是其共同发展理念的具体实践。欧文试图通过建立一个没有阶级压迫和剥削的公社，实现社会成员的平等与共同发展。可以说，圣西门、傅立叶、欧文等人试图通过构建理想的社会制度，消除贫富差距，实现社会的公平与和谐。虽然他们的思想和实践具有一定的空想性，但对于我们今天推进共同富裕仍具有重要的借鉴意义。

相比于其他西方学者，卡尔·马克思（Karl Marx，1818～1883年）作为社会主义和共产主义的理论家，其思想中包含了更为明显的、丰富的和切实的共同富裕的元素。首先，马克思认为资本主义社会的财富分配是不公正的。在资本主义社会中，生产资料（如土地、工厂、设备等）主要掌握在少数人手中，而劳动力则是由广大工人阶级提供的。工人通过出卖自己的劳动力来获得生活资料，但他们所创造的剩余价值却被资本家无偿占有。这种财富分配的不公正导致了贫富差距的扩大，少数富人掌握了大量的社会财富，而大多数人则生活在贫困之中。为了消除这种不公正的财富分配方式，马克思提出了社会主义和共产主义的理想社会模式。在社会主义社会中，生产资料由整个社会共同拥有和管理，而不是由少数人私人占有。同时社会财富的分配基于每个人的劳动贡献和需求，而不是基于私人占有和市场竞争。在共产主义社会中，这种分配方式将进一步发展，实现真正的按需分配，确保每个人的基本需求得到满足。其次，马克思强调了社会阶级斗争在实现共同富裕中的重要作用。他认为，资本主义社会中的阶级斗争是不可避免的，因为工人阶级和资产阶级之间存在着根本的利益冲突。工人阶级需要通过革命手段推翻资产阶级的统治，建立无产阶级专政，从而为实现社会主义和共产主义创造条件。在这个过程中，马克思认为工人阶级应该组织起来，形成自己的阶级意识，认识到自己的阶级利益，并积极参与到革命斗争中去。只有通过革命斗争，才能彻底改变资本主义社会的财富分配方式，实现大多数人的富裕。此外，马克思还提出了剩余价值理论，揭示了资本家剥削工人的秘密。他认为，工人所创造的剩余价值是资本家利润的来源，而这部分剩余价值被资本家无偿占有。这种剥削行为不仅导致了工人的贫困，也阻碍了社会的整体发展。为了实现大多数人的富裕，马克思主张将剩余价值归还给工人，让他们能够享有自己劳动成果的权益。可以说，将剩余价值归还给工人是实现共同富裕的一个重要步骤。总的来说，马克思的思想和观点体现了共同富裕的思想，为我们理解社会不平等和寻求解决方案提供了重要的理论支撑。

（四）现代时期

约翰·罗尔斯在20世纪提出了著名的作为公平的正义理论。他在《正义论》中提出的作为公平的正义理论，对财富和机会的分配问题进行了深入的探讨，这些探讨与共同富裕的思想紧密相关。罗尔斯认为，一个公正的社会首先应该确保每个人的基本自由和权利，并通过公正的制度和政策来减少社会不平等。他提出了差别原则，即社会和经济的不平等"应该这样安排，使它们（1）在与正义的储存原则一致的情况下，适合于最少受惠者的最大利益；（2）并且依系于在机会公平平等的条件下职务和地位向所有人开放。这一点强调了不平等只有在有利于最不利者的情况下才是可接受的，并且这种不平等不应阻碍机会公平平等"[①]。这一原则体现了共同富裕的思想，即通过公正的制度和政策，确保每个人都能够分享社会发展的成果。其次，他提出的机会公平平等原则，强调每个人都应该有平等的机会去发挥他们的潜力和才能，不受社会和经济不平等的影响。罗尔斯认为，只有当机会公平平等时，人们才能够真正根据自己的努力和才能来获得成功。这一原则体现了共同富裕中对于机会平等的追求，即确保每个人都有平等的机会去获取财富和成功。

---

① 约翰·罗尔斯：《正义论》（修订版），何怀宏、何包钢、廖申白译，中国社会科学出版社，2009。

三　东西方传统文化对构建共同富裕衡量指标的启发

（一）东西方在探索共同富裕议题上的优秀文化元素

实现共同富裕是自古以来人类的共同理想和美好追求。从上文分析中可见，中华传统文化和西方传统文化各自拥有相对独特的思想体系和价值追求，但都不同程度地蕴含着共同富裕的元素。从东方到西方，不同的文化和社会实践都在不同程度地解读和探索实现共同富裕的路径。可以说，通过分析东西方文化对共同富裕的探索，可以发现它们都沉淀了极为丰富的优秀文化元素，不仅为我们理解共同富裕提供了丰富的理论视角，也为构建符合当前中国实践的衡量指标提供了借鉴性的启发。

1. 以人为本

无论是东方还是西方，在探索共同富裕的道路上都有以人为本的文化元素。比如，在中华传统文化中，"仁"与"义"等理念强调了对人的关怀与尊重，认为共同富裕不仅仅是物质层面的共享，更是精神层面的满足。同样，在西方文化中，从文艺复兴时期开始，对人的尊重与解放成为社会进步的重要标志。以人为本的文化元素应成为共同富裕的思想基石之一，即出发点和落脚点是人的全面发展与幸福。

2. 实现发展

从东方文化的角度来看，儒家孟子明确提出了发展的观点。他主张施行仁政，并提出"民贵君轻"的思想。他认为，统治者应该以人民的利益为重，关注民生，促进社会的繁荣和发展。孟子的思想体现了发展对于社会进步和人民福祉的重要性。老子在《道德经》中强调"道生一，一生二，二生三，三生万物"的哲学思想。这一思想表达了宇宙万物不断发展变化的观念，暗示了发展的普遍性和重要性。虽然老子强调无为而治，但其并不排斥发展，而是强调要顺应自然规律，让事物自然发展。这些发展观都为当前推进共同富裕奠定了哲学基础。在西方文化中，没有发展作为支撑，财富的共享和平均分配便成了无源之水、无本之木。经济学家亚当·斯密特别关注经济的增长和国民财富的增长。

3. 激发主观能动性

东西方文化都注意到了个体在共同富裕进程中的主观能动性。在东方，儒家文化提倡"修身齐家治国平天下"，认为个体的自我完善是推动社会进步的关键。在西方，古典经济学家的"经济人"假设强调了个人追求自身利益最大化对于社会整体发展的积极作用。这些思想告诉我们，激发个体的积极性、创造性和主动性，是实现共同富裕的动力源泉。

4. 共享成果

东方文化中的大同思想，以及西方文化中的社会契约论，都体现了对公共利益的追求和对个体权利的尊重。在这种思想指导下，共同富裕不再是个别人的特权，而是全体社会成员共同努力的目标。这种共享不仅体现在物质财富的分配上，更体现在社会机会、教育资源、文化产品等各个方面的公平分配上。共享成果理应成为共同富裕的目标追求。

5. 强调社会正义和公平

社会正义和公平是实现共同富裕不可或缺的伦理基础。在东方文化中，"义"字当头，强调人们在追求利益的同时，必须遵循社会正义和公平的原则。在西方文化中，从古希腊哲学家亚里士多德开始，就对社会正义进行了深入探讨，认为社会正义是实现社会和谐与稳定的关键。这些思想共同构成了共同富裕的伦理基础，即任何发展都必须以社会正义和公平为前提，确保社会成员在共享成果时能够感受到社会公平与正义。

6. 消除两极分化和贫困

无论是东方还是西方，都面临着消除两极分化和贫困的现实挑战。在东方文化中，"均贫富"的思想源远流长，体现了对社会弱势群体和贫困人口的深切关怀。在西方文化中，社会福利制度和社会保障体系的建立与完善，也是为了实现社会公平与消除贫困。这些思想共同指向对共同富裕实现路径的要求，即通过政策调整和社会改革，逐步消除社会中的不公平现象，确保每个社会成员都能够享受到基本的生活保障和发展机会。

7. 加强再分配

再分配是实现共同富裕的重要手段之一。在东方文化中，"均田制"等制度设计体现了对土地等生产资料的公平分配。在西方文化中，税收制度和社会保障体系的完善也是为了实现社会财富的再分配。这些思想共同强调了政府在再分配过程中的重要作用，即通过税收、转移支付等手段，缩小社会成员的收入差距，确保发展成果能够更加公平地惠及全体人民。

8. 强调物质和精神的平衡

东西方文化都强调物质和精神的平衡发展。在东方文化中，"文以载道"的思想体现了对精神文化的重视，认为物质财富的增长必须伴随着精神文化水平的提升。在西方文化中，从文艺复兴时期开始，就强调人性的全面发展和对精神世界的追求。这些思想告诉我们，共同富裕不仅仅是物质层面的富裕，更是精神层面的充实和满足。因此，在推进共同富裕进程中，我们必须注重物质和精神的平衡发展，确保人们在享受物质财富的同时，也能够获得精神上的满足和幸福。

9. 加强教育等公共服务

教育是实现共同富裕的重要途径之一。东西方文化都强调教育对于个体和社会发展的重要作用。在东方文化中，"有教无类"的思想体现了对教育的普及。在西方文化中，公共教育体系的建立与完善是为了保障每个公民都能够享有平等的教育机会。这些思想强调了教育在推进共同富裕进程中的关键作用，即通过提高教育水平和普及率，增强个体的能力和素质，为社会的全面发展和进步奠定坚实的人才基础。

10. 强调法治精神

法治精神是实现共同富裕的重要保障。在东方文化中，"法不阿贵"的思想体现了法律的公正和权威。在西方文化中，从罗马法开始，就强调对法律制度的重视和尊重。这些思想告诉我们，在推进共同富裕进程中，必须建立健全法律制度，确保社会成员在追求自身利益的同时，也能够遵守法律法规和社会规范，维护社会的和谐与稳定。

（二）东西方在探索共同富裕议题上的局限性

需要强调的是，尽管东西方在探索共同富裕议题上出现了许多优秀的文化元素，为当前中国推进共同富裕提供了宝贵的理论参考和实践启发，但我们必须意识到，在历史的实践中，东西方因其不可避免的局限性均未能真正实现共同富裕。在构建衡量指标时，需要正视这些局限性，避免简单套用传统文化思想。

首先，我们需要认识到，无论是东方还是西方的传统文化，都是在特定的历史背景下形成的，不可避免地受到当时社会、政治、经济等因素的影响。因此，这些文化在应对现代社会复杂多变的问题时，可能会显得捉襟见肘，难以完全适应。其次，传统文化在共同富裕议题上的局限性还体现在其对于社会制度的认知上。在东西方传统文化中，对于社会制度的理解和设计往往存在着一定的缺陷和不足。在某些历史时期，社会制度本身可能存在着诸多不足和缺陷，如阶级分化、资源分配不均等。这些制度上的不足可能会导致贫富差距的扩大，影响共同富裕的实践效果。最后，我们还需要注意到，传统文化在实现共同富裕过程中面临着实践层面的挑战。尽管这些文化提供了理论上的指导和启示，但在具体实践中如何转化为有效的政策和行动，却是一个需要不断探索和尝试的过程。与理论的抽象性相比，社会实践是极其复杂和多变的。在实践中，需要考虑到各种具体的社会、经济、文化等因素，这些因素都可能影响共同富裕的实现。

　　基于此，我们在构建共同富裕衡量指标时，要着重注意以下几点。第一，集体主义与个人主义的张力。东西方传统文化在价值观上存在着显著差异，这些差异可能会导致在推进共同富裕时产生文化冲突。东方传统文化强调集体主义，西方传统文化则强调个人主义。在构建衡量指标时，既要关注集体的福祉，也要尊重个人的权益。第二，等级观念与平等理念的冲突。在东西方传统文化中，都存在一定程度的等级观念，这与共同富裕存在冲突。在构建衡量指标时，需要强调平等原则，避免等级观念的影响。第三，传统与现代的脱节。传统文化往往形成于古代社会，难以完全适应现代社会复杂多变的情况。随着历史的演进，社会的主要矛盾和问题也在不断变化。一些共同富裕思想可能针对的是当时社会的主要矛盾，但在现代社会中，这些矛盾可能已经被其他更为复杂的问题所取代。在构建衡量指标时，需要结合现代社会的实际情况，对传统文化进行创新和发展，以适应新的社会条件和时代要求。第四，在全球化的背景下，国际环境日趋复杂多变，外部因素，如国际贸易、资本流动、技术转移等都可能对共同富裕的实现产生影响。

　　综上所述，构建当前中国的共同富裕衡量指标，需要借鉴东西方传统文化中的优秀文化元素，同时正视其历史局限性。在实际操作中，需要综合考虑多个维度和原则，确保指标的科学性、合理性和可操作性。同时，随着社会的不断发展和进步，还需要对衡量指标进行不断的调整和完善，即在新的历史条件下，需要以更加开放和包容的心态，汲取传统文化的智慧，同时结合现代社会的实际情况，不断探索实现共同富裕的新路径和方法。这要求在继承和发展传统文化的基础上，更加注重实践的创新与突破。例如，通过加强再分配、完善社会保障体系、推进教育公平等措施，逐步缩小贫富差距，实现社会的公平与和谐。总而言之，通过深入研究和借鉴东西方传统文化在推进共同富裕进程中的先进性和局限性，可以更加全面地理解共同富裕的内涵，并构建更加符合社会实践的共同富裕衡量指标。这不仅有助于推动、引导中国的共同富裕进程，也可以为全球范围内的共同富裕贡献智慧和力量。中国的共同富裕不仅是对传统文化的继承和发展，更是对全球共同富裕实践的积极贡献。

第三章
构建共同富裕衡量指标的必要性

从上述分析中,可以清晰地看到,随着历史进程的推进,东西方传统文化在不同阶段、从不同视角、不同程度地探索了如何公平、公正地实现广大人民共享经济社会的发展成果。当前我国的共同富裕,深深扎根在文化发展和理论探索的土壤中,顺应时代要求不断发展。我国进行了一系列的政策探索和实践摸索,为扎实推进共同富裕奠定了坚实的物质和精神基础。

习近平总书记在《扎实推动共同富裕》中提到,"现在,已经到了扎实推动共同富裕的历史阶段"①。习近平总书记之所以如此强调,一方面,是因为经过新中国成立以来对共同富裕的持续探索,现在已经具备了"扎实推动"而非仅仅"推动"共同富裕的能力;另一方面,也是因为,在当前我国推进共同富裕的进程中,"发展不平衡不充分问题仍然突出,城乡区域发展和收入分配差距较大。新一轮科技革命和产业变革有力推动了经济发展,也对就业和收入分配带来深刻影响,包括一些负面影响,需要有效应对和解决",并且,国际上"全球收入不平等问题突出,一些国家贫富分化,中产阶层塌陷,导致社会撕裂、政治极化、民粹主义泛滥",加上人们存在一些对共同富裕的认知误区,不利于共同富裕的推进。为此,有必要"抓紧制定促进共同富裕行动纲要,提出科学可行、符合国情的指标体系和考核评估办法",以便能够系统、科学、有效地对我国当前推进共同富裕进行评估和引导。

---

① 习近平:《扎实推动共同富裕》,《求是》2021年第20期。

一 新中国成立后对共同富裕的持续探索

作为社会主义国家,新中国一直走在努力推进共同富裕的实践道路上。可以说,新中国成立后,中国共产党始终坚持以人民为中心的发展思想,基于中国实践,不断丰富和完善共同富裕的内容,并在执政方针中持续完善与共同富裕相关的政策。

(一) 政策探索

根据现有的历史资料和文献,共同富裕这一术语出现的时间为1953年。该年通过的《中国共产党中央委员会关于发展农业生产合作社的决议》中首次出现了共同富裕的提法。在当时的历史背景下,这体现了中国共产党对于农村经济发展和农民生活条件改善的关切,以及通过合作化道路实现共同富裕的战略思考。

1955年10月,毛泽东在资本主义工商业社会主义改造问题座谈会上明确指出,"现在我们实行这么一种制度,这么一种计划,是可以一年一年走向更富更强的,一年一年可以看到更富更强些。而这个富,是共同的富,这个强,是共同的强,大家都有份","这种共同富裕,是有把握的,不是什么今天不晓得明天的事"。1978年,中国进入改革开放的新时期,共同富裕这一概念得到了深化。它与改革开放和经济发展的具体实践紧密结合起来,成为指导中国经济社会发展的重要原则。在这一时期,邓小平同志提出了"允许一部分人先富起来"的著名论断,这实际上是对共同富裕的一种创新和发展。他强调,共同富裕不是同步富裕,也不是平均主义,而是通过一部分人先富起来,先富带动后富,最终实现全体人民的共同富裕。这种思路打破了传统的平均主义观念的束缚,为中国的改革开放和经济发展注入了新的活力。它为中国的经济社会发展指明了方向,也为世界社会主义运动提供了新的经验和启示。1985年3月,邓小平指出,"社会主义的目的就是要全国人民共同富裕,不是两极分化","一个公有制占主体,一个共同富裕,这是我们所必须坚持的社会主义的根本原则"。1990年12月,邓小平指出,"共同致富,我们从改革一开始就讲,将来总有一天要成为中心课题。社会主义不是少数人富起来、大多数人穷,不是那个样子。社会主义最大的优越性就是共同富裕，这是体现社会主义本质的一个东西"。1992年初，邓小平在南方谈话中明确指出，"社会主义的本质，是解放生产力，发展生产力，消灭剥削，消除两极分化，最终达到共同富裕"。此后，江泽民进一步强调，"实现共同富裕是社会主义的根本原则和本质特征，绝不能动摇"，提出必须以共同富裕为目标，扩大中等收入者比重，提高低收入者收入水平。胡锦涛则强调"必须把提高效率同促进社会公平结合起来"，"把维护社会公平放到更加突出的位置"，"使全体人民共享改革发展的成果，使全体人民朝着共同富裕的方向稳步前进"。

党的十八大以来，中国特色社会主义进入新时代，以习近平同志为核心的党中央对共同富裕的认识和重视程度进一步加深，通过一系列政策把促进全体人民共同富裕摆在更加重要的位置，并为实现共同富裕做了建设规划。习近平总书记指出："实现共同富裕不仅是经济问题，而且是关系党的执政基础的重大政治问题。"2012年11月15日，在十八届中央政治局常委同中外记者见面会上，习近平总书记强调，要"坚定不移走共同富裕的道路"。党的十九大提出新时代中国特色社会主义发展分两个阶段，首先从2020年到2035年，奋斗15年，基本实现社会主义现代化，全体人民共同富裕迈出坚实步伐；接着从2035年到21世纪中叶，再奋斗15年，把我国建成富强民主文明和谐美丽的社会主义现代化强国，全体人民共同富裕基本实现。此后，党的十九届五中全会强调要"扎实推动共同富裕"，并提出到2035年"全体人民共同富裕取得更为明显的实质性进展"。在2021年8月的中央财经委员会第十次会议上，习近平总书记强调，"要深入研究不同阶段的目标，分阶段促进共同富裕"，即"到'十四五'末，全体人民共同富裕迈出坚实步伐，居民收入和实际消费水平差距逐步缩小。到2035年，全体人民共同富裕取得更为明显的实质性进展，基本公共服务实现均等化。到本世纪中叶，全体人民共同富裕基本实现，居民收入和实际消费水平差距缩小到合理区间。要抓紧制定促进共同富裕行动纲要，提出科学可行、符合国情的指标体系和考核评估办法"。习近平总书记强调，我国要实现共同富裕，必须把握好以下几个原则：鼓励勤劳创新致富，坚持基本经济制度，尽力而为量力而行，坚持循序渐进。之后，党的二十大报告明确提出，"中国式现代化是全体人民共同富裕的现代化。共同富裕是中国特色社会主义的本质要求，也是一个长期的历史过程。我们坚持把实现人民对美好生活的向往作为现代化建设的出发点和落脚点，着力维护和促进社会公平正义，着力促进全体人民共同富裕，坚决防止两极分化"。

总的来说，新中国成立以后，我国的经济社会建设经历了翻天覆地的变革。在这一伟大的历史进程中，中国共产党作为执政党，始终坚持以人民为中心的发展思想，不断探索和完善基于中国国情的共同富裕实现路径。这不仅反映了党对社会主义本质的深刻认识，也体现了党对人民群众根本利益的坚定维护。共同富裕，是中国特色社会主义的根本原则，也是全体人民的共同期盼。为了实现这一目标，党和政府制定并实施了一系列具有里程碑意义的政策文件。这些政策文件，不仅系统阐述了共同富裕的内涵、实现路径和目标，还为全中国共同富裕的推进提供了政策指导和实践参照。

（二）实践探索

共同富裕是社会主义的本质要求，是中国共产党人的始终追求。在相关政策的指引下，我国经济社会建设取得了举世瞩目的成就，人民生活水平显著提高，社会公平正义得到了有力维护。可以说，新中国成立以来，特别是改革开放以来，中国共产党带领全国各族人民在共同富裕的道路上进行了不懈的实践探索。

1. 实行土地改革与农业合作化

新中国成立之初，国民经济处于崩溃的边缘，农业作为国民经济的基础，其落后与衰败表现得尤为突出。为了迅速恢复生产、稳定社会秩序，并为后续的社会主义建设打下坚实基础，党中央审时度势，果断地实行了土地改革。土地改革废除了封建土地所有制，实现了"耕者有其田"的历史性变革，这不仅使亿万农民获得了土地，更重要的是激发了他们空前的生产热情。土地改革为农民走向共同富裕奠定了坚实的物质基础，也为后续农业合作化运动的顺利开展创造了有利条件。紧接着，我国开展了农业合作化运动，通过组织农民成立互助组、初级社、高级社等形式多样的合作组织，引导农民逐步走上社会主义道路。农业合作化不仅有效整合了农村分散的生产力，提高了农业生产效率，而且进一步促进了农村生产力的发展，为农村的共同富裕创造了更加有利的条件。这些举措的实施，不仅体现了党和政府对农业、农村、农民问题的高度重视和深刻认识，也展现了其在推进共同富裕进程中的坚定决心和卓越智慧。通过土地改革和农业合作化运动，党和政府为新中国成立初期的共同富裕的推进奠定了坚实的物质基础和社会基础。

2. 开启工业化进程，促进城乡协调发展

新中国成立后，面对国内外复杂的形势与任务，中国共产党深刻认识到为了国家崛起和人民福祉需要重点推进国家的工业化，这有助于较快提升经济实力和综合国力。为此，党和国家制定并实施了"一五""二五"等一系列连贯而富有远见的经济发展战略。在这些战略的指导下，国家大力发展重工业和轻工业，通过集中力量进行大规模建设和技术引进，逐步建立了门类齐全、布局合理的工业体系。这一体系的建立不仅填补了国内许多工业空白，提高了自主生产能力，而且为国家的经济繁荣和长远发展奠定了坚实基础。重工业的发展为国防现代化提供了有力支撑，轻工业的进步则极大地丰富了人民群众的物质生活。在实现工业化的过程中，中国共产党始终注重城乡的协调发展。通过改革户籍制度、建立社会保障制度等一系列政策措施，逐步破除了城乡二元结构，促进了城乡之间的经济联系和人员流动。这些举措为农村居民提供了更多的就业机会和更大的发展空间，也为城市居民带来了更加多元化的消费品和服务，有力地推动了城乡居民的共同富裕。这一系列经济发展战略不仅加快了国家工业化进程，也为国家的经济繁荣和共同富裕奠定了坚实基础。同时，注重城乡协调发展的政策导向为城乡居民的共同富裕提供了有力保障。

3. 实行改革开放，建立社会主义市场经济体制

改革开放以来，中国共产党在深刻反思历史经验的基础上，明确提出了建设有中国特色的社会主义市场经济这一宏伟目标。这一目标的设定，旨在通过市场化改革和对外开放，打破传统计划经济体制的束缚，激发社会活力和创造力，进而为共同富裕的实现开辟更为广阔的空间和路径。为实现这一目标，中国共产党领导全国各族人民进行了大胆而富有成效的探索。通过深化经济体制改革，逐步建立起以公有制为主体、多种所有制经济共同发展的基本经济制度，为市场经济的健康发展奠定了坚实基础。同时，积极扩大对外开放，引进外资和先进技术，推动国内产业结构的优化升级，提升了国家经济的整体竞争力。社会主义市场经济体制的建立和完善，极大地促进了生产力的解放和发展。市场机制的引入使得资源配置更加高效合理，企业竞争更加激烈有序，从而推动了经济的快速增长和社会

的全面进步。在这一过程中,人民群众的收入水平和生活质量得到了显著提高。可以说,改革开放与社会主义市场经济的发展为共同富裕的实现提供了强大的动力和保障。通过市场化改革和对外开放,我们不仅成功地解放和发展了生产力,还为共同富裕的实现探索了多元化的路径和方式。

4. 建设社会保障体系,构筑共同富裕的安全网

新中国成立以来,尤其是改革开放以来,面对社会经济结构的深刻变革和人民群众对美好生活的向往,中国共产党始终坚持以人民为中心的发展思想,高度重视社会保障体系建设。通过多年的不懈努力和持续创新,我国逐步建立并完善了覆盖全体公民、多层次、立体化的社会保障体系。在养老保障方面,我国建立了基本养老保险制度,确保了老年人老有所养、老有所依。在医疗保障方面,通过深化医药卫生体制改革,建立了覆盖城乡的基本医疗保障制度,显著提高了人民群众的健康水平。此外,在教育和住房等领域,也相继出台了一系列社会保障政策和措施,为人民群众提供了更加公平、优质的教育资源和住房条件。这些社会保障制度的建立和完善,不仅为人民群众提供了基本的生活保障和发展机会,有效地缓解了社会矛盾和问题,更为共同富裕的实现构筑了安全网。它们犹如一道坚固的屏障,守护着人民群众的福祉和安全,为社会的和谐稳定与持续发展提供有力支撑。未来,随着社会保障体系的不断完善和优化,相信我国将更好地实现共同富裕的宏伟目标。

5. 促进区域协调发展,打赢脱贫攻坚战,全面建成小康社会

在推进共同富裕的进程中,中国共产党深刻认识到区域协调发展和脱贫攻坚工作的重要性,将其作为全面建成小康社会和社会和谐的关键环节。通过精心谋划和有力实施,党领导人民在区域协调发展和脱贫攻坚领域取得了显著成效。在区域协调发展方面,我国实施了西部大开发、振兴东北老工业基地、促进中部地区崛起等一系列区域发展战略。这些战略旨在优化资源配置,促进生产要素在区域间的合理流动,推动形成优势互补、协调发展的区域经济布局。这些战略的实施,不仅加快了欠发达地区的经济发展,也促进了全国各区域之间的经济联系和合作,为实现共同富裕奠定了坚实的区域经济基础。在脱贫攻坚方面,中国共产党坚持以人民为中心的发展思想,大力开展脱贫工作。通过实施精准扶贫、精准脱贫等策略,将扶贫资源精准投向贫困地区和贫困人口,帮助他们改善生产生活条件,

提高自我发展能力，同时注重激发贫困群众的内生动力，引导他们积极参与脱贫攻坚和乡村振兴，最终打赢了脱贫攻坚战。值得一提的是，中国共产党领导全国各族人民全面建成了小康社会，这是实现共同富裕的重要里程碑。小康社会的全面建成，不仅意味着人民生活水平的普遍提高，也标志着我国社会主义现代化建设取得了阶段性胜利。在全面建成小康社会的基础上，要继续深化改革，扩大开放，为实现共同富裕奠定更加坚实的基础。

6. 提出"五位一体"总体布局、新发展理念，构建新发展格局，大力推进中国式现代化

面对世界经济格局的深刻调整和全球治理体系的变革趋势，中国共产党审时度势地提出了"五位一体"总体布局和新发展理念，旨在推动中国经济高质量发展，提升国际竞争力，以中国式现代化的实际行动为全球治理体系变革做出贡献。具体而言，"五位一体"总体布局强调经济建设、政治建设、文化建设、社会建设和生态文明建设协调发展。在经济建设方面，坚持创新、协调、绿色、开放、共享的新发展理念，加快转变经济发展方式，推动供给侧结构性改革，促进经济的高质量发展。在政治建设方面，加强和完善国家治理体系和治理能力现代化建设，推动全面依法治国战略的实施。在文化建设方面，积极倡导中华优秀传统文化的传承与创新，增强国家文化软实力。在社会建设方面，注重保障和改善民生福祉，加强和创新社会治理体系建设。在生态文明建设方面，坚持绿水青山就是金山银山的理念，加强生态环境保护与修复工作，推动绿色低碳发展。

与此同时，党的十八大以来，经过在理论和实践上的创新突破，中国共产党成功推进和拓展了中国式现代化。中国式现代化是中国共产党领导的社会主义现代化，既有各国现代化的共同特征，更有基于自己国情的中国特色。中国式现代化是人口规模巨大的现代化，是全体人民共同富裕的现代化，是物质文明和精神文明相协调的现代化，是人与自然和谐共生的现代化，是走和平发展道路的现代化。在新中国成立以来特别是改革开放以来长期探索和实践的基础上，党和政府高度重视中国式现代化建设，采取了一系列措施来推动这一进程。坚持党的领导，坚持以人民为中心的发展思想，推动经济高质量发展，加强国家治理体系和治理能力现代化建设，这些举措有力地推动了中国的现代化进程，为实现中华民族伟大复兴的中国梦奠定了坚实基础。

二 当前共同富裕推进面临的挑战

尽管我国在经济社会发展方面取得了巨大成就，为实现共同富裕奠定了坚实的基础，但是，当前我国在推进共同富裕的进程中仍面临来自国内外的诸多挑战。

（一）发展的不平衡不充分：城乡、区域、群体

在全球化与现代化的浪潮中，中国以其独特的发展模式取得了显著的经济成就。但随着时间的推移，一些深层次的结构性问题逐渐显现，其中城乡之间、区域之间以及不同群体之间的发展不平衡问题尤为突出。这些问题不仅关系到经济的持续健康发展，更直接影响到共同富裕的实现。

1. 城乡发展不平衡

从历史的角度来看，城乡发展不平衡的形成由来已久。自古以来，中国就是一个以农业为主导的国家，城市与农村在生产力水平、生活方式、文化观念等方面存在着天然的差异。随着工业化的推进和现代化进程的加快，城市逐渐成为经济、政治、文化中心，而农村则逐渐边缘化。这种历史遗留问题，使得城乡发展不平衡具有长期性和复杂性。

在经济领域，城乡二元结构导致了资源分配的不均。城市凭借着其优越的地理位置和政策优势，吸引了大量的资本、技术和人才。而农村则因为基础设施薄弱、交通不便、信息闭塞等劣势，难以获得足够的资源支持。这种资源分配的不均，使得农村在经济发展上处于劣势地位，难以与城市形成有效的竞争。在教育领域，城乡之间的差距同样显著。城市的教育资源丰富，师资力量雄厚，人们的教育水平普遍较高。而农村则因为师资力量匮乏、教育设施落后等原因，难以提供高质量的教育服务。这种教育上的不平衡，不仅影响了农村孩子的未来发展，也加剧了社会阶层固化的趋势。在医疗和社会保障方面，城乡之间的差距同样不容忽视。城市的医疗设施完善，医生的医疗水平高超，居民可以享受到全方位的医疗保障。而农村则因为医疗设施落后、医生数量不足等原因，难以满足居民的基本医疗需求。这种城乡发展不平衡的状况，对农村居民的全面发展造成了严重的制约。他们在市场竞争中处于不利地位，难以获得与城市居民同等的发

展机会和福利待遇。长此以往，这将导致城乡差距进一步拉大，加剧农村人才流失、发展动力不足等问题。

2. **区域发展不平衡**

尽管多年来国家不断强调区域协调发展，并实施了相关战略，但我国东、中、西部地区的经济发展水平差距依然显著。这种差距不仅体现在直观的经济总量和增速上，更涉及产业结构、创新能力、对外开放程度等多个维度，形成了错综复杂的经济地理格局。从历史角度来看，东部地区凭借其得天独厚的地理位置和政策优势，率先融入了全球经济体系，实现了经济腾飞。这里聚集了大量的资本、技术和人才，形成了强大的产业集聚效应，拥有创新能力。而中西部地区，由于历史遗留问题、地理环境限制以及基础设施薄弱等多重因素的制约，发展步伐相对缓慢。这种区域发展不平衡，在一定程度上加剧了资源分配的不均和人才流动的单向性，使得东部地区在吸引优质资源方面更具优势，而中西部地区则面临更大的发展压力。

在产业结构方面，东部地区已经基本完成了从传统制造业向高新技术产业和服务业的转型升级，形成了较为完善的现代产业体系。而中西部地区，尤其是西部地区，仍然在很大程度上依赖于资源型产业和传统农业，产业结构单一，抗风险能力较弱。这种产业结构上的差异，不仅影响了区域间的经济增长动力，也制约了中西部地区的可持续发展能力。在创新能力方面，东部地区已经建立起了一批高水平的科研机构和创新平台，形成了较为完善的创新生态体系。而中西部地区在创新资源、创新环境和创新能力等方面还存在较大差距。这种创新能力的不足，不仅制约了中西部地区的产业升级和经济发展，也影响了整个国家的创新水平和国际竞争力。在对外开放程度方面，东部地区凭借其沿海的地理位置和开放的政策环境，吸引了大量的外资和国际企业入驻，形成了较为完善的开放型经济体系。而中西部地区在对外开放方面还存在诸多限制和挑战，如地理位置偏远、交通不便、政策环境不够开放等。这种对外开放程度上的差异，不仅影响了中西部地区的经济发展速度和质量，也制约了整个国家的对外开放水平和国际影响力。

3. **群体间发展不平衡**

在当今社会，不同群体间的发展不平衡问题已经成为一个不可忽视的现象。这种不平衡涉及收入、教育、职业、社会地位等多个方面，对社会的稳定与和谐产生了深远的影响。要全面理解这一问题，需要从不同维度进行深入探讨。

收入不平衡是群体间发展不平衡最直观的表现。在市场经济条件下，个体的收入水平往往与其受教育程度、职业技能、工作经验等因素密切相关。然而，由于教育资源、职业机会等方面的不均等分配，不同群体在获取收入的能力上存在显著差异。一些群体凭借优越的教育背景和职业技能，能够获得高薪职位和丰厚的收入；而另一些群体则因为受教育水平低、缺乏专业技能等原因，只能从事低薪或无保障的工作，收入水平难以提升。此外，随着资本在经济增长中的作用日益凸显，资本收益在收入分配中的比重不断上升。与此同时，劳动收益的比重相对下降。这一变化会加大社会贫富差距，使富人更富、穷人更穷。[1] 资本收益的比重上升反映了资本在经济增长中的主导地位，而劳动收益的比重下降则反映了劳动者在收入分配中的弱势地位。这种变化不仅违背了共同富裕的基本原则，加剧了社会阶层分化，也威胁着社会的稳定与和谐。而且收入的不平衡导致的收入差距，会对社会整体消费能力产生深远影响。消费是拉动经济增长的重要动力之一，消费能力的提升有赖于居民收入的增加。然而，当收入差距过大时，高收入群体的消费需求已经得到充分满足，而低收入群体则因为收入有限而无法释放其消费潜力。这种情况下，社会整体消费能力难以得到有效提升，进而制约了经济的持续增长。同时，收入差距的扩大也对社会生活水平产生了负面影响。社会生活水平的提升不仅仅体现在物质条件的改善上，更包括教育、医疗、文化、环保等各个领域的全面发展。当部分群体收入增长缓慢时，他们在这些领域的投入必然有限。这不仅影响他们自身的生活质量和发展机会，也阻碍整个社会在这些领域的进步速度。

（二）科技革命、产业变革与人工智能

新一轮科技革命、产业变革与人工智能的浪潮汹涌而至，不仅为经济发展注入了强劲动力，也在深刻重塑着社会的就业结构和收入分配格局，

---

[1] Piketty, T. *Capital in the Twenty-First Century*. Belknap Press, 2014.

并引致地区发展结构出现新变化，这些都对政策和制度提出新需求、新挑战。

1. 就业结构的新变化

大数据、人工智能、云计算等新一代信息技术日新月异，我们正身处一个波澜壮阔的科技革命和产业变革时代。在这个时代，就业结构的变化成为一个不可忽视的重要方面。一方面，随着科技的快速发展，高技能、知识密集型的就业岗位呈现爆炸式增长的趋势。这些岗位往往要求劳动者具备较高的专业素养、创新能力以及能够适应快速变化的工作环境和技术要求。对于劳动者来说，不断提升自身的技能水平和增加知识储备变得尤为重要。只有具备了足够的专业能力，才能在这场激烈的竞争中获得更好的就业机会和更大的发展空间。另一方面，部分传统行业的就业岗位却在不断减少。这些行业往往因为技术落后、产能过剩等原因而陷入困境，导致大量低技能劳动者面临失业风险。这些劳动者往往年龄较大、学历较低、技能单一，难以适应新的就业市场环境。他们的失业不仅给个人和家庭带来了巨大的经济压力，也给社会带来了不稳定因素。

这种就业结构的变化对共同富裕的推进提出了严峻的挑战。或者说，人工智能在替代部分传统就业岗位的同时，也创造了新的就业机会。这种就业结构的变化要求劳动者提升技能水平以适应新的工作环境，这对共同富裕中的"机会公平"提出了新的挑战。共同富裕是社会主义的本质要求，是我们党的重要使命。同时，就业是民生之本，保障就业是实现共同富裕的重要途径。如果大量劳动者无法获得就业机会和合理的收入，共同富裕的目标将难以实现。

2. 收入分配格局的新变化

科技革命和产业变革推动了经济效率的显著提升，也带来了收入分配格局的深刻变化。传统的收入分配模式正在被重塑，高技能劳动者的市场需求和议价能力显著提升。他们拥有与新技术、新产业紧密相关的稀缺技能，因此能够获得更高的劳动报酬。相比之下，低技能劳动者往往难以适应新的技术和工作环境，面临着就业机会减少和收入下降的风险。[1] 这种技

---

[1] Acemoglu, D., & Autor, D. "Skills, Tasks and Technologies: Implications for Employment and Earnings." *Handbook of Labor Economics* 4, 2011, 1043-1171.

能偏向型的技术进步导致高技能与低技能劳动者之间收入差距扩大，会加剧社会的不平等。另外，人工智能的资本偏向性可能导致资本收益在国民收入分配中的比重增加，劳动收益相对减少，从而影响收入分配格局，这对共同富裕中的"分配公平"造成了直接影响。

3. 地区发展出现新的不平衡

科技革命和产业变革在不同地区的推进速度和影响程度存在差异，这加剧了地区间的发展不平衡。一些地区凭借区位优势、资源禀赋和政策支持，率先实现了产业升级和经济转型，吸引了大量高素质劳动力和资本聚集；而另一些地区则可能因条件限制而错失发展机遇，陷入发展困境。这种地区间的发展不平衡，不仅影响了共同富裕的整体进程，也可能引发一系列社会问题。

科技革命和产业变革不仅改变了传统的就业结构、收入分配和地区发展结构，还对劳动力市场、教育资源分配、社会保障体系等产生了深远的影响。人工智能在教育、医疗、养老等社会服务领域的广泛应用，有助于提升服务效率和质量，但也可能加剧数字鸿沟，对共同富裕中的"基本公共服务均等化"提出了新要求。在这种背景下，政府必须采取积极有效的政策措施来应对这些挑战，确保社会经济的稳定与持续发展。根据制度经济学的观点，制度是影响经济发展的关键因素之一。通过制定和实施一系列针对性强的政策措施，如加强职业教育和培训、优化创业创新环境、完善收入分配制度等，政府可以有效地引导资源配置、激发市场活力、促进社会公平和正义。此外，还需要推进制度创新，通过构建更加符合时代发展要求的政策体系和制度框架来推动社会经济的全面进步。这包括完善法律法规体系、深化体制机制改革、推进国家治理体系和治理能力现代化等。

（三）国际环境的不确定性

要扎实推进我国的共同富裕，国际环境处于何种状态在很大程度上是非常重要的挑战之一。习近平总书记在《扎实推动共同富裕》中指出，全球收入不平等问题突出，一些国家贫富分化，中产阶层塌陷，导致社会撕裂、政治极化、民粹主义泛滥，教训十分深刻。这意味着，随着全球收入不平等问题加剧，这些因素可能对我国的共同富裕的推进产生外部影响。

一方面，全球收入不平等问题的突出性已经引起了国际社会的广泛关注。根据联合国开发计划署的报告①，贫富差距在国家之间以及国家内部广泛存在。在国家层面，发达国家与发展中国家之间的经济差距依然巨大，而且随着全球化的深入，这种差距甚至在进一步拉大。发达国家凭借先进的科技、完善的制度和雄厚的资本，在经济、文化、科技等多个领域保持领先地位；而发展中国家则往往因为历史、地理、政治等多种原因，发展步伐相对缓慢，难以迅速赶上。更为严重的是，贫富差距问题在国家内部日益加剧。一些国家内部的社会结构出现了严重的失衡。中产阶层作为社会的稳定力量，在一些国家却出现了塌陷的现象。原本应该起到缓解社会矛盾、促进社会和谐作用的中产阶层，因为经济压力、社会不公等原因，逐渐失去了往日的稳定作用，甚至成为社会不满和动荡的源头。这种社会结构的失衡和社会矛盾的激化，对于这些国家自身的稳定与发展构成了极大的威胁。社会不公和贫富差距的扩大，容易导致民众对政府和社会制度的不信任，进而引发社会动荡和冲突。同时，这种失衡状态也可能对国际环境产生深远的影响，通过国际经济、政治和文化交流等途径，对我国的共同富裕的推进产生直接或间接的外部影响。

另一方面，全球收入不平等问题的加剧往往伴随着一系列复杂且相互交织的社会政治现象，其中尤为引人关注的是社会撕裂、政治极化和民粹主义的泛滥。这些现象在一些西方国家中表现得尤为明显，成为当前国际形势中不可忽视的重要挑战。②首先，社会不同阶层、不同群体之间的撕裂现象日益加剧，导致社会凝聚力和共识的减弱。随着贫富差距的拉大，富人和穷人、精英和大众之间的隔阂越来越深，彼此之间的理解和信任逐渐消失。这种撕裂不仅体现在经济利益的分配上，也涉及文化、价值观、生活方式等多个方面。社会撕裂的加剧使得政府难以制定和实施有效的政策来应对各种社会问题，因为不同群体之间的利益诉求和期望往往存在巨大差异，难以达成广泛的共识。其次，政治立场和观点越来越趋向于两个极端，中间地带日益狭窄，政治领域内的极端化趋势日益明显。在这种情况下，政治决策往往陷入僵局，因为双方都难以做出妥协和让步。政治极化

---

① UNDP. *Human Development Report 2020: The Next Frontier-Human Development and the Anthropocene*. 2020.
② Milanovic, B. *Global Inequality: A New Approach for the Age of Globalization*. Belknap Press, 2016.

不仅削弱了政府的治理能力、降低了政策的执行效率，也加剧了全社会的不稳定和不公正。当政治分歧无法通过和平的方式解决时，就可能引发社会动荡和冲突，甚至导致政权的更迭，对国际发展局势产生严重影响。此外，民粹主义的泛滥也成为当前国际形势中的一大挑战。作为一种极端的平民化思潮，民粹主义强调民众的利益和意愿至高无上，反对精英主义和代议制民主。民粹主义者往往通过操纵民众的情绪和诉求，推行排他性和敌对性的政策，以获取选票和支持。这种思潮的泛滥不仅可能导致人们对外部世界的敌意，也可能破坏社会秩序和稳定。

以上两方面的国际社会政治现象的存在和加剧，无疑对我国的共同富裕的推进构成严峻的挑战。首先，社会撕裂和政治极化削弱了国际社会的合作基础和意愿，可能使得我国难以与其他国家建立稳定、长期的合作关系。这不仅影响了我国在国际舞台上的地位和影响力，也会阻碍我国与其他国家在经济、文化等领域的交流与合作。其次，民粹主义的泛滥可能导致人们对外部世界的敌意，破坏国际秩序和规则。当一些国家受到民粹主义思潮的影响时，它们可能会采取保护主义、孤立主义等对外政策，拒绝与其他国家进行正常的贸易往来和文化交流。这种局面不仅对我国与其他国家的经济合作构成威胁，也可能影响我国在国际舞台上的形象和声誉。最后，这些社会政治现象还可能通过影响国际经济秩序和地缘政治格局，对我国的共同富裕的推进产生不利影响。当全球收入不平等问题加剧时，一些国家可能会采取激进的经济政策来保护本国利益，从而引发国际贸易摩擦和冲突。这种局面不仅破坏了国际经济秩序的稳定性和可预测性，也可能影响我国与其他国家的经济合作关系和共同利益。因此，在扎实推进共同富裕的进程中，需要密切关注国际形势的发展变化，深入分析相关现象产生的根源和影响机制，在此基础上制定和实施相应的应对策略，引导我国的共同富裕朝着健康、稳定的方向推进，并为世界提供共同富裕的中国经验。

三 构建指标，凝聚共识，应对挑战

为了从容应对以上挑战，当前我国在扎实推进共同富裕的进程中，有必要在吸收东西方优秀文化元素的基础上，再次明确共同富裕的内涵，并以此为理论构建符合我国国情的共同富裕衡量指标，引导各界对共同富裕的内涵达成共识并形成建设合力，坚定、扎实、充满希望地推进当前及未来一段时期内的共同富裕。

不过，正如上文所提及的，即便东西方在历史进程中有着或多或少的共同富裕探索，但最终都因为各种原因而未能达成目标。可以说，面对以上挑战，对当前的中国而言，要做好扎实推进共同富裕工作是一个全新的时代课题，没有现成的经验可以借鉴或模板可以照搬，必须依靠自己的力量探索前进。① 因此，在探讨如何实现共同富裕的过程中，需根据国情锚定我国共同富裕的核心理论是什么，明确它的内涵和外延，明确它的核心内容，为构建符合我国国情的衡量指标提供框架参考。一个好的衡量指标，不仅仅是衡量评估工具，更是社会发展的指挥棒，能引导整个社会朝良性发展的方向前进。

（一）共同富裕的核心理论

在探讨如何推进我国当前及未来一段时期内的共同富裕问题时，首要任务便是根据我国的国情，明确共同富裕的核心理论。这一理论不仅需深深植根于中华传统文化之中，更应汲取东西方文化的精髓，在马克思主义、习近平新时代中国特色社会主义思想的指导下，形成具有中国特色的共同富裕理论体系。

共同富裕的核心理论，必须建立在对东西方优秀传统文化的深刻理解和继承之上。东西方文化，虽然起源、发展路径和表现形式各异，但都在不同程度上体现了对富裕、发展、和谐与平等社会的追求。从上文可见，从中华传统文化、西方传统文化中可提炼出很多关于共同富裕的传统理念，这些传统理念为共同富裕提供了文化基因和价值导向，强调在经济增长的同时，不可忽视社会的公平与正义。比如，儒家思想强调仁爱、礼义、和谐等理念。儒家所倡导的大同思想，描绘了一个理想的社会蓝图，其中"天下为公"的理念体现了对公平正义的追求。道家文化强调"天之道，损有余而补不足"，强调与自然的和谐相处，追求"天人合一"的境界，体现

---

① 《共同富裕"是什么""不是什么"》，https://news.cctv.com/2021/11/05/ARTIt87lgzPeH63fPlDPwydP211105.shtml。

了对财富均衡和可持续发展的追求。这些传统理念在共同富裕的实践中发挥着重要作用，提醒我们在追求经济增长的同时，要注重社会的和谐稳定和人民的福祉。再比如，同样有着丰富思想资源的西方文化，自古希腊罗马时期开始，便蕴含着对公正、平等、自由的追求。这些理念在近代以来更是成为西方社会发展的重要动力。西方文化中的个人主义、民主主义等思想，也在一定程度上为我们对共同富裕的理解和实践提供了借鉴。这些思想提醒我们，共同富裕不是平均主义，而是要尊重每个人的权利和自由，实现真正的平等和公正。

共同富裕的核心理论，必须建立在马克思主义本土化的基础上。作为社会主义国家，共同富裕是社会主义的本质要求。马克思在《1857—1858年经济学手稿》里提出，在社会主义制度中，社会生产力的发展将极为迅速，生产将以所有人的富裕为目的。马克思关于社会主义与共产主义的理论，为我们实现共同富裕指明了方向。马克思所设想的共产主义社会，是一个物质极大丰富、人们精神境界极大提高、每个人自由而全面发展的社会。马克思把"人的全面发展"视为发展的根本目标。这些设想为我们描绘了一个美好的未来图景，也为我们明确了奋斗的目标。在马克思主义的指导下，我们坚持以人民为中心的发展思想，不断解放和发展社会生产力。通过全面深化改革和扩大开放，我们致力于消除两极分化，逐步缩小城乡、区域和社会阶层之间的差距，最终实现全体人民的共同富裕。这一过程中，必须坚持公有制经济的主体地位，发挥其在共同富裕中的基础性作用。同时，还要注重发挥市场机制在资源配置中的决定性作用，通过合理的政策引导和制度安排，实现社会财富的合理分配和人民福祉的普遍提升。

共同富裕的核心理论，必须建立在习近平新时代中国特色社会主义思想的指导之下。习近平新时代中国特色社会主义思想是对马克思列宁主义、毛泽东思想、邓小平理论、"三个代表"重要思想、科学发展观的继承和发展。在这一思想的指引下，我们提出了新发展理念，强调创新、协调、绿色、开放、共享的发展模式。这些理念不仅与东西方优秀传统文化的价值导向相契合，更体现了对时代发展趋势的深刻洞察和对人民需求的深切关怀。进入新时代，共同富裕是解决社会主要矛盾的内在要求。习近平总书记在《扎实推动共同富裕》一文中深刻阐述了共同富裕的理论内涵和实践路径。他强调，共同富裕是全体人民的富裕，不是少数人的富裕，也不是整齐划一的平均主义。这要求我们在实践中既要做大蛋糕,又要分好蛋糕,注重社会公平正义和人民福祉的提升。同时,习近平总书记还指出,实现共同富裕是一个长期的历史过程,需要我们脚踏实地、久久为功。这要求我们在实践中保持耐心和战略定力,不断推动共同富裕取得更为明显的实质性进展。在习近平新时代中国特色社会主义思想的指引下,我们坚持以人民为中心的发展思想,不断深化改革、扩大开放,推动经济高质量发展。我们注重发挥市场在资源配置中的决定性作用,同时更好发挥政府的作用,加强宏观调控,保持经济运行在合理区间。我们还注重推动区域协调发展、城乡融合发展,不断缩小收入差距、城乡差距和地区差距。这些实践探索为我们进一步深化对共同富裕的认识并付诸实践提供了宝贵的经验。

因此,我国共同富裕的核心理论,应是以人民为中心,坚持和发展中国特色社会主义,通过全面深化改革和扩大开放,不断解放和发展社会生产力,逐步实现全体人民在物质、文化、精神等方面的全面富裕。进言之,我国共同富裕的核心理论,既深深植根于东西方优秀传统文化的沃土之中,又在马克思主义以及习近平新时代中国特色社会主义思想的滋养下展现出鲜明的时代特色和实践价值。在未来的发展中,必须继续坚持以人民为中心的发展思想不动摇,通过全面深化改革和扩大开放,不断解放和发展社会生产力,同时注重发挥优秀传统文化在推进共同富裕中的积极作用,推动形成全社会共同追求富裕、和谐、平等的社会氛围,最终实现全体人民的全面富裕和幸福生活。

(二)共同富裕的内涵和外延

在深入探讨了共同富裕的核心理论后,我们不难发现,共同富裕并不是一个简单的经济概念,而是一个涵盖物质、精神、社会、生态等多方面的综合体系。与其他国家相比,我国推进共同富裕的国情条件、内生动力、实现方式、目标定位等存在一定的差异,既具有一般性,也具有独特性。作为中国式现代化的组成部分和重要特征,共同富裕的内涵和外延都远远超出了传统的理解范畴,成为一个具有时代特色的全新理念。

1. 共同富裕的内涵:从物质到精神的全面升华

第一,共同富裕的首要内涵是物质层面的富足。这不仅仅是指国民经济的整体增长,更包括每一个个体都能够享受到经济增长带来的红利,实现生活水平的提升。物质层面的富足是共同富裕的基础，没有物质层面的富足，其他层面的提升也就无从谈起。第二，在满足物质需求的基础上，还应满足更高层次的精神文化需求。共同富裕要求我们不仅要在经济上实现富足，更要在精神文化上实现丰富和提升。这包括教育、艺术、娱乐等多个方面，要求社会提供多样化、高质量的精神文化产品和服务，满足人民群众日益增长的精神文化需求。第三，社会公正是共同富裕内涵中不可或缺的一部分。公正的社会能够保障每个人的权利和机会平等，使得每个人都能够通过自身努力得到相应的回报。而且社会公正能促进社会和谐，一个和谐的社会能够减少矛盾冲突、增强社会凝聚力，为共同富裕创造良好的社会环境。第四，生态环境的优美也是共同富裕内涵中的重要内容。随着社会经济的发展和生活水平的提高，民众对生态环境的要求也在提高。共同富裕要求我们不仅要实现经济的增长和物质的富足，更要注重生态环境的保护和改善，为人民群众提供优美、宜居的生态环境。

2. 共同富裕的外延：动态发展和全面参与的过程

第一，共同富裕的外延首先要明确的是，它并不是平均主义。平均主义虽然在一定程度上体现了公平的原则，但忽视了个体差异和市场机制的作用，容易导致资源配置的效率低下和社会动力的不足。共同富裕是在保障公平正义的基础上，允许一部分人、一部分地区先富起来，通过先富带动后富，最终实现全体人民的共同富裕。第二，共同富裕需要人人参与和奋斗。共同富裕不是靠"劫富济贫"来实现的，而是需要全体人民的共同参与和奋斗。每个人都是社会的一分子，应该为共同富裕的实现贡献自己的力量。这既包括个人的努力奋斗，也包括社会的支持和帮助。只有每个人都参与到共同富裕的推进过程中，才能真正实现全体人民的共同富裕。第三，共同富裕需要逐步实现。共同富裕不能一蹴而就，而是需要逐步实现。这要求我们在发展过程中要处理好效率与公平的关系，既要注重提高资源配置的效率，又要保障社会的公平正义。同时，共同富裕的实现也是一个长期的过程，需要一代代人的共同努力和奋斗。第四，共同富裕是高质量发展基础上的富裕。共同富裕的实现离不开高质量的发展。只有经济、社会、文化等各个领域都实现了高质量发展，才能够为共同富裕的实现提供坚实的物质保障和精神支撑。

综上所述，共同富裕的内涵是全面的、多层次的，外延是动态的、逐步实现的。明确这一点,有助于本研究在构建衡量指标时更准确地把握共同富裕的评估内容和评估标准。

(三) 共同富裕的核心内容

在深入探讨了共同富裕的核心理论,并明确了其丰富的内涵与外延之后,本研究进一步聚焦对共同富裕核心内容的探讨。这些内容可以概括为三个方面:一是持续且全面的发展,二是公正而广泛的共享,三是强劲并持久的动力。这三者相互依存,共同构成了共同富裕的稳固三角。

1. 发展:共同富裕的基石与前提

共同富裕的实现离不开坚实的发展基础。这种发展不是经济的单一增长,而是涵盖社会、文化、生态等多方面的全面进步。它要求在追求经济增长的同时,注重社会的和谐稳定、文化的繁荣兴盛以及生态环境的保护与改善。在发展过程中,必须始终坚持以人民为中心的发展思想。这意味着发展要围绕人民的需求和期待来进行,不断提高人民的生活水平和质量,满足人民对美好生活的向往和追求。以人民为中心的发展思想,不仅要求关注人民的物质生活需求,还要求关注人民的精神文化需求,努力为人民创造一个物质富裕且精神富足的美好生活环境。同时,发展还要注重可持续性,不能为了短期的经济利益而忽视生态环境,而是要实现经济、社会、环境的协调发展。这就要求在发展过程中要遵循自然规律,保护生态环境,实现人与自然的和谐共生。只有这样,发展才能持续健康稳定地进行下去,为共同富裕提供源源不断的动力。

2. 共享:共同富裕的实质与目标

共享是共同富裕的实质和目标。它不仅仅是指物质财富的分配,更包括了发展成果的共享、社会公正的实现以及人民权利的保障等多个方面。在共享的过程中,我们要坚持公平正义的原则,确保每一个人都能平等地享受到改革发展的成果。为了实现共享的目标,我们需要通过合理的制度安排和政策调整来保障社会财富的合理分配和人民福祉的普遍提升。这包括完善社会保障体系、提高公共服务水平、加大对教育与医疗等民生领域的投入力度等。通过这些措施,我们可以有效地缩小贫富差距、地区差距、城乡差距,促进社会公平正义,让每一个人都能感受到共同富裕带来的实实在在的利益。同时,共享还要求我们特别关注对社会弱势群体的权益保障。这些群体由于各种原因往往处于社会的不利地位，难以享受到应有的权利和发展机会。因此，在实现共享的过程中要更加注重对他们的扶持和帮助，发挥二次分配、三次分配的作用，确保他们也能分享到改革发展的成果。只有这样，共享才是真正意义上的全面共享，才能实现共同富裕的目标。

3. 动力：制度优势与主观态度的结合

共同富裕的实现需要强大的动力支持。这种动力既来自我们的制度优势，也来自人民的主观态度。公有制为主体、多种所有制经济共同发展的基本经济制度为我们实现共同富裕奠定了坚实的制度基础。这种制度优势可以激发社会各方面的积极性和创造力，推动经济持续健康发展。同时，集体主义的价值观念和国家认同的精神纽带也是激励人民为共同富裕而努力奋斗的重要动力。在集体主义价值观念的引导下，人民会更加注重集体利益和社会责任，积极投身于共同富裕的事业中。而国家认同的精神纽带则可以将全国人民紧密地团结在一起，共同为实现共同富裕的目标而努力奋斗。此外，政治清廉也是我们实现共同富裕的重要保障。只有保持政治的清明和廉洁，才能确保与共同富裕相关的政策和措施真正落到实处、惠及全体人民。

综上所述，共同富裕的核心内容在于发展、共享与动力三个方面，表现为发展性、共享性和可持续性的内在统一。[①] 我们要在持续全面的发展中求共享，在公正广泛的共享中促发展，不断推动共同富裕的实现进程。同时，我们还要充分发挥优秀传统文化、制度优势和主观态度的作用，为共同富裕的实现提供不竭的动力和保障。

---

① 李实：《共同富裕的目标和实现路径选择》，《经济研究》2021年第11期；郁建兴、任杰：《共同富裕的理论内涵与政策议程》，《政治学研究》2021年第3期；高帆：《共同富裕测度的基本准则和指标框架》，《国家治理》2023年第5期。

第四章
共同富裕衡量指标的内容构建

通过对东西方传统文化在共同富裕探索道路上的共同之处和不足之处的梳理，可以发现，无论是东方文化还是西方文化，都对公平正义、和谐共处有一定的追求，也都存在一定的局限性和不足之处。通过对构建共同富裕衡量指标的必要性的探索，可以发现，我们已经在政策和实践上对共同富裕做了一定时期、一定程度的探索，取得了极为卓越的成绩，但也面临不容小觑的挑战。因此，在构建共同富裕衡量指标时，我们应在充分吸收东西方文化精华的基础上，考虑当前及未来面对的各项挑战，锚定理论核心，针对符合我国国情的共同富裕的内涵和外延，对照上文分析提出的核心内容，设计出一套既具有中国特色，又具有世界参考性的共同富裕衡量指标。

一 构建衡量指标的技术难点

（一）构建衡量指标的关键任务

1. 指标构建的理论论证

在理论论证上，本研究开展了两方面的论证。一是论证共同富裕衡量指标既能反映中国特色，又能为其他国家提供经验参考。①中国特色：我国的共同富裕是坚持中国共产党的领导和走中国特色社会主义道路的共同富裕。透过现象看本质，这两大特色背后实际上是多种社会经济政治理论的中国式实践，即这两大特色背后的理论意涵所呈现的实践价值对世界各国具有极为重要的借鉴意义。②共同特征：党的二十大报告明确指出，共同富裕是全体人民的共同富裕。它实际上亦契合了世界各国人民对本国经济社会发展的期待。在构建衡量指标时，本研究从内涵、时间、空间、阶段等角度出发论证了我国共同富裕的理论意涵如何契合以及在多大程度上契合世界发展规律。

二是论证共同富裕衡量指标结构的合理性。目前学界有关共同富裕衡量指标的讨论较为丰富，但欠缺纵横比较、静态（长期性）和动态（阶段性）比较。本研究基于我国历史上和国际上与共同富裕相关或相近的理论文化，论证我国共同富裕衡量指标应如何构建才能体现新发展观念、新发展格局以及世界形势变化下的中国发展和世界发展规律，更好地把握我国共同富裕的核心脉络，并在测量评估我国共同富裕阶段性推进水平的同时，实现对各国社会经济建设水平的比较。

2. 指标有效性检验

要构建有效的衡量指标，需坚持五大原则。①导向性原则。以衡量共同富裕为目标，分析当前以及未来一段时间内我国共同富裕的推进状况，找出不足并调整方向。②全面性原则。新构建的衡量指标要能综合反映中国特色和世界趋势。③简洁性原则。在每一个维度下，在保证代表性的情况下控制指标数量，避免冗余。④可比性。衡量指标要适用于测量我国的共同富裕推进水平，同时也要适用于测量世界各国社会经济建设水平。⑤可操作性。衡量指标要有确切的、可采集的、可应用的数据，确保信度和效度。为了践行这些原则，本研究以指标有效性为切入点，主要解决三方面关键问题。一是，针对我国共同富裕的内涵、特征等，讨论衡量指标的数据类型和来源，并通过统计数据和调查数据、主观数据和客观数据以实现对指标的校验和测量。共同富裕衡量指标不能仅用宏观统计数据予以校验，对于一些主观性内涵（比如居民的获得感、幸福感、安全感）以及宏观统计数据无法反映的客观性内涵（比如反映精神富裕微观层面的共同富裕认知度）等，可采用有全国代表性的抽样调查数据予以校验和测量，在此基础上实现衡量指标中统计数据和调查数据、主观数据和客观数据的有机结合。二是，明确各指标的属性、阈值以及适用范围。在构建衡量指标时，本研究基于共同富裕的推进规律，明确指标的属性、阈值以及各个指标的适用范围，进而完成对各衡量指标的选择。三是，完成衡量指标的去量纲化、加权和指数化。本研究主要侧重于使用指标综合加权技术和对算法的开发，把权重的主观赋值与客观赋值相结合，使用等权重法、熵权法予以比较分析并优化权重，实现对衡量指标中各指标的去量纲化、加权和指数化。

（二）关键任务下的重点与难点

1. 百年未有之大变局下，未来社会经济的发展规律较难把握，对各维度下的指标设计和选择带来挑战

由于近几年世界形势变化巨大，我国及世界各国的社会经济发展出现明显的波动性，加上各国在文化、政治制度等方面的差异性，本研究构建的衡量指标如何较好地分析把握我国的发展规律以及世界大发展规律仍是一个具有很大难度的问题。衡量指标需具有一定的前瞻性，如此才能实现对未来多年的共同富裕推进水平的评估。目前随着科技创新、生态环境变化、信息智能化的快速发展，就业形态发生变化，社会生产结构出现新动向，本研究在"十四五"规划、2035年远景目标纲要、党的二十大报告的基础上，尝试对我国以及世界的发展规律做出预判，并构建相应的指标。

2. 在已有文献综述基础上，开展系统、深入、科学的对共同富裕及其衡量指标研究的梳理工作

从我国共同富裕的内涵、本质和特征出发，共同富裕衡量指标不仅要适用于中国，还要适用于其他发展中国家，甚至发达国家。我国的共同富裕衡量指标需能为国际现代化研究提供不一样的视角，并在世界经济社会平等性研究中呈现新的话语体系。

3. 衡量指标涉及的内容较多，明确指标属性存在难度

本研究构建的共同富裕衡量指标是一套多维度、多层面且适用于国际比较的指标。然而，从发展情况来看，不同地区、不同国家具有客观的差异（比如宏观政策规划、自然资源禀赋等），在设计指标时从时空的客观差异入手确保适用性是重点与难点。同时，从指标的内涵来看，有些指标之间存在此消彼长的内在张力，有些指标之间存在共生性关系，这意味着指标之间有可能存在一定的内在逻辑关联，需在设计时加以考量。此外，有些指标可能是创新性指标，需进行大量的统计分析予以判断，或开展大型社会调查获取数据。因此，为避免指标的重复性、冲突性、权重不恰当性

和不可获得性，实现指标的全面性、简洁性，最大限度地减少整体指标的偏差，本研究在参考借鉴国内、国际已有研究经验的基础上，尝试做出独立自主、具有信服力、较为稳健的指标判断。

总的来说，本研究要解决的主要问题是如何构建符合我国共同富裕内涵以及能有效进行阶段性评估的衡量指标。党的二十大报告指出，共同富裕是中国特色社会主义的本质特征，是一个长期的历史过程。从上文对共同富裕概念内涵、外延以及主要内容的讨论来看，我们已初步达成五方面的共识：一是共同富裕首先要达到富裕水平，消除绝对贫困；二是共同富裕要致力于实现全体人民富裕，每个人都要达到富裕水平；三是要实现物质富裕与精神富裕相结合的全面富裕，仅仅实现物质上的富足并不符合共同富裕的要求，只有物质和精神双富裕才是"以人为本"的富裕；四是将差距保持在合理范围内，全体人民在共同劳动的基础上享有社会发展的成果，在消除两极分化的基础上实现共同富裕，因而要逐步缩小区域差距、城乡差距与群体差距，并使之处于合理水平；五是共同富裕的实现不可能一蹴而就，需要基于现有的资源环境，逐步在不同时期达到不同水平，分阶段、分步骤地实现。因此，为构建能有效衡量我国共同富裕的指标，应在国际比较和历史分析的基础上，对照我国当前以及未来一段时间内的社会主义建设，把"富裕社会""全民富裕""全面富裕""共享富裕""阶段性富裕"五个核心特征融入衡量指标中：一是，需围绕共同富裕的核心特点，结合中国实践进行系统的、全面的指标操作化；二是，需明确各指标之间的内在关系，完成各指标的去量纲化、加权与指数化；三是，为确保衡量指标的有效性，需使用各种数据反复测试。

二 构建衡量指标的具体内容

基于上文的讨论，本研究构建了一套新的共同富裕衡量指标，由富裕度、共同度、驱动力3个一级指标构成。前两个测量共同富裕的推进状况，后一个测量共同富裕的推进动力。整套指标包含了3个一级指标、21个二级指标、37个三级指标。其中，富裕度包括客观物质丰裕度与主观富裕感知度两部分，共同度包括客观共同度与主观感受的公平感，驱动力包括客观驱动力和主观驱动力，即富裕度、共同度、驱动力均分别由客观标准和主观感知决定，实现了对物质富裕和精神富裕的双维度测量。它们分别对应着上文共同富裕核心内容中的发展、共享和动力。

需要强调的是，本研究在重视发展和共享两个内容的同时，特别强调动力在整个衡量指标中的重要性。首先，共同富裕并不是一个时间点的现象，而是一个过程。在共同富裕实现之前，想知道是否"扎实推进"、是否"取得实质性进展"，就必须探究共同富裕推进的驱动力是否发生了变化。共同富裕的驱动力是因，共同富裕是果。其次，共同富裕是"仍然存在一定差距的共同富裕，不是平均主义的同等富裕、同步富裕"。如果只考察"富裕"与"共同"，就会有所偏颇，我们需要透过现象看本质，看制度上的因素、文化上的因素是否能保证共同富裕的实现。只有动力因素达到了一定水平，共同富裕才能长久。

具体而言，富裕度有7个二级指标，包括生产水平、收入水平、物质消费水平、服务消费水平、消费结构、居民发展和富裕感。前6个是物质丰裕测量指标，其中第6个是一个国际通用的关于人的发展的测量指标，它的三级指标是人类发展指数（HDI），包括预期寿命、受教育水平和生活质量三个基础变量。它既是对现有水平的描述，也蕴含着未来发展的潜力。最后1个富裕感属于主观上对富裕感知的测量指标。共同度同样有7个二级指标，包括收入不均匀度、一次分配系数、二次分配系数、三次分配系数、城乡平等度、地区平等度和民众公平感。前6个属于不同角度、不同时段的公平性测量指标，最后1个民众公平感属于主观上的测量指标。驱动力包括国有和集体经济占比、科技创新力、政府清廉度、民众参与治理观、利他性价值观占比、政体支持度、共同富裕素养7个指标。前面3个属于客观驱动力测量指标，后面4个属于主观驱动力测量指标。

（一）富裕度的内涵和指标构建

富裕通常是指一个人或一个社会拥有相对丰富的物质财富和经济资源，可以满足其基本需求和愿望。但在现代社会中，人们既重视物质需求，又追求精神满足。富裕不仅涵盖财物等有价值的东西，也承载着人们对美好生活的向往，包括精神和物质双方面的富裕。正如习近平总书记所言："我们说的共同富裕是全体人民共同富裕，是人民群众物质生活和精神生活都富裕。"因此，本研究对富裕的测量包括物质财富充裕和精神财富充裕。

从马克思主义政治经济学角度来看，一方面，人的需要不"取决于自然的量"，而是会随着劳动实践范围的扩大而增加，"由于人类自然发展的规律，一旦满足了某一范围的需要，又会游离出、创新出新的需要"[①]。因此，富裕的外延会随着劳动实践范围的扩大而扩大，这就说明富裕是历史的、相对的。另一方面，富裕属于生产力范畴，富裕的实现必定建立在高度发达的生产力基础之上。虽然我国的经济发展已经取得了举世瞩目的成就，但依旧无法充分满足人们对美好生活的向往。因此，我国仍要大力推动生产力的变革与发展，"做大蛋糕"。为此，本研究通过下文的比较分析来描述富裕度所包含的7个二级指标。

1. 生产水平

本研究通过比较分析GDP、GNP、人均GDP，最后确定采用人均GDP作为三级指标来测量生产水平。GDP是国内生产总值（gross domestic product），是一个国家或地区所有常住单位在一定时期内生产活动的最终成果。作为评判一国或地区人民生活水平的重要参考指标，GDP是国民经济核算的核心指标，也是衡量一个国家或地区经济状况和发展水平的重要指标。它反映一国或地区的经济实力和市场规模。备选指标有GNP。GNP是国民生产总值（gross national product），是指一个国家或地区所有常住单位一定时期内在国内和国外所生产的最终成果和创造的劳务价值。GDP与GNP两者的关系是：GNP=GDP+本国居民来自国外的要素收入-本国支付给外国居民的要素收入。

从定义可知，GNP按"国民原则"计算，GDP按"国土原则"计算，那么，衡量富裕度应该使用GNP还是GDP呢？经过比较分析，本研究认为GDP而非GNP更适宜被纳入指标中。主要原因在于，GDP是一个生产概念，而GNP是收入概念，甚至其名字在1993年被联合国改为GNI（国民总收入，gross national income）。生产与收入的差异在于，收入是生产之后完成交换得以保留的部分。举例来讲，修建一座桥梁，会增加生产部分，也会增加收入部分；但如果桥梁垮掉，生产的部分仍然有效，收入部分就不存在了。可见，GDP能够更好地反映国家经济水平。它反映了一国或地区的生产能力和经济活动的规模。相比之下，GNP是一个国家或地区所有公

[①] 《马克思恩格斯全集》第47卷，人民出版社，1979，第260页。

民和企业在国内或国外的经济活动的总和。GNP包括国内和国外的经济活动，而GDP仅包括国内经济活动。对于大多数国家来说，GDP更能反映其经济实力和发展水平。当然，GDP有其不足之处，比如由于GDP用市场价格来衡量物品与劳务，几乎所有在市场之外进行的活动的价值都没有被包括进来。GDP漏掉了在家庭中生产的物品与劳务的价值，也没有考虑环境质量、收入与分配等，特别是，各国GDP的内容及算法不同。虽然GDP存在这些不足，但总体上GDP是可以用来全面衡量某一国家或地区生产出来的财富的指标，所以本研究中的生产水平适宜用GDP来衡量。

需要注意的是，GDP又分为名义GDP与实际GDP（或称实质GDP，real GDP）。名义GDP是用生产物品和劳务的当年价格计算的全部最终产品的市场价值，实际GDP是用以前某年度的价格作为基期价格计算的全部最终产品的市场价值（实际GDP排除了物价变动因素的影响）。两者的差异主要在于由货币因素引起的物价指数变化。当物价指数变化巨大时，被称为通货膨胀现象。从财富的角度来看，实际GDP应该是真实的财富，因为它排除了价格因素，只说明物质财富的产量，反映了真实的生活水平。不过，实际GDP是基于名义GDP的调整得到的，而这个调整在实际生活中并不准确。原因在于现在的物价指数的统计方法不能体现出消费结构的变化和产品质量的变化。举例来讲，在2023年，中国人的消费结构与2001年相比具有极大差异，2001年中国汽车销售量为237万辆，2023年中国汽车销售量为3000万辆。[①] 汽车逐渐进入了家庭购买清单，带来了消费结构变化，但物价指数的设计却考虑不到这点。时间跨度越大，消费结构变化越明显。同时，产品质量也有极大差异，2001年手机刚刚迈过"大哥大"时代，而2023年的手机拥有通话、摄像、社交、打车、点餐、支付、AI学习等众多功能。虽然都被称为"手机"，但应该把2023年的手机和2001年的手机视为不同的产品，我们不宜把两者当成同一事物来构成时间序列指数。换言之，实际上我们不可能构造出可比的生活水平。因此，本研究使用名义GDP而不用实际GDP（在后面的指标设计中，"占GDP比例"亦是用名义GDP来计算的）。

---

① 数据来源：中国汽车工业协会，参见 https://baijiahao.baidu.com/s?id=1787927027343692411&wfr=spider&for=pc。

共同富裕：衡量指标与实现路径

当评估人民富裕问题时，人均 GDP 在某种程度上比 GDP 更能反映一国或地区的富裕程度和经济发展水平。GDP 是以国家为单位进行统计的，没有考虑人口因素。而人均 GDP 反映了一个国家或地区在一定时期内生产的全部商品和服务的价值与其常住人口的比值。2023 年，中国 GDP 约为 125 万亿元①，约为 17.7 万亿美元，在全世界排名仅次于美国，是世界第二大经济体。但是，中国 2023 年有 14.11 亿人口，人均 GDP 为 8.94 万元，约为 1.25 万美元，在世界排名第 70②。人均 GDP 的排名意味着，即便我国 2023 年的 GDP 总量很高，但绝大多数中国人还不富裕。作为世界上最大的发展中国家，中国的发展仍面临着许多困难和挑战，需要继续通过自身努力来实现现代化和提高人民生活水平。此外，基于美、日等国家的发展经验，本研究发现人均 GDP 水平与产业发展之间存在很显著的对应关系（见表 4-1），表现为不同水平的人均 GDP 对应着不同的富裕程度（收入水平）、消费结构、服务水平，而不仅仅是生产水平和产业结构。

表 4-1　人均 GDP 水平与消费特征、行业发展特征

人均 GDP 水平	消费特征	开始兴盛的行业	美国、日本等国的发展经验
低于 1000 美元	大众消费阶段（生存消费）	食品、衣物、生活用品（日用化工）	
1000 美元	家庭消费阶段（品质消费：发展型 & 享受型消费）	观光旅游、乳制品行业	保健品市场开始繁荣
2000 美元		休闲产业	平均每个家庭每年可以外出度假一次
3000 美元		汽车、房地产	城市化（建筑业）、工业化的进程加快
4000 美元		教育培训	便利店、时尚专卖店、专业店大量出现
5000 美元		医疗卫生	服务体系的完善和优化、运输物流快速发展
8000 美元	个人消费阶段（意义消费）	艺术市场	房地产发展进入平稳期
10000 美元及以上		奢侈品、宠物、户外	从商品消费进化到以服务型消费为主，服务业逐渐成为主导产业

---

① 数据来源：国家统计局，参见 https://data.stats.gov.cn/easyquery.htm?cn=C01。以下数据若无特别说明，均来自国家统计局。
② 数据来源：https://baijiahao.baidu.com/s?id=1780080826891825898&wfr=spider&for=pc。

综上，人均 GDP 反映了人均财富，理应成为衡量全体人民富裕程度的重要指标之一。从数据的可获得性来看，该数据由国家统计局发布，易获得且权威。图 4-1 是自 2000~2022 年中国的人均 GDP 情况。在 2022 年，人均 GDP 为 85698 元人民币，2023 年为 89358 元人民币[①]。需要说明的是，人均 GDP 告诉了我们平均每个人的情况，但平均量的背后是个人收入的巨大差异。一位一亿元收入者与一位零收入者的收入平均值是 5000 万元，但此数据对于两者的意义截然不同。此点将在后面其他指标（共同度指标）的设计中进行补充和讨论。

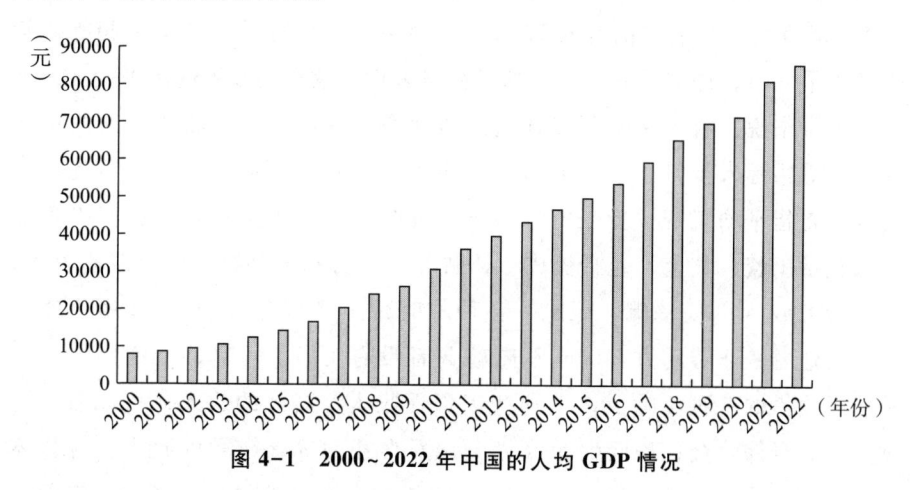

图 4-1　2000~2022 年中国的人均 GDP 情况

2. 收入水平

生产水平衡量了创造出的财富，但并不能衡量分配到人们手里的财富。因此，在考虑完生产水平之后，还需要考虑收入水平。本研究采用国际上通用的人均可支配收入指标来衡量收入水平。

前面采用的人均 GDP 指标，是衡量一个国家或地区人均经济产出的指标，它只能间接地反映收入水平。然而，无论是人均 GDP 还是 GDP，它们与收入之间并不是线性关系，而只是存在一定的正相关关系，即一个国家或地区的人均 GDP 或 GDP 越高，其居民收入水平提高的机会越多。这是因为 GDP 是衡量一个国家或地区生产活动的总量的指标，而生产活动的增多会带来更多的就业机会和更高的劳动生产率，从而提高居民收入增加的可

---

① 数据来源：《中华人民共和国 2023 年国民经济和社会发展统计公报》。

能性，但GDP的增加并不一定会带来每个人的收入水平的相应提高。例如，如果GDP的增加主要来自投资和生产环节，而不是来自消费和分配环节，那么收入水平的提高可能不会随之而来。甚至，有时候我们会发现，随着GDP增加，人均可支配收入反而下降。根据国际劳工组织发布的《2022～2023年全球工资报告》，2022年全球实际工资负增长，而实际生产力却持续增长。横向来看，各国人均GDP与人均可支配收入之间的比例也不同。例如，2022年，中国人均GDP 85698元人民币，人均可支配收入36883元人民币，后者占前者的43.04%；美国人均GDP 78175美元，人均可支配收入56626美元，后者占前者的72.43%。所以，在采用了人均GDP指标衡量生产水平之后，还需进一步设计如何衡量人们所获得的收入的水平。

通常来说，收入水平可以通过工资水平、总收入、纯收入、人均可支配收入等指标来衡量，本研究最终选用了人均可支配收入指标。首先，工资水平是指平均工资或者工资中位数，反映了劳动力的市场价格。工资性收入包括工资、奖金（包括提成、补贴等）等劳动报酬收入以及兼职收入、业余劳务收入（如稿酬、课酬、各种临时帮工酬劳等）。它只适用于就业者，失业者、非劳动力人口或不愿就业者没有工资。可见，工资性收入只是居民收入的一种。除了以上这些工资性收入，居民的收入还可以有：退休金、养老保险金；最低生活保障金、困难补助等社会救助收入；村集体提供的福利收入（如分红、补贴等）；个人农业经营纯收入（含各种农业补贴）、经商办厂和投资所得利润与分红、他人赠予及遗产继承收入、金融投资理财收入（债券、存款、放贷等的利息收入，股票投资收入及股息、红利收入）等。按照国家统计局标准，居民人均可支配收入按来源可分为工资性收入、经营净收入、财产净收入、转移净收入四项，几乎涵盖了居民收入的所有种类。很明显，人均可支配收入指标优于工资水平指标。

其次，总收入通常指的是一个人或家庭在特定时间段内（如一年）从各种来源获得的全部收入。这包括工资、奖金、津贴、投资收益、租金收入等。净收入是从总收入中减去各种税费和强制性支出后所剩下的部分。这些税费和支出可能包括个人所得税、社会保险费、住房公积金等。相较而言，人均可支配收入是一个更为复杂的概念，它指的是在一个家庭或地区中，每个成员在支付完各种税费和社会保障费用后，实际可用于消费和储蓄的收入。它通常是通过将家庭的总收入减去不可支配的收入（如个人所得税、社会保险费等）再除以家庭成员数来计算的。从定义上看，三者之间存在某种函数关系。具体来说，净收入是总收入的一个子集，它是通过从总收入中减去特定的税费和支出来计算的。而人均可支配收入则是基于净收入（或更广泛地说，是可支配收入）的概念，并进一步考虑了家庭成员的数量。可支配收入是指居民可用于最终消费支出和储蓄的收入总和，即居民可用于自由支配的收入，既包括现金收入，也包括实物收入。当然，要建立三者之间确切的函数关系并不容易，因为这涉及许多复杂的因素，如不同国家和地区的税收制度、社会保障政策、家庭结构等。此外，这些因素还可能随时间而变化，进一步增加了建立函数关系的难度。总的来说，人均可支配收入比总收入、纯收入等包含了相对更多的信息，更适合用来衡量居民的生活水平和富裕程度。人均可支配收入数据可以从国家统计局获得。需要注意的是，总收入中包含了不可自由支配的部分，比如养老金，它属于居民的收入，但个人无法自由支配和使用。它是通过社会保障、转移支付、税收等途径实现的收入再分配的一种形式。这部分不可自由支配的收入也是人民财富的一部分，对于某些群体而言甚至是非常重要的部分，因此本研究将在下文讨论共同度的指标时予以说明。

最后，收入的主体是居民，而不是政府和企业。政府和企业的收入最后的落脚点仍是居民。所以我们不用政府、企业的收入，而将它们放在后面的一次分配系数、二次分配系数指标中。图 4-2 是 2016~2022 年我国居民的人均可支配收入状况，其中 2022 年为 36883 元。

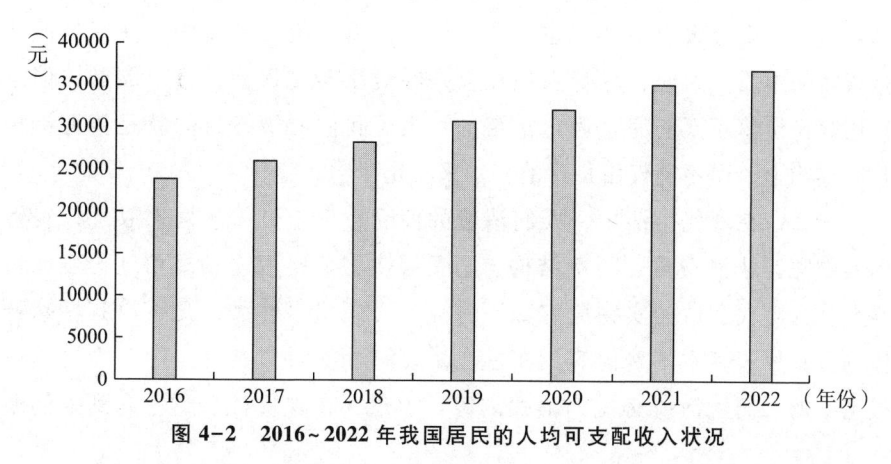

图 4-2 2016~2022 年我国居民的人均可支配收入状况

3. 物质消费水平

人均GDP、人均可支配收入两个指标都包含货币因素。然而，以货币单位计量的指标，涉及国家货币政策的宽松与紧缩，当与其他国家进行比较时，也牵涉货币间转换的汇率波动。因此，这些指标所反映的情况与人们真实感受到的富裕程度并不一样。比如发达国家的理发、保健、餐饮等服务业价格高，高价格并不意味着高水平的消费。另外，不同国家消费的内容不尽相同，不能仅凭货币价格来进行比较。比如日本的人均GDP远比中国高，但是日本的人均主食量只为中国人均的一半。因此，当谈论人们的生活水平时，为尽量减少货币因素的影响，本研究认为需要加强对真实的物质消费层面的测量。鉴于中国目前的发展情况，为衡量物质消费水平，本研究选取以下四个三级指标：人均肉类消费量、城镇人均住房面积、每百户年末家用汽车拥有量、每百户年末移动电话拥有量，即"食住行通"。

从经济学视角出发，富裕度下有两个非常重要的子概念，即使用价值和交换价值。[①] 使用价值是指物品或服务在使用过程中所产生的效用和价值，即不同物的使用内容。交换价值则是物与物之间通过交换体现出来的价值，通常以货币的形式（价格）来表达。前面提到的人均GDP、人均可支配收入都需要以货币的形式来表达，所用到的核心概念之一就是交换价值。富裕的本义是物质的丰富及内心的富足，用货币来衡量富裕，还无法完全反映其内涵。因此，对富裕的衡量更需要体现在对实物的衡量上。例如，在沙漠中，水的价值很高，因为它能救命，而黄金在沙漠中无法交换到水时价值则会大打折扣。也就是说，在没有交换的环境中，使用价值才是富裕的本质。因此，尽管当代社会是在分工与交换前提下发展的，但是只用交换价值还不能完全表达富裕的意义。我们的最终目的就是要把富裕落到实物上，而不是仅由货币的多少来决定。

那么，在现代生活中，人们消费的商品成千上万，怎样选取有代表性的实物呢？从消费量、消费结构、消费层次、消费用途几个角度出发，本研究认为有代表性的实物应有如下特点：必须量足够大；几乎没有特殊群体划分；属于基本消费内容。在古代，人们看重的"衣食住行"恰恰就是最基本的人们生活所必需的消费内容。不过，在现代社会，考虑到人们通

[①] 后文还将从社会学中的公平、价值观等概念出发讨论价值的意义。

信社交的必要性，本研究增加了通信方面的内容。① 同时，在中国全面建成小康社会之后，穿衣需求已能得到基本满足，所以本研究认为可以不测量穿衣方面的内容。而食品在中国"民以食为天"的文化下有其特殊必要性（后面将用到恩格尔系数），故予以保留。本研究最终确定对"食住行通"予以测量。

在食品方面，不管如何选择美食，人们最基本的要求是营养健康，即淀粉、脂肪、蛋白质的摄入量足够及比例合理。本研究选取人均肉类消费量作为具体指标。因为不同地区、不同层次的消费者对于肉类的需求和偏好较为一致，所以选取人均肉类消费量作为食品消费水平的衡量指标具有较强的代表性。"吃得上肉""大块吃肉""脍不厌细""肉食者鄙""何不食肉糜""朱门酒肉臭"等传递出来的信息是，对肉类的消费是生活富裕的重要标志。根据历史经验和国内外经验，随着生活水平的提高，人们对于肉类的需求也在不断增加。在一些发达国家，人均肉类消费量相对较高；而在发展中国家，人均肉类消费量在逐年增长。这说明更多的肉类消费可以代表人们的生活水平的不断提高。我国传统意义上的"吃肉"指的是吃猪肉、牛肉、羊肉，不包括禽类和水产品，比如鸡鸭鱼肉一词就把禽类、水产品与肉类并列。在2022年，我国猪肉、牛肉、羊肉的人均消费量为35.2公斤。考虑到指标的通用性，我们要考虑不同宗教文化对肉类消费理解的不同，比如穆斯林不食猪肉、印度教信徒不食牛肉等。因此我们把肉类概念推广到包括禽类和水产品。此指标的统计数据相对易于获取，能够为研究和分析提供较为准确与可靠的数据。图4-3为2016~2022年我国人均肉类消费量。在2022年，我国人均肉类消费量为63.3公斤。

在居住方面，通常是人均住房面积越大，居民的居住条件越好，生活水平越高。根据《中国人口普查年鉴2020》，我国家庭户人均住房建筑面积达到41.76平方米。其中，乡村的家庭户人均住房建筑面积最大，为46.8平方米，城市和镇的分别为36.52平方米、42.29平方米。本研究以城镇人均住房面积作为衡量居住状况的核心指标。

城镇的产生是生产力发展的标志，代表着生产和交换的集中。随着工

---

① 可参考消费者物价指数CPI所包含的内容。CPI一篮子商品包括食品烟酒、衣着、居住、生活用品及服务、交通和通信、教育文化和娱乐、医疗保健、其他用品和服务共8个大类。

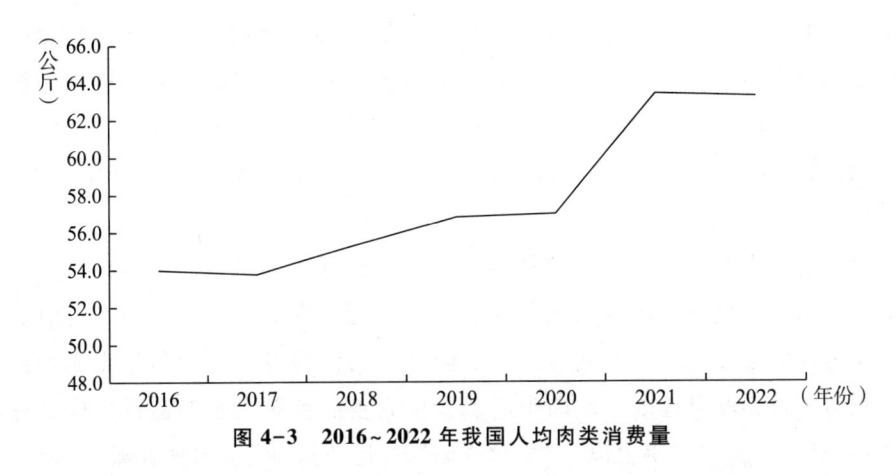

图 4-3　2016~2022 年我国人均肉类消费量

业的发展，大量人口从农村涌向城市，形成了城镇的集聚效应。这种集聚效应不仅促进了生产力的提高，也推动了社会分工的进一步细化，以及文化、科技等方面的发展。在现代，城镇（尤其是城市）不仅是工业生产和商业活动的场所，也是资本积累和社会阶层分化的重要场所，因而城镇是共同富裕所关注的主要领域。为此，我国不断推进城镇化进程，城镇化率逐年提高。城镇化率是指城镇常住人口与总人口之比，用以衡量一个国家或地区的城镇化水平。根据国家统计局公布的数据，截至 2023 年末，中国的城镇化率为 66.16%，这意味着城镇常住人口占全国总人口的比重为 66.16%。根据《国家人口发展规划（2016—2030 年）》《国家新型城镇化规划（2021—2035 年）》等，到 2030 年我国城镇化率将达到 70%。未来我国城镇化率还有继续提高的巨大空间。

在《城镇家庭居民"住有所居"量化指标研究报告》①中，中国城镇家庭居民人均住房面积分为底线标准（13 平方米）、提升标准（20~30 平方米）、舒适标准（30~40 平方米）。图 4-4 是 2000~2020 年我国城镇人均住房面积状况。因此，我国在城镇住房方面已经实现"住有所居"目标，达到舒适标准，未来将进入"住有宜居"的升级消费阶段。我国人均 GDP 少于发达国家，人均收入更低于发达国家，但我们的城镇人均住房面积，却与发达国家相差不大，甚至超越了一些发达国家。例如在 2021 年，我国人均 GDP 为 1.25 万美元，分别为韩国的 36%、日本的 25%、法国的 29%、

---

① 该报告由中国城市规划设计研究院联合中国建筑设计研究院有限公司发布。

德国的25%、美国的18%。但我们的城镇人均住房面积，分别为韩国的111%、日本的107%、法国的95%、德国的82%、美国的56%。

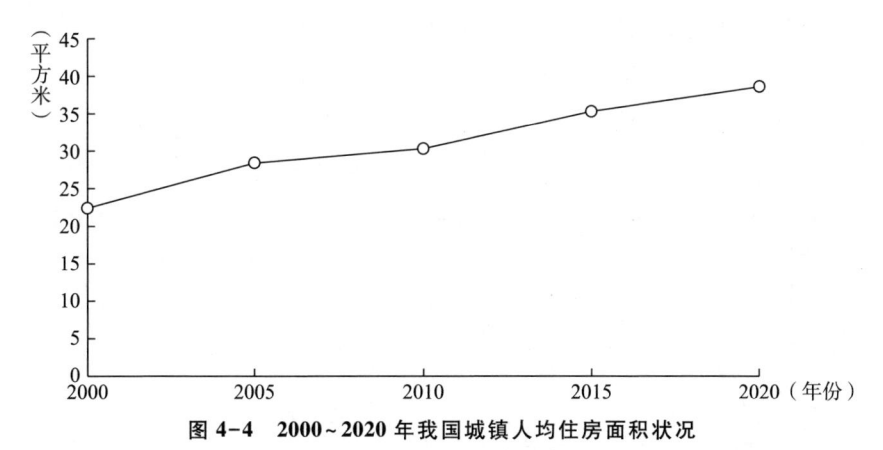

图4-4 2000~2020年我国城镇人均住房面积状况

因此，基于数据的可获得性、完整性和可比较性，本研究最终选取城镇人均住房面积作为共同富裕衡量指标中的一个指标。至于城镇与农村的差异，本研究在共同度部分会用单独的城乡差异指标来反映。另外需要说明的是，本研究把社区绿化、公共设施等方面的内容放在后面的服务消费水平指标中予以讨论。

在交通出行方面，本研究选取了每百户年末家用汽车拥有量作为具体指标。在现代社会，最具代表性的交通工具就是汽车（不排除将来有更先进的公共交通或者飞行交通工具的出现）。拥有自己的房子和汽车被认为是中等收入、富裕的标志之一。首先，就经济实力而言，汽车作为一种高价值的消费品，其购买和维护都需要一定的经济实力。因此，一个人或家庭拥有的汽车数量，往往能够反映出其经济能力和财富水平。拥有多辆汽车的家庭通常有着更高的收入和更强的购买力，这是生活富裕的一种直接体现。其次，就生活品质而言，拥有汽车可以极大地增强生活的便捷性并提高舒适度。对于富裕的人来说，他们可能不仅拥有一辆用于日常出行的汽车，还拥有专门用于休闲、旅行或其他特定用途的汽车。这种多样化的汽车使用需求，反映了人们对高品质生活的追求，是生活富裕的一种表现。最后，就社会地位而言，在某些社会和文化背景下，拥有汽车被视为社会地位的象征。特别是在一些发展中国家或地区，汽车仍然是相对稀缺的资源，因此拥有汽车（尤其是高档汽车）往往能够彰显个人的社会地位和成功。虽然这种观点在现代社会中逐渐淡化，但在一定程度上仍然影响着人们对汽车和生活富裕程度的看法。图4-5是2016~2022年我国每百户年末家用汽车拥有量情况。

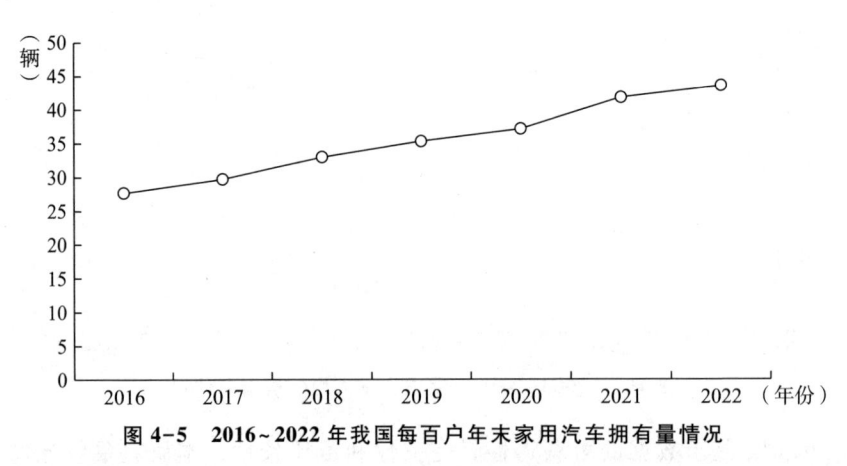

图4-5 2016~2022年我国每百户年末家用汽车拥有量情况

在通信方面，本研究选取了每百户年末移动电话拥有量作为具体指标。手机在现代生活中扮演着重要的角色，已经成为人们日常生活中的必需品，而不仅仅是通信工具。第一，手机有通信和社交功能，提供了便捷的通信方式，使得人们可以随时随地与他人进行联系。通过短信、电话、社交媒体等方式，人们可以保持与朋友和家人的联系，分享彼此的生活。第二，手机是信息获取的重要手段/终端，提供了大量的信息，包括新闻、知识、娱乐消息等。通过手机应用程序、新闻网站、搜索引擎等，人们可以随时获取所需的信息，满足自己的求知欲和好奇心。第三，手机提供了许多使生活变得便利的应用，涉及支付、购物、导航、健康管理、休闲娱乐等。通过手机，人们可以方便地完成购物支付、查找路线、监测健康状况等任务，提高生活效率；还能通过休闲娱乐应用，如音乐、游戏、视频等，随时随地享受休闲娱乐时光，放松身心。当然，随着科技的不断进步，手机的功能和应用也在不断拓展，将来也许会有手机的新形式出现，比如可穿戴式通信工具、嵌入体内式通信工具等。未来的手机可能会变得更加智能化、个性化、多功能化，成为类似人工智能机器人那样的东西。手机如此多的功能决定了"移动电话拥有量"理应是衡量富裕水平的重要指标之一。图4-6是2016~2022年我国每百户年末移动电话拥有量情况。

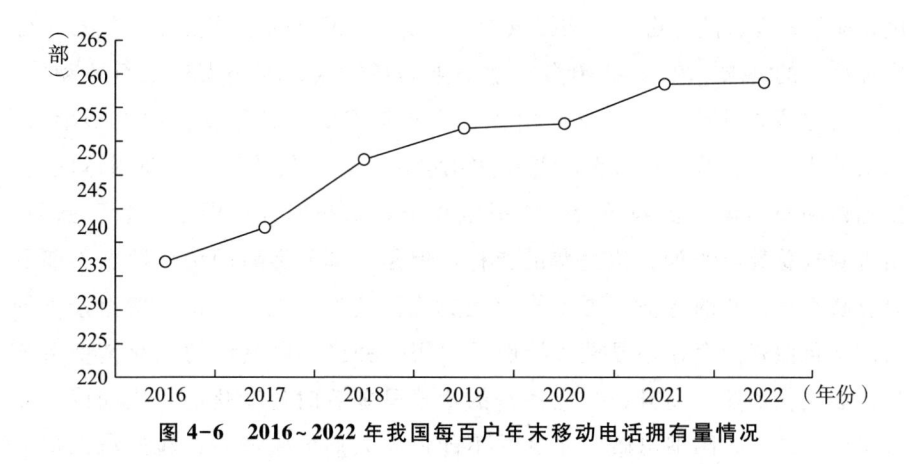

图 4-6　2016~2022 年我国每百户年末移动电话拥有量情况

4. 服务消费水平

前面所言的"食住行通"是人们现代生活的基本内容，它们是人民美好生活的基础，但并不是全部。随着富裕程度的提高，物质消费占比将逐渐下降，而服务消费占比将明显提升。服务消费在现代生活中占据着越来越重要的地位，随着经济的发展和人们生活水平的提高，服务消费的比重逐渐增加。服务消费不仅包括传统的餐饮、住宿、交通等服务方面的消费，也包括医疗、教育、金融、法律、咨询、设计、管理、文化娱乐、体育健身等服务方面的消费。服务业的发展，满足了人们日益增长的需求，成为生活富裕的标志。发达国家服务业的比重普遍较高，占国民经济的比重较大。这是由于发达国家经济高度发达、科技水平高、人力资源丰富、生产效率高，服务业发展快速。同时，随着人们生活水平的提高，对于服务的需求越来越大，这也促进了服务业在发达国家的发展。比如美国服务业的比重保持在 80% 以上。中国第三产业占国民经济的比重刚超过 50%。因此，作为非物质性消费的服务消费亦是共同富裕衡量指标中的重要方面。我国《扩大内需战略规划纲要（2022—2035 年）》强调要"全面促进消费，加快消费提质升级"，服务消费是人们生活富裕的真实体现。服务消费种类亦成百上千，需要从中选取一些有代表性的纳入衡量指标。基于此，经过分析对比，本研究选取了 3 个指标来衡量居民的服务消费水平。

其一，文化产业增加值占当年国内生产总值的比重。这既能反映当下的消费结构，又充分考虑了服务消费的前景，契合我国于 2035 年建成文化强国的远景目标。文化娱乐服务消费是服务消费中的一个重要领域，涉及电影院、KTV、健身房等机构提供的各种文化娱乐服务，满足了人们对于健康和休闲的需求。在未来10年，服务业将成为我国经济发展的重要动力。关于文化消费的指标，可以使用各类文化消费的统计数据，如电影票房、图书销售量、旅游出行人次、群众文化机构从业人员数量、表演团体数量、博物馆和图书馆等机构数量、广播电视节目播出时间、图书出版印张数、引进版权总数等作为文化消费的指标。但是，单一类型的统计数据不能及时反映文化消费的趋势，更不能展现文化消费的全貌。文化消费由于不同人的文化偏好而存在差异性，故而无法用一种或几种具体的文化消费形式来代表文化消费。而且，文化消费的形式是随着时代变化的，比如读书变成了电子阅读，图书出版印张数并不能反映人们的阅读量；演出将来也极有可能变为网上演出，甚至虚拟人物演出，单一的文化消费形式的增长趋势不足以代表文化消费总体的趋势。服务业将来可能由AI来从事，不宜用从业人数来代表服务消费量（假定我们发展AI是为人类服务的）。好在文化产业的特点在于，文化产品的生产量与消费量的差距较小，几乎满足生产与消费的同一性。许多文化消费形式诸如表演、娱乐等，生产之时便是消费之时。因此，考虑到文化消费统计数据的不足，而国家统计局只公布文化产业生产的数据，所以本研究用文化产业增加值占当年国内生产总值的比重作为指标。

文化产业增加值是以价值形式表示的一个国家或地区文化产业所有产品与劳务的最终成果。文化产业增加值占当年国内生产总值的比重是指一个国家或地区文化产业增加值占国内生产总值的份额。采用比例的方式可以避免货币的因素。参照国家统计局2018年发布的《文化及相关产业分类（2018）》，文化产业包括文化核心领域与文化相关领域。文化核心领域是指那些为直接满足人们的精神需要而进行的创作、制造、传播、展示等文化产品（包括货物和服务）的生产活动，具体包括新闻信息服务、内容创作生产、创意设计服务、文化传播渠道、文化投资运营和文化娱乐休闲服务等。文化相关领域是指文化产品的生产活动所需的文化辅助生产和中介服务、文化装备生产和文化消费终端生产（包括制造和销售）等活动。图4-7显示，2021年全国文化产业增加值为5.2万亿元，占GDP的比重为4.56%。2022年全国文化产业增加值为5.4万亿元，占GDP的比重为4.46%，其中文化核心领域增加值3.8万亿元,占GDP的3.18%。[①] 需要注意的是,不同国家对文化产业称呼不同(如版权产业、创意产业、内容产业等),统计口径也相差较大,所以无法准确比较我国文化产业水平与发达国家之间的差距。美国的文化产业被称为版权产业,在2021年,其核心版权产业(相当于我国文化产业中的文化核心领域)增加值在美国GDP中所占的比重为7.76%。整个版权产业增加值(相当于我国整个文化产业)的GDP为2.919万亿美元,占美国GDP的12.52%。[②]

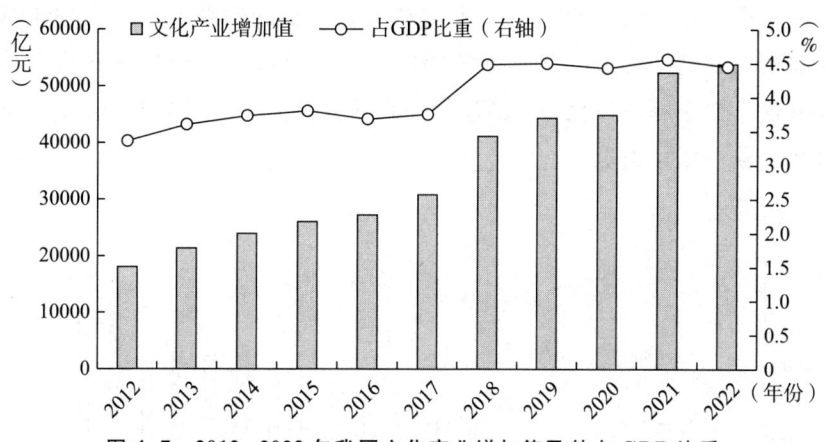

图4-7 2012~2022年我国文化产业增加值及其占GDP比重

注:2022年数据为当时的估算。

其二,人均生活用电量。选取这个指标的原因有二。一是,在现代社会中,能源是一切生产的动力。如果仅用一个指标就可以衡量社会生产力和生活水平,那每日人均所消耗的能源量是极为有效的指标。不过,在各

[①] 数据来源:https://www.gov.cn/lianbo/bumen/202312/content_6923264.htm。
[②] 美国的数据来源于国际知识产权联盟(IIPA)发布的《美国经济中的版权产业:2022年报告》,详见 https://finance.eastmoney.com/a/202311282917194311.html。我国也有版权产业一说,但与文化产业两者相互重叠。版权产业不仅有文化产业中的有版权的部分,还包括与科学技术相关的产业。从版权产业的类别来看,共有4个部分,包括核心版权产业、相互依存的版权产业、部分版权产业和非专用支持产业。核心版权产业是与文化、艺术、科学技术关系紧密的产业。相互依存的版权产业主要是生产与版权产品相关的硬件设备的产业,如电视机、收音机、录像机以及计算机设备等产业。部分版权产业中的若干行业属于文化、艺术方面的内容,如玩具和游艺用品、家具、装饰物、博物馆等。非专用支持产业是为版权产品提供支持的传播、发行或销售等产业,其中的电话和互联网产业与信息产业存在交叉和重叠。2020年,中国版权产业增加值占到GDP的7.39%,核心版权产业占GDP的4.66%,详见 https://www.ncac.gov.cn/chinacopyright/contents/12227/355743.shtml。

种能源中，电力（其他能源包括煤炭、天然气、液化石油气等）是经济、社会、民生变化的最重要的"风向标"。人均生活用电量是居民家庭平均每人每年消耗的电量，可反映家庭电气化程度。而家庭电气化是生活质量提高的重要标志，它可以间接反映各地区的经济发展水平和人民生活水平。二是，居民享受到的服务与对物质商品的消费是有区别的，比如拥有空调，但可能并不开空调或者低频率地使用空调；拥有电视，但实际上不看电视。因此，在衡量居民的服务消费水平时，为了反映居民能享受到的家庭服务内容，本研究用人均生活用电量来衡量家庭内部的服务水平。人均生活用电量是居民家庭平均每人每年消耗的电量，可反映家庭电气化程度和电器使用频度，而家庭电气化是生活质量提高的重要标志。图4-8为2000~2021年我国人均生活用电量。

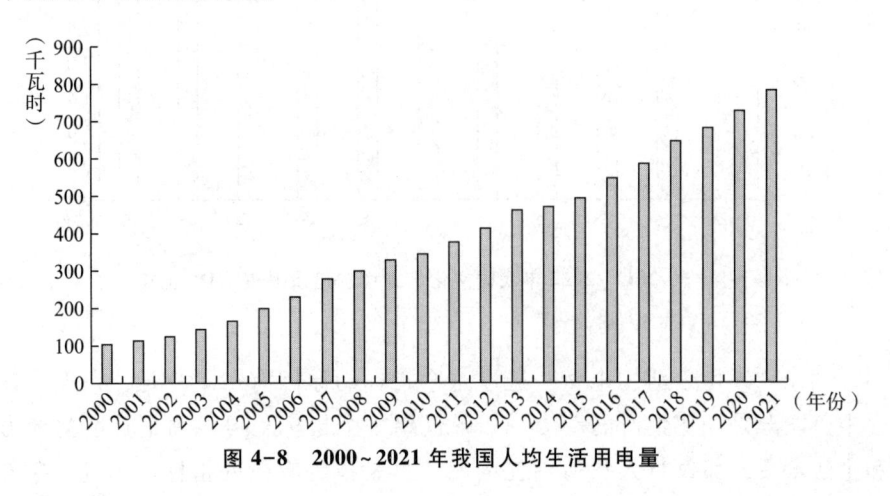

图4-8　2000~2021年我国人均生活用电量

其三，城镇人均公园绿地面积。城镇人均公园绿地面积是指城镇公园绿地面积的人均占有量，它等于城镇公园绿地面积与非农业人口数量之比，用米²/人表示，反映了城市居民生活环境和生活质量。公园绿地是城市中向公众开放的，以游憩为主要功能，有一定的游憩设施和服务设施，同时兼有保障生态、美化景观、防灾减灾等综合作用的绿化用地。它包括向公众开放的市级、区级、居住区级公园、小游园、街道广场绿地，以及植物园、动物园、特种公园等。城镇公园绿地面积越大，人均公园绿地面积就越大；城市生态环境越好，人们精神越愉悦。城镇公园绿地是城市建设用地、城市绿地系统和城市市政公用设施的重要组成部分，是衡量城市整体环境水

平和居民生活质量的一项重要指标。通常其规模可大可小，园林城市、园林县城和园林城镇达标值均为9米²/人，生态市达标值为11米²/人。2022年，我国人均公园绿地面积为15.29平方米。①

图4-9 2013~2022年我国城镇人均公园绿地面积

5. 消费结构

在经济学中，通常以恩格尔系数来反映消费结构。恩格尔系数是指居民家庭食品支出占消费总支出的比重，是国际上常用的测定家庭贫困线的指标，也用来判定一个国家的经济发展水平和人民生活的富裕程度。它随家庭收入的增加而下降，即恩格尔系数越大就代表越贫困。恩格尔系数越小，说明富裕程度越高，家庭的消费更多地用于非食品类物品，如衣物、住房、教育等。尽管由消费品价格不同、居民生活习惯差异以及社会经济制度不同（比如不同地区对住房、医疗等方面的补贴）所产生的特殊因素，会造成不同地区的恩格尔系数不可比的现象，但纵向来看，恩格尔系数反映了一种长期的趋势，可以起到衡量消费结构的指向标作用。前文已经在"食住行通"方面提到了肉类方面的食品消费，是从一个绝对量的角度进行测量的。本研究认为，有必要补充相对量的测量，这样一方面可以更全面地测量生活水平和经济发展状况，另一方面可以实现国家间的比较。因此，本研究把恩格尔系数纳入衡量指标中，将其作为共同富裕衡量指标中的一个重要指标。

联合国根据恩格尔系数的大小，对世界各国的生活水平有一个划分标准，即一个国家平均家庭恩格尔系数大于60%为贫穷，50%~60%为温饱，

---

① 数据来源：https://data.stats.gov.cn/easyquery.htm?cn=C01&zb=A0B0A&sj=2023。

40%~50%为小康，30%~40%为相对富裕，20%~30%为富足，20%以下为极其富裕。就我国而言，恩格尔系数在1978年为63.9%，1988年降到52.8%，2008降到36.3%，2017年首次降到30%以下，为28.40%。此后多年，一直在28%至31%之间波动。2023年，恩格尔系数为29.8%，相比2002年下降了0.7个百分点①。分城乡来看，我国城镇居民的恩格尔系数低于农村。以2022年为例，城镇居民恩格尔系数为28.8%，农村居民恩格尔系数为32.4%。总的来说，我国居民的消费结构呈现早期大幅度优化和近期波动调整的态势（见图4-10）。

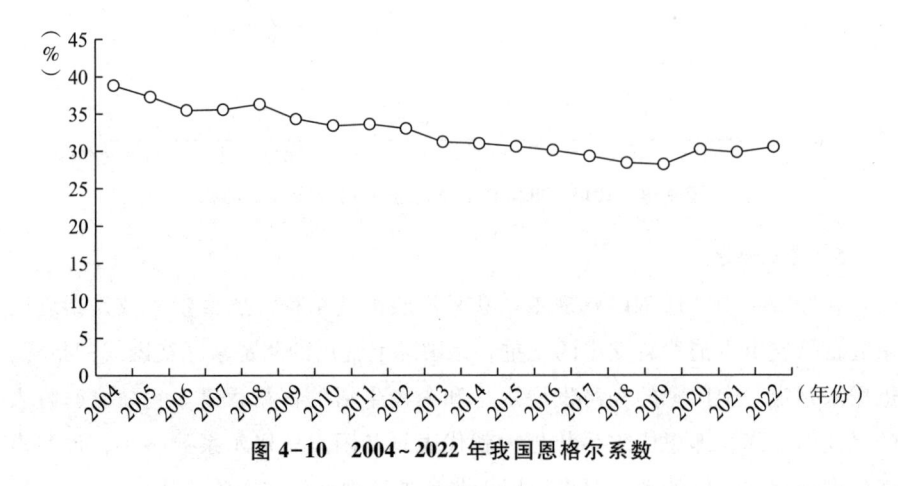

图4-10 2004~2022年我国恩格尔系数

6. 居民发展

本研究选取人类发展指数（human development index）来测量居民发展情况。人类发展指数，简称HDI，由联合国开发计划署（UNDP）在《1990年人文发展报告》中提出，是衡量联合国各成员国经济社会发展水平的指标。该指数是为弥补传统GNP测量的不足而提出的。HDI是以预期寿命、受教育水平和生活质量三方面内容为基础，通过一定的计算方法得到的一个综合发展指数。其中，受教育水平用成人识字率（三分之二权重）及小学、中学、大学综合入学率（三分之一权重）共同衡量，2010年用平均受教育年限取代了成人识字率、预期受教育年限取代了综合入学率。生活质量，最开始用实际人均GDP（购买力平价美元）来衡量，2010年调整为用

---

① 数据来源：https://baijiahao.baidu.com/s?id=1788313419006581644&wfr=spider&for=pc。

人均国民总收入来衡量。HDI是学界公认的有关国家经济社会发展和综合国力的衡量指标，由第三方计算，具有容易获得且国际可比的特点。更重要的是，HDI的计算方法是基于人的发展，将经济发展与人的福祉联系起来的，强调人的健康、教育和生活质量等方面的重要性。通过HDI，可以更全面地了解一个国家的发展状况，而不仅仅是经济的增长。

基于此，本研究把人类发展指数纳入共同富裕衡量指标当中。人类发展指数是出生时的预期寿命指数、受教育年限（包括平均受教育年限和预期受教育年限）指数和GNI指数的几何平均值。人类发展指数介于0~1之间，越接近1，说明人类发展水平越高。联合国根据HDI将所有国家分为四类：小于0.550为低人类发展水平；介于0.550~0.699之间为中等人类发展水平；介于0.700~0.799之间为高人类发展水平；大于等于0.800为极高人类发展水平。中国的人类发展指数呈现持续上升的态势，在世界上的排名不断靠前。2022年，世界HDI平均值为0.732，在191个国家或地区中，有96个超过该平均值。预期寿命最高的地区是中国香港，为85.5岁；预期受教育年限最高的是澳大利亚，为21.1年；平均受教育年限最高的是德国，为14.1年；人均国民总收入最高的是列支敦士登，为146830美元。中国（不含港澳台）[①]的HDI为0.768，在国际上排名第79，属于高人类发展水平。图4-11为1990~2021年我国（不含港澳台）HDI。

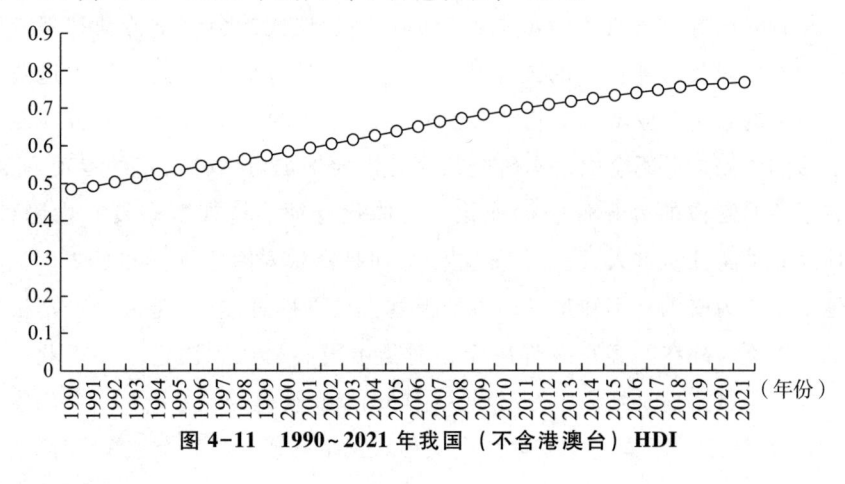

图4-11　1990~2021年我国（不含港澳台）HDI

[①] 中国香港HDI为0.952，排名第4；中国澳门HDI为0.922，排名第21；中国台湾HDI为0.916，排名第25。数据来源：联合国开发计划署。

通过HDI的国际比较可见，虽然中国从"站起来"走向"富起来"，但在很多方面还落后于许多发达国家，甚至包括许多发展中国家，比如阿尔巴尼亚、保加利亚、伊朗、俄罗斯、土耳其、智利等。中国HDI较低的原因在于中国地域辽阔，各地区之间的经济发展水平、资源分配状况和基础设施建设状况存在很大的差异。一些贫困地区和农村地区的发展滞后，拉低了整体的HDI。而这恰是前文提到的共同富裕道路上要应对的地区差异与城乡差异的挑战。所以，HDI对于共同富裕的推进具有很大的评估和指导意义，故将其纳入共同富裕衡量指标。

当然HDI也存在一些不足之处，比如其计算基于各个国家和地区的统计数据，但这些数据可能存在质量问题和误差；再比如它只包括了健康、教育和收入三个方面，无法全面反映一个国家的人文发展水平。不过，本研究选择HDI，除了上面提到的原因外，主要考虑如下。一是HDI涵盖了教育服务、健康卫生服务领域，这些恰是本研究要研究的领域；同时，它们也是富裕度指标下的重要内容。二是HDI是一个宏观指标，它虽然无法给出一个国家或地区内部不同个体之间的差异是多少，但它能够在整体上反映出不同地区、不同人群之间的差异。三是HDI数据具有长时间序列性和国际通用性的特点。

7. 富裕感

随着人民群众物质生活水平的全面提高、现代社会物质劳动和精神劳动的分离，以及精神生产的独立化，精神生活日益成为人类生活的重要领域。前文的文化产业增加值占当年国内生产总值的比重和HDI部分涉及精神富裕的内涵，但不全面，本研究认为还需要增加对精神富裕的专项测量。相较于物质富裕的外显性、标准化、具体化特征，精神富裕具有内隐性、主体性和抽象性。古人云："知足之法，即是富乐安隐之处。知足之人，虽卧地上，犹为安乐；不知足者，虽处天堂，亦不称意"。这是说衡量富裕的标准，并不由外在的客观条件决定，而是由内心的认识决定。基于此，本研究在共同富裕衡量指标中专门设计了对民众富裕感的测量指标，并将富裕感细分为获得感、幸福感、安全感（又称"民生三感"）三个三级指标。[①]

---

① 党的十九大报告提出"使人民获得感、幸福感、安全感更加充实、更有保障、更可持续"，这是获得感、幸福感、安全感第一次被完整提出。

所谓获得感，指的是在获取某种利益或需求得到满足后所产生的满足感。这种利益或需求包括医疗、养老、教育、就业、食药品安全等众多方面。获得感的实现，既取决于经济社会的发展水平，也很大程度上取决于社会治理的方式。它不仅包括物质层面的获取，也包括精神层面的满足，是对物质层面的生活水平提高和精神层面的切切实实满足的测量。所谓幸福感，是指人类基于自身的满足感与安全感而主观产生的一系列欣喜与愉悦的情绪。它涉及人们对生活的整体评价和满意度。需要注意的是，居民的获得感与幸福感都受到他们心理参照系的重大影响。在封闭社会中，由于缺乏与其他社会之间的比照，即便这个社会的物质发展水平不高，但由于习惯定式的作用，其成员也可能知足常乐，拥有较强的幸福感。但在开放的社会中，由于可以参照的对象变多，幸福感在相对比较中显得极为不稳定。这两种社会下的幸福感，都取决于主观上的自我定位，即与"谁"相比从而界定自己是否以及处于何种程度的幸福。所谓安全感，是指人们对自身生命和财产安全的感知和信心，是对生活稳定、安全的心理需求。物质方面与精神方面的不足都可以引起安全感的降低甚至缺失。

就"民生三感"的关系而言，它们虽有所区别，但又相互关联。获得感是幸福感和安全感增强的现实基础，同时幸福感和安全感也会反过来增强获得感。社会经济发展的目的，是增强人民的富裕感，即提高 GDP、提高收入、提高消费水平等；最终的目标就是满足人民对美好生活的需求，实现幼有所育、学有所教、劳有所得、病有所医、老有所养、住有所居、弱有所扶。因此，以"民生三感"为主要测量内容的富裕感，理应是衡量共同富裕水平的一个重要指标。

表 4-2 总结了富裕度的 7 个二级指标和 14 个三级指标。

表 4-2　富裕度指标构成

二级指标	三级指标	数据来源
生产水平	人均国内生产总值	国家统计局
收入水平	人均可支配收入	国家统计局
物质消费水平	人均肉类消费量	国家统计局
	城镇人均住房面积	国家统计局
	每百户年末家用汽车拥有量	国家统计局
	每百户年末移动电话拥有量	国家统计局

续表

二级指标	三级指标	数据来源
服务消费水平	文化产业增加值占当年国内生产总值的比重	国家统计局
	人均生活用电量	国家统计局
	城镇人均公园绿地面积	国家统计局
消费结构	恩格尔系数	国家统计局
居民发展	人类发展指数	联合国开发计划署
富裕感	获得感	调查数据
	幸福感	调查数据
	安全感	调查数据

（二）共同度的内涵和指标构建

共同富裕中的"共同"通常是指富裕成果（社会财富）主体的全民性和过程的渐进性。习近平总书记指出，实现共同富裕"不是所有人都同时富裕，也不是所有地区同时达到一个富裕水准"，"这是一个在动态中向前发展的过程"，"我们说的共同富裕是全体人民共同富裕，是人民群众物质生活和精神生活都富裕，不是少数人的富裕，也不是整齐划一的平均主义"。[1] 这意味着共同富裕的实现是一个过程，可理解为"全体人民共同致富"[2]；也是一个目标性事实，可理解为"通过共同致富，全体人民都过上富裕美好的生活"[3]。并且，中国所追求的共同富裕，不是平均主义，更不是劫富济贫，是有合理差距的全民富裕。共同富裕所要实现的"全体人民都富裕"，并不意味着所有人的富裕程度是相同的，必然存在着差距；但随着共同富裕的推进，在收入、消费等方面的差距要逐步缩小到合理范围内，要逐步实现公共服务均等化。这是测量共同度的基本要义。

因此，本研究认为衡量指标中关于共同度的指标需包括收入不均匀度、一次分配系数、二次分配系数、三次分配系数、城乡平等度、地区平等度、民众公平感7个二级指标。

---

[1] 习近平：《扎实推动共同富裕》，《求是》2021年第20期。
[2] 郁建兴、任杰：《共同富裕的理论内涵与政策议程》，《政治学研究》2021年第3期。
[3] 黄群慧：《协调发展是实现共同富裕的必由之路》，《金融理论探索》2022年第1期。

1. 收入不均匀度

这个指标测量的是居民收入分层的情况。传统的测量指标是基尼系数（Gini index），它是国际上通用的、用以衡量一个国家或地区的居民收入差距的常用指标。基尼系数有收入基尼系数和财富基尼系数两种类型，它们的算法基本相同，只不过前者是基于家庭收入计算的，后者是基于家庭总资产计算的。基尼系数处于 0~1 之间。数值越小，则表示收入/财富在社会成员之间的分配越均匀。不过，目前对于基尼系数处于何种水平是最合适的，尚未有定论。学界较常采用的标准来自联合国开发计划署等组织，即基尼系数小于 0.2，表示过于平均；处于 0.2~0.3 之间，表示较为平均；在 0.3~0.4 之间，表示比较合理；在 0.4~0.5 之间，表示差距较大；大于 0.5，则表示差距过大。

图 4-12 是根据国家统计局公布的 2003~2016 年全国居民人均可支配收入基尼系数数据、《中国的全面小康》白皮书和《中国统计年鉴 2023》得到的中国收入基尼系数走势。最近 10 年，我国的收入基尼系数一直在 0.46~0.47 之间波动，这表明我国存在着较显著的贫富分化。这也恰恰说明习近平总书记为何坚定地提出我国到了要扎实推动共同富裕的历史阶段。当把所有国家的收入基尼系数进行排序时，中国处于最高的五分之一组，属于收入差距偏大的国家。而基尼系数处于 0.2~0.3 区间的国家主要分布在欧洲，例如有着高福利水平的北欧国家及奥地利、比利时、法国、德国、荷兰等。而英国、美国以及拉丁美洲国家、非洲国家大多数基尼系数较高，与中国一样属于收入差距偏大的国家。

图 4-12　2003~2022 年我国收入基尼系数走势

基尼系数的计算基于劳伦兹曲线。劳伦兹曲线是一条描述收入累积百分比（Y轴）与人口累积百分比（X轴）之间关系的曲线，它把下三角形分为两个部分，曲线上面的面积为A，曲线下方的面积为B。A/（A+B）即基尼系数，表示收入在全部人口中的不平等程度。在完全平等的情况下，劳伦兹曲线与上斜边重合，表示每个人的收入完全相同，此时基尼系数等于0。如果将所有收入都集中在一个人手中，劳伦兹曲线与两条直角边重合，此时基尼系数等于1。处于中间情况的劳伦兹曲线是一条弧线。弧度越小，越靠近斜边，则基尼系数越小，表示收入分配较平等；反之，弧度越大，越靠近两条直角边，则基尼系数越大，表示收入分配越趋向不平等。

从基尼系数的计算公式可以看出，它的优点是致力于全体对象的均匀分布，能客观且直观地反映和监测居民之间的收入差距。在某种意义上，它不能完全用来测量和评估我国在合理范围内存在差距的共同富裕。并且，它把全体人民的收入纳入计算范围，无法显示出来在哪个领域存在分配不公，因而缺少政策落脚点，导致若仅依据基尼系数很难采取较为精准的调整和治理措施。不过，尽管基尼系数存在一些不足，但它对全体民众经济状况的衡量可以用来进行国际、地区间的比较，因而被广泛应用于各个国家。因此，本研究把它作为共同富裕衡量指标，用来衡量收入分配不平等、不均匀的程度。

鉴于基尼系数存在的不足，本研究纳入了另一个衡量分配占比的指标来作为补充：帕尔玛比值（Palma ratio）。帕尔玛比值是综合考察国内居民收入分配差异状况的重要指标。英国经济学家帕尔玛教授发现，各个国家不管政策如何，各国占人口50%的中等收入群体的总收入占国民总收入的比例基本保持在50%左右。基于这个发现，全球发展中心的研究员安迪·萨姆纳和亚历克斯·科巴姆在《"帕尔玛比值"作为更具政策相关性的不平等测度指标》一文中提出了帕尔玛比值。[①] 其计算方法相对简单，取收入最高的10%人口的总收入与收入最低的40%人口的总收入相比。帕尔玛比值越小，表明社会成员之间的收入不平等程度越低，反之亦然。与基尼系数相比，它更能对前10%和后40%人口的收入变化做出识别，在揭示社会不

---

① 转引自胡琳琳、高宇宁《衡量收入分配不平等的新指标：帕尔玛比值》，《现代国企研究》2014年第12期，第104~105页。

平等问题时可能更加敏感。这个指标的变化能够迅速揭示社会中存在的贫富极化问题，为政策制定者提供有针对性的参考信息。但由于其并不能对全体人民的收入分配水平做出判断，在一定程度上与基尼系数实现了互补。所以，本研究将帕尔玛比值与基尼系数共同作为收入不均匀度的衡量指标。

帕尔玛比值是较新被提出的概念，相关公开的数据较为匮乏。图 4-13 来自贾康等所著的《中等收入阶段收入差距有效测度建模研究》，是北欧五国与中国、美国、印度三个国家帕尔玛比值的变化对比。图 4-13 显示，我国帕尔玛比值自改革开放以后逐年上升，逐渐升到接近 5 的水平（2010 年数值为 4.72）。北欧五国的帕尔玛比值平稳地处于较低状态，数值在 1.2~2.1 之间，说明这些国家属于"中间多、两极少"的"橄榄型"收入分配格局。美国、印度的帕尔玛比值与中国一样，长期持续走高，变成了"哑铃型"的收入分配格局。

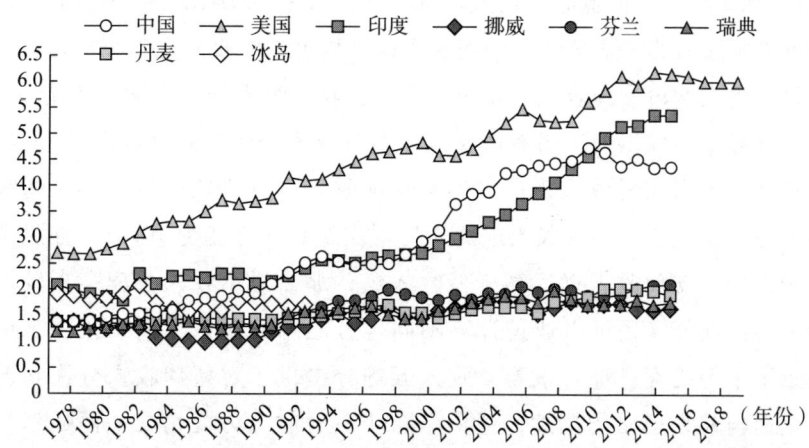

图 4-13　1978~2018 年北欧五国与中国、美国、印度帕尔玛比值的变化对比

注：图片转引自贾康、苏京春、余乐《中等收入阶段收入差距有效测度建模研究》，《财会月刊》2020 年第 23 期。

需要提及的是，收入五等分（income quintiles）是世界银行、联合国、国家统计局常采用的另一种衡量收入不平等程度的方法。这种方法将全体居民或调查样本按照人均收入水平从低到高顺序排列，然后平均分为五份，每份包含相同比例的人口，即 20%。每份内的居民具有相似的收入水平，分别命名为低收入组、中间偏下收入组、中间收入组、中间偏上收入组和高收入组。图4-14是2013~2022年国家统计局给出的全国人均可支配收入五等分情况。

图4-14 2013~2022年全国人均可支配收入五等分情况

在2022年，我国低收入组人均可支配收入为8601元，中间偏下收入组人均可支配收入为19302元，中间收入组人均可支配收入为30598元，中间偏上收入组人均可支配收入为47397元，高收入组人均可支配收入为90116元。可以通过比较不同组的平均收入来衡量收入分配的差异和不平等程度，比如对高收入组与低收入组的人均可支配收入进行比较。2022年，高收入组的人均可支配收入和低收入组的人均可支配收入之比为10.48。如果高收入组的人均可支配收入远远高于低收入组，那么说明收入分配存在较严重的不平等。此外，还可以通过计算不同等分之间的收入比例或差距来进一步衡量不平等程度。综合来看，收入五等分提供了对整体收入分配状况的一个全面但较为粗略的描述，适用于初步了解收入分配情况；而帕尔玛比值则更适用于深入分析和比较不同地区或时期的收入分配不均程度。故本研究选择了帕尔玛比值，未把收入五等分纳入衡量指标中。

2. 一次分配系数

虽然基尼系数、帕尔玛比值可以分析不同群体收入分配的结果，但并不能区分收入分配的性质。实际上，造成收入差距的主要是一次分配。所谓一次分配，即初次分配，指国民总收入直接与生产要素相联系的分配。它是依据劳动力、资本、土地和技术等生产要素对经济发展的贡献程度的分配，是市场经济条件下进行资源配置的重要途径。各要素的提供者按照贡献大小得到的货币报酬，就是他们的初次分配收入。一次分配以市场为指导，注重效率原则，主要解决的是货币资本的所有者与人力资本的所有者的利益分配问题。由于效率和公平之间存在不可避免的张力，一次分配成为出现收入差距的重要因素之一。一般来说，衡量一国国民总收入初次分配公平程度的主要指标是劳动者的报酬总额占GDP的比重，即一次分配系数。由于提供劳动力要素的人数多，而提供资本要素的人数少，一次分配系数越高则说明国民总收入的初次分配越公平。因此，本研究以居民劳动收入占GDP的比重为共同度的一个衡量指标，它对于理解经济结构、评估社会公平程度以及预测未来发展趋势具有重要意义。劳动收入是指劳动者通过提供劳动力所获得的收入，通常以工资和薪金的形式表现。按照国际惯例，一次分配率不能低于60%。

与劳动收入相对的一个指标是资本收入。它是指资产所有者通过其资本（如现金、股票、房地产、机器等）所获得的收入，主要来自资本的增值和运营。资本收入比是指资本收入占国民总收入的比重。资本收入比的提高意味着资本所有者在经济中的相对地位提高，而劳动者的相对地位可能下降。资本收入与劳动收入之间的比例关系直接影响了经济结构的平衡和社会发展的稳定性。法国经济学家皮凯蒂在其著作《21世纪资本论》中分析了资本收入发展的历史趋势。皮凯蒂采用了近3个世纪内20多个国家的历史资料和对比数据，深入研究了财富和收入从18世纪至今的演变过程。在早期的工业革命时期，资本收入与劳动收入之比较低，因为当时的经济发展主要依赖劳动密集型产业，劳动者的数量和劳动力成本在生产中占据主导地位。然而，随着工业革命的推进和技术的进步，资本密集型产业逐渐兴起，资本在生产中的作用越来越重要，资本收入与劳动收入之比逐渐提高。纵观整个资本主义的历史，《21世纪资本论》得出了一个重要结论：从长期来看，资本收益率r明显超过了经济增长率g。这意味着资本规模越来越大。当资本收入比持续上升时，资本所有者的财富积累速度可能会远超过劳动者，从而导致贫富差距的扩大。[①] 再考虑到随着经济的发展和产业结构的调整，企业之间的兼并现象严重，这导致资本家数量的减少，更多的

[①] 资本又分为国有资本和私有资本。资本收入比的提高并不总意味着贫富分化的加剧。当国有资本获得的收入提高时，其拥有者是全体国民，理论上并不会导致贫富分化问题。

资本可能集中在更少的大型企业和富有的投资者手中，这加剧了贫富分化。

列宁指出，在帝国主义阶段，由于生产和资本的集中高度发展，垄断组织在经济生活中起决定性作用。银行资本和工业资本融合为金融资本，并在此基础上形成金融寡头。这意味着少数大型企业和金融集团控制了大量的资本和资源，从而在经济中占据了主导地位。这种主导地位使得这些寡头可以通过制定垄断价格来实现垄断利润，进一步加剧了贫富差距和社会不平等。皮凯蒂在《21世纪资本论》中的发现也证实了，资本主义发展到高级阶段，并不会自动降低不平等程度。市场经济本身不具备降低不平等程度的能力。那么，何种程度的资本收入占比是较为合适的呢？毛泽东在其《关于国家资本主义》一文中说："四分之三归工人和国家以及扩大生产设备，老板拿利润四分之一，这种新式的国家资本主义经济是带着很大的社会主义性质的，是对工人和国家都有利的。"25%的资本收入占比，可以看作是对资本收入占比一种比较社会主义的看法。

鉴于劳动收入与资本收入的相关关系，本研究不考察资本收入占比情况，只把劳动收入占GDP的比重纳入衡量指标中。我国社会主义初级阶段的所有制结构是以公有制为主体，多种所有制经济共同发展。初次分配在不同经济形态中有不同情形，主要有税收（政府）、基金（政府性质或企业性质）、工资性收入、资本利润等。根据国家统计局公布的数据，我国2022年人均GDP为85698元人民币，人均国民总收入为36883元人民币，其中人均工资性收入为20590元人民币。因此，工资性收入占GDP的比重为24.0%。毋庸讳言，我国这一指标的水平亟待提高，在共同富裕的目标下任重道远。图4-15是2000~2022年我国劳动收入占GDP的比重。需要注意的是，图中2013年比重大幅下降的原因是此前的工资性收入采用的是城镇居民的数据，2013年及以后采用的是全体居民的数据。

3. 二次分配系数

二次分配也被称为再分配，是在初次分配之后进行的一种收入分配方式。它通常由政府主导，通过税收、社会保障、信贷、转移支付等手段来实现。二次分配的目的是合理调节初次分配中可能存在的不平等和不公平，进一步调整社会各阶层之间的收入分配关系，是衡量并推动实现共同富裕的一个必要条件。当前二次分配实行效果较好的国家包括丹麦、芬兰、瑞典等北欧国家。北欧各经济体一次分配后基尼系数普遍超过0.4，收入差异

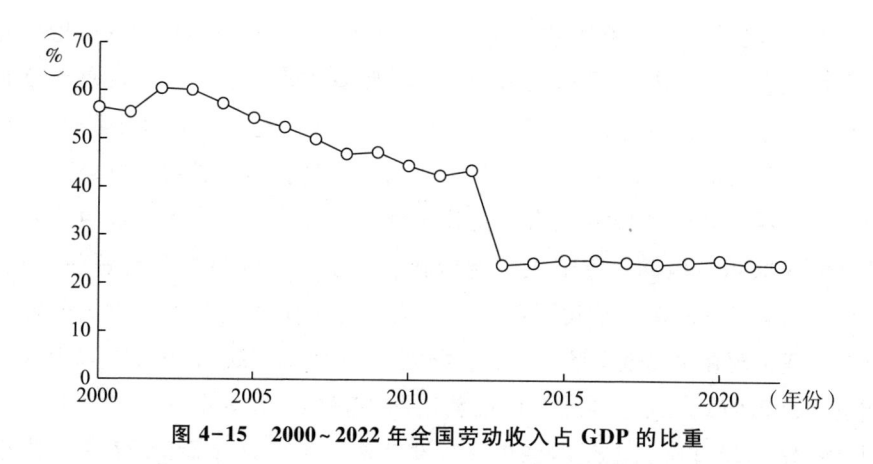

图 4-15　2000~2022 年全国劳动收入占 GDP 的比重

显著，但二次分配后的基尼系数大幅下降。挪威、丹麦、芬兰、瑞典的基尼系数在 0.26 至 0.27 区间内，是世界上收入分配差距最小的几个国家。与北欧国家相对，美国奉行自由市场与资本主义原则，对二次分配的投入和重视不够，收入差距较大。据美国人口普查局数据，2021 年美国基尼系数达 0.494。这说明仅依靠一次分配和三次分配并不能实现共同富裕，二次分配在实现共同富裕的过程中有着不可或缺性。

政府可以通过税收从高收入者那里获取资金，然后通过社会福利、教育、医疗等公共支出，将这些资金转移给低收入者，从而改善他们的生活条件。也就是说，政府通过税收政策来调节不同群体的收入，从而缩小贫富差距。此外，在国民收入初次分配过程中，只有物质生产部门的劳动者获得了原始收入，而非物质生产部门要获得收入，必须通过对国民收入的再分配。这一过程主要由国家的各级政府以社会管理者的身份，通过税收和财政支出的形式参与国民收入分配。通过对国民收入的再分配，把物质生产部门创造的一部分原始收入，转给不创造国民收入的非物质生产部门，形成"派生收入"，以满足文化教育、医疗卫生、国家行政和国防安全等部门发展的需要和用于支付这些部门劳动者的劳动报酬。这种再分配的过程有助于缩小贫富差距，以实现社会公平和稳定。

本研究选取 3 个指标来衡量二次分配：一是社会保障和就业支出占 GDP 比重，二是教育支出占 GDP 比重，三是卫生健康支出占 GDP 比重。二次分配涉及的内容很多，包括国防、外交、交通运输、一般公共服务等，甚至包括中央政府在不同地方政府间的转移支付，这对缩小地区间财力差距发挥着重要作用。本研究将地区间差异单独列于后面。选取这3个指标的理由是，它们是2022年我国政府一般公共预算支出的前3项，代表着政府财政支出的主要部分。并且，医疗、教育与住房一起被老百姓俗称为"新三座大山"，说明解决医疗、教育等方面的问题是扎实推进共同富裕的必要内容。不过，自从2016年出台"房住不炒"政策以后，房价不会再疯狂上涨已成为共识。因此，鉴于人口老龄化、少子化、就业难等问题的凸显，本研究没有考虑政府的住房保障支出，而是考虑了养老和就业方面的财政支出。我国现在是高度老龄化社会，截至2022年末，我国65岁及以上人口数量达到20978万人，占总人口比重达到14.9%。养老渐渐成了群众的负担。随着2022年人口数量的减少，在没有外力支持的情况下，养老支出很可能成为低收入家庭的负担，同时，若家庭中的劳动力在就业市场中不稳定，很可能会导致民众收入的差距随之拉大以及加剧两极分化。因此，经过综合分析比较，本研究选取了社会保障和就业支出占GDP比重、卫生健康支出占GDP比重、教育支出占GDP比重作为二次分配的3个子项进行测量。这3项支出越多，表示二次分配在推进共同富裕方面的效用就越大。通过社会保障和就业支出、卫生健康支出，政府可以调节收入分配，缩小贫富差距，促进社会公平和可持续发展。

社会保障和就业支出，包括养老金和退休福利、失业救济和就业援助、社会援助和福利计划等。分单项具体而言，①养老金和退休福利包括用于支付养老金、退休金和其他与老年人有关的福利等内容，确保老年人的基本生活需求得到满足；②失业救济和就业援助包括为失业人员提供失业救济金、培训机会和就业援助等内容，帮助他们重新就业并维持生计；③社会援助和福利计划包括针对贫困家庭、残障人士、孤儿、弱势群体和特殊需求人士等，提供社会援助和福利计划，确保他们的基本生活得到保障；④就业促进和劳动力发展涉及促进就业机会的创造、职业培训、劳动力市场的发展和劳动力调查等，旨在提高就业率和人力资源的质量。此外，社会保障和就业支出还包括社会保障金补助支出、行政事业单位离退休支出、农村居民最低生活保障支出、城市居民最低生活保障支出、自然灾害生活救助支出等。

我国2022年社会保障和就业支出为3.66万亿元人民币，占GDP比重为3.03%。图4-16是我国社会保障和就业支出占GDP的比重在不同年份的情形，总体上呈现上升趋势。与发达国家相比，我国社会保障和就业支出占 GDP 的比重较低，例如，2021 年，法国社会保障和就业支出占 GDP 的比重为 27.31%，日本为 21.66%，德国为 21.62%，美国为 10.7%。这要求我们在未来进一步完善社会保障制度。只有社会保障制度不断完善，才会使得民众能够放心消费，才能增强民众的获得感、幸福感、安全感。需要强调的是，考虑到统计口径的问题，直接与其他国家进行类比并不科学，拿国外数据进行举例只能起到参考作用。我国"社会保障和就业支出"是狭义的，仅指财政支出。OECD 国家（比如上面所列举的发达国家）通常用的是广义的社会保障和就业支出，还包括社会保险基金支出。广义的社会保障甚至包括教育、医疗、其他公共服务等内容。因此，当进行国家间比较时，可比较的不是绝对数字，而是发展趋势。我国在社会保障和就业方面的投入一直在稳定地增加。

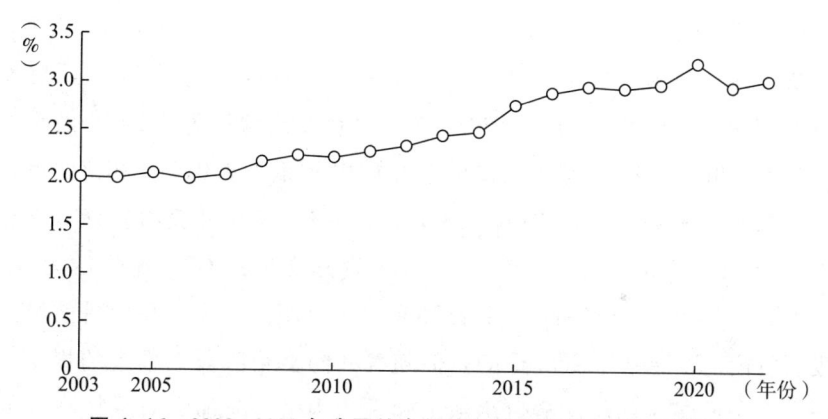

图 4-16　2003~2022 年我国社会保障和就业支出占 GDP 的比重

注：图中数据为各年份《中国统计年鉴》财政支出预算中的"社会保障和就业支出"条目，与实际发生金额会有不同。

教育支出占 GDP 比重是一个反映国家对教育重视程度和投入力度的指标。基于前文对东西方传统文化的分析，可以发现教育对于提升民生质量的基础性作用一直以来都非常受到重视。进入新时代后，教育支出占 GDP 比重的提高更加有助于扎实推进共同富裕。首先，教育是推动社会进步和经济发展的关键因素。通过提高教育支出占 GDP 的比重，政府可以确保更多的人受到优质的教育，从而提高整个社会的知识水平和技能水平。这将有助于提升劳动力市场的质量和效率，促进经济增长和社会进步。其次，教育对于减少贫困和不平等具有重要作用。通过提供平等的教育机会，政府可以帮助弱势群体改善生活状况，提高他们获得更高收入和更好就业机会的可能性。这将有助于缩小贫富差距，促进社会公平和共同富裕。此外，教育还可以提高个人的综合素质、增强社会责任感，培养具有创新精神和实践能力的人才。这些人才将为社会的繁荣和发展做出贡献，进一步推动共同富裕的实现。因此，本研究专门在政府支出中将教育支出占GDP的比重抽出来，观察实现共同富裕的实现前景。

我国财政上的教育支出主要包括如下几方面。一是教育的基本建设投资，涉及学校的基础设施建设，如教学楼、实验室、图书馆等的建设和维护。二是教育的经常费用，包括教师的工资、教学设备的购置和维护、教学材料的采购等日常运营费用。三是学生资助，包括奖学金、助学金、助学贷款等，用于帮助家庭经济困难的学生完成学业。此外，还有一些其他支出。政府通过财政预算直接拨款给教育机构，用于支持其日常运营和发展。

2012年，我国财政性教育支出占GDP的比重首次达到4%，此后连续10年得以巩固（见图4-17）。2022年，教育支出预算为3.94万亿元人民币，实际支出为4.84万亿元人民币，占GDP比重为4.01%。相比之下，世界平均水平为4.49%，OECD国家平均为4.9%，其中，美国教育总支出占GDP比重约为5.5%（2019年），瑞典教育总支出占GDP比重约为6.5%（2019年）。与发达国家相比，我国还有一定差距。这是由我国目前经济社会发展阶段、发展水平所决定的。但随着共同富裕阶段性推进的提出，可以设定一个更高的目标，至少达到国际平均水平。应加大对乡村教育的投入力度，缩小城乡教育差距，从而促进共同富裕的实现。

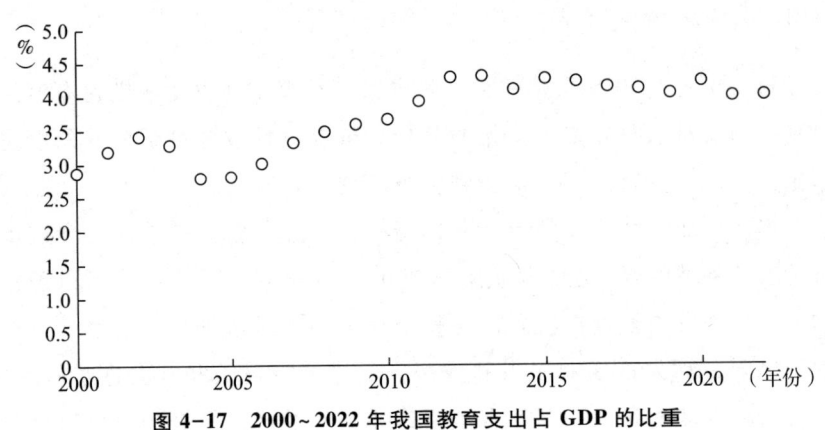

图4-17 2000~2022年我国教育支出占GDP的比重

财政上的卫生健康支出包括卫生健康管理事务、公立医院、基层医疗卫生机构、公共卫生、中医药、计划生育事务、行政事业单位医疗、财政对基本医疗保险基金的补助、医疗救助、优抚对象医疗、医疗保障管理事务、老龄卫生健康事务等支出，确保人民的健康状况得到保障和医疗需求得到满足。这些支出项目，可以确保全体公民在面临各种风险和困难时得到基本的经济保障和生活支持。我国2022年的卫生健康支出为2.40万亿元人民币，占GDP比重为1.96%（见图4-18）。

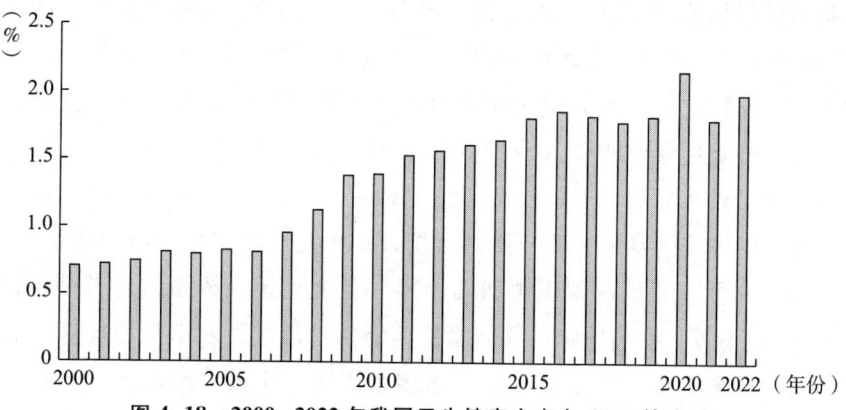

图4-18　2000~2022年我国卫生健康支出占GDP的比重

财政上的卫生健康支出占GDP的比重可分为两部分，即政府医疗卫生财政支出占该国医疗卫生总费用的比重和医疗卫生总费用占该国GDP的比重。世界卫生组织的数据显示，目前世界各国政府医疗卫生财政支出占该国医疗卫生总费用的比重平均约为62%，我国是28%，这说明我国政府对医疗卫生的财政投入还有很大的提升空间。相应地，2022年，我国居民个人的医疗卫生支出占我国医疗卫生总费用的比重为26.89%，而根据世界卫生组织的研究，只有当这一比重降低到15%左右时，才能有效避免"无钱治病"和"因病致贫"现象的发生。我国政府在此方面还有很大的完善空间。

此外，我国医疗卫生总费用占GDP的比重为7%，相对于其他国家而言较低。世界银行的数据显示，2014年世界各国医疗卫生总费用占GDP的比重平均已经达到了9.9%。从2019年的统计报告来看，美国的医疗卫生支出占GDP的比重达到了16.9%，法国是11.5%，德国是11.3%，加拿大是10.4%，英国是9.7%。虽然发达国家的医疗卫生总费用占GDP的比重高于我国，但并不是医疗卫生总费用占GDP的比重越大就越富裕。从源头上降低医疗卫生总费用才是推动共同富裕的更有效做法。例如，我国自2019年4月开始实施国家组织药品集中采购和使用，从源头上降低医疗费用，也保证了药品的质量，这是我国社会主义制度优越性的表现，也是推进共同富裕的重要措施。

需要强调的是，二次分配不仅是指通过社会保障和就业、教育、卫生健康方面支出的增加来减轻中低收入人群的负担，也包括扩大税源、改进税制来保证国家财政的收入来源。从我国目前的税种结构来看，直接税（所得税、财产税等）占比约为40%，间接税（增值税、消费税等）占比约为50%。从税收的收入分配效应来看，由于直接税一般是对所得及财富进行征税，所以直接税的收入分配效应较大。从国际比较来看，我国直接税的占比相对较低。图4-19是我国税种结构与G7国家在2019年的对比情况。为了推进共同富裕，适当提高直接税比重是税制结构调整的重要方向。这一点在"十四五"规划中很明确，要"健全直接税体系，适当提高直接税比重"。不过，我们国家的共同富裕不能仅仅依靠税收工具增加对高收入群体的税收来实现，还需要综合考虑多种因素和手段。所以，本研究没有在衡量指标中纳入直接税等税收指标。

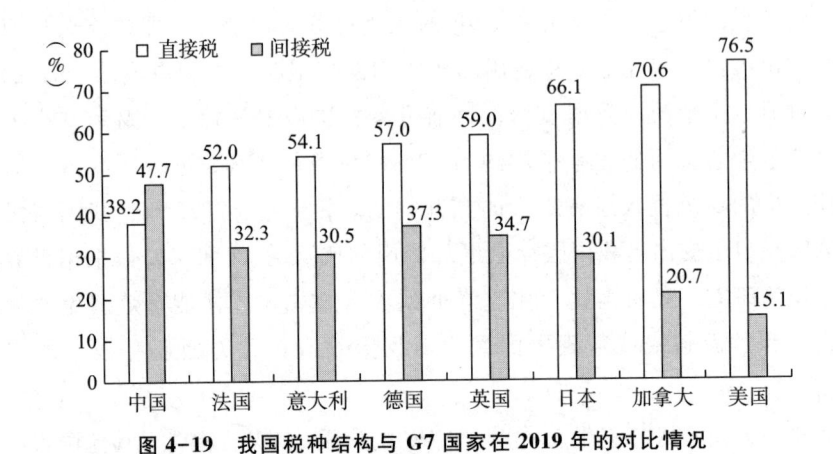

图4-19 我国税种结构与G7国家在2019年的对比情况

数据来源：https://www.sohu.com/a/484882924_465450。

4. 三次分配系数

扎实推进共同富裕的目的就是通过补偿、矫正等多种方式降低由结构性、制度性等因素导致的不平等的程度,让全体人民能够共享高质量经济社会发展的成果。研究显示,在短期内无法仅仅依靠二次分配来消除贫富差距以实现共同富裕,长期来看,二次分配虽然可以缩小收入差距,但它的效力是有限的,必须发挥三次分配的作用。[①] 因此,为了更好地评估和引导共同富裕建设,本研究认为有必要把有关三次分配的指标纳入衡量指标中。

当前我国已经摆脱了绝对贫困,并全面建成小康社会,以政府为主导的二次分配对于促进低收入群体达到富裕水平的政策空间有限。二次分配虽然在一定程度上有助于缩小收入差距,但并不能从根本上消除贫富分化。以西方发达国家为例,虽然累进所得税制度在一定程度上限制了富人收入的提高,但是富人也有各种逃税、避税的对策,因此他们的收入并没有受到太大的影响。有报道称,2019年美国最富有的千分之一群体的缴税额可能仅占其财富的3.2%,而在财富金字塔下部的99%美国人的缴税额可能占其财富的7.2%。维持一定量的贫困人口有利于降低工人工资、增加资本利润,这是资本主义制度必然的常态结果。由此来看,通过税收并不能最终消除贫富分化。中国是社会主义国家,不是资本主义国家,不是为资本服务的,生产和发展的目的不是实现利润最大化。但同时,中国也"毫不动摇巩固和发展公有制经济,毫不动摇鼓励、支持、引导非公有制经济发展",对于私有资本进行保护。既要保护好私人资本,又要致力于共同富裕,由此就必须大力推进三次分配。

三次分配的概念是经济学家厉以宁提出的,指的是通过个人自愿捐赠实现的分配。这种分配方式是在市场和政府分配之外的由社会力量参与的分配方式,主要指的是高收入人群在自愿基础上,以募集、捐赠和资助等慈善公益方式对社会资源和社会财富进行分配,是对初次分配和再分配的有益补充,有利于缩小贫富差距,实现更合理的收入分配。2021年8月17日,中央财经委员会第十次会议指出,"要坚持以人民为中心的发展思想,在高质量发展中促进共同富裕,正确处理效率和公平的关系,构建初次分配、再分配、三次分配协调配套的基础性制度安排"。这也正是本研究把三

---

① 江亚洲、郁建兴:《第三次分配推动共同富裕的作用与机制》,《浙江社会科学》2021年第9期,第76~83页。

次分配纳入共同富裕衡量指标的逻辑所在。三次分配由基于社会机制的爱心驱动，目标是解决社会问题，促进社会主义精神文明建设。三次分配不是制度的强制约束，它体现的是一种社会文化、道德水准和文明程度。三次分配的主体是社会力量，客体不仅包括社会力量捐赠的财产，也包括社会力量所提供的志愿服务，如通过奉献时间、技能或专业知识，为弱势群体提供其所需要的服务，增强弱势群体物质与精神层面的获得感、幸福感。

因此，三次分配是在不增加税赋的前提下，基于自愿和爱心驱动，实现对收入分配的调节，可以有效激发共同富裕的内生动力。尤其是《慈善法》《志愿服务条例》等法律法规的出台，为三次分配提供了制度保障。三次分配的意义绝不仅仅在于其具有收入调节的功能，更在于通过开展慈善、志愿服务等以培养人们的社会责任感，为人们搭建奉献爱心、无偿提供资源的平台，促使爱心转化为善行和生产力。在市场经济条件下，需要通过发展慈善事业和志愿服务事业，培养责任意识和弘扬利他奉献精神，弥补市场经济的不足。三次分配推动共同富裕的路径主要包括发展慈善捐赠、培养企业社会责任、开展志愿服务等。

在这些形式多样的三次分配活动中，本研究采用年度慈善捐赠额占GDP比重和人均志愿服务时长作为三次分配系数的衡量指标，数值越大，表示三次分配推动共同富裕的作用越强。根据《中国慈善发展报告（2019）》，2018年中国慈善捐赠额预估为1128亿元，当年中国GDP约900309亿元，慈善捐赠额占GDP的比重约为0.13%，人均捐赠金额为80.86元。与发达国家相比，仍存在较大差距。以美国为例，根据美国施惠基金会（Giving USA Foundation）发布的《2020美国慈善捐赠报告》，2019年，美国慈善捐赠额约4496.4亿美元，美国当年的GDP约为21.22万亿美元，慈善捐赠额占GDP的比重约为2.1%，人均捐赠金额为1370.85美元。由上可知，美国慈善捐赠额约为中国的30倍，在GDP中的占比约为中国的18倍，人均捐赠额约为中国的118倍。[1] 不过，由于中国是个人情社会，人们会把自己的财产逐步让渡给亲人、亲戚、族群等，这种让渡并不计入慈善，这或许是我国慈善捐赠比例不高的一个原因。此外，不同国家在慈善捐赠方面的税收减免机制不一样，这也是造成美国数据大幅领先我国的因素。总的来说，

---

[1] 数据来源：https://baijiahao.baidu.com/s?id=1671896635185379174&wfr=spider&for=pc。

在慈善捐赠方面，中国有较大的成长空间。本研究没有采用慈善捐赠总额、人均慈善捐赠金额来测量捐赠水平，而是用年度慈善捐赠额占GDP的比重来测量，因为它可以很好地消除货币、经济发展等因素的影响。

志愿服务不涉及金钱的转移，但也属于三次分配的内容。志愿者通过奉献自己的时间、技能或专业知识，为社区、弱势群体或其他需要帮助的人提供服务。这些志愿服务为社会创造了价值（可以说减少了被服务者的支出），并且促进了社会公平和正义，也促进了社会和谐和进步。同时，志愿服务提供者也获得了精神上的满足和成长。关于我国志愿者和志愿服务的现状与发展空间，后文会有专题篇予以阐释，此处不再赘述。在衡量指标上，本研究选取了人均志愿服务时长指标，主要原因在于，该指标涵盖了志愿者规模、志愿服务次数、志愿服务频率等内容，能够较好地反映出真实的志愿服务状况。需要强调的是，由于我国传统文化中的助人精神源远流长，在"与人为善""内圣外王""学雷锋"等利他性助人文化影响下，有助人行为的真实志愿者数量并不等于注册志愿者数量，甚至远高于活跃注册志愿者人数，而前者的志愿服务行为数据难以通过官方统计渠道获得。因此，本研究通过全国随机抽样入户调查获得该指标，如中国社会科学院主持的"中国社会状况综合调查"①。

5. 城乡平等度

2021年1月28日，中共中央政治局就做好"十四五"时期我国发展开好局、起好步的重点工作进行第二十七次集体学习时，习近平总书记明确指出，"要自觉主动解决地区差距、城乡差距、收入差距等问题，坚持在发展中保障和改善民生"。缩小"三大差距"（地区差距、城乡差距、收入差距）是实现共同富裕这一长期、艰巨的系统性目标的主攻方向。其中，城乡共同富裕是全体人民共同富裕的重要内容。共同富裕离不开乡村振兴与新型城镇化战略的实施，缩小城乡收入差距是实现共同富裕的关键。因此，本研究认为衡量指标中应该纳入对城乡平等度的测量指标。本研究采用城乡居民人均可支配收入比作为城乡平等度的测量指标，数值越小表示城乡之间越平等。

我国全面建成了小康社会，解决了绝对贫困问题，但相对贫困问题仍

---

① 相关数据已公开，可通过此平台申请获得：http://csqr.cass.cn/。

在。党的十九大提出"城乡融合发展"的战略要求，更加注重城乡发展地位的平等互惠、城乡发展机制的融合共生、城乡发展要素的双向耦合，以及城乡发展领域的全面综合，争取实现城乡一体化。城乡的不平等还表现在精神层面，城乡一体化要解决城乡居民的精神文化鸿沟和精神文化荒漠化的问题。缩小城乡收入差距需要政府、社会各界共同努力，通过推动农村经济发展、推进城乡一体化、加强农村教育投入、完善社会保障体系和推进农村产权制度改革等途径，逐步缩小城乡收入差距，实现城乡共同富裕。

我国的城乡二元化是由户籍制度造成的，但我国的城乡二元化在世界上不是个例，许多发展中国家都存在这一问题。一些发达国家由于城市化水平很高，乡村居民就业、收入和生活方式都纳入城市体系之中，农业已实现商业化种植，从而不再有明显的城乡二元结构。应该承认城乡二元化是经济发展过程中资源向城市聚集造成的必然现象。城乡二元化导致了资源分配的不均衡，使得农村地区的发展受到很大的限制，农村居民难以享受到与城市居民相同的公共服务和福利待遇。城乡之间的收入差距是实现共同富裕最主要的障碍之一。

图4-20是2006~2022年我国城乡居民人均可支配收入的相关情况。从中可以看出，2022年，城镇居民人均可支配收入49282元（全国居民人均可支配收入36883元），比上年增长3.9%，排除价格因素，实际增长1.9%。农村居民人均可支配收入20132元，比上年增长6.3%，排除价格因素，实际增长4.2%。城乡居民人均可支配收入比为2.45，比上年降低0.05。由此，我们采用城乡居民人均可支配收入比作为城乡平等度的测量指标，它可以较好地体现共同富裕的推进情况。

6. 地区平等度

我国幅员辽阔，全国各地的发展存在明显的地区差异。一方面，这是由自然资源禀赋的差异造成的，历史上一直就存在地区发展不平衡的现象；另一方面，我国的改革开放政策加剧了不同地区经济发展程度的差异化。由于开放顺序的先后和开放程度的不同，我国东部沿海地区的发展增速远超中西部地区。区域发展的非均衡性会反向抑制共同富裕。促进区域均衡发展是我国实现高质量发展、走向共同富裕的必然要求。为了协调区域发展，中央相继推出西部大开发、振兴东北老工业基地等一系列战略，这些战略的实施在一定程度上缩小了区域间经济增速的级差。

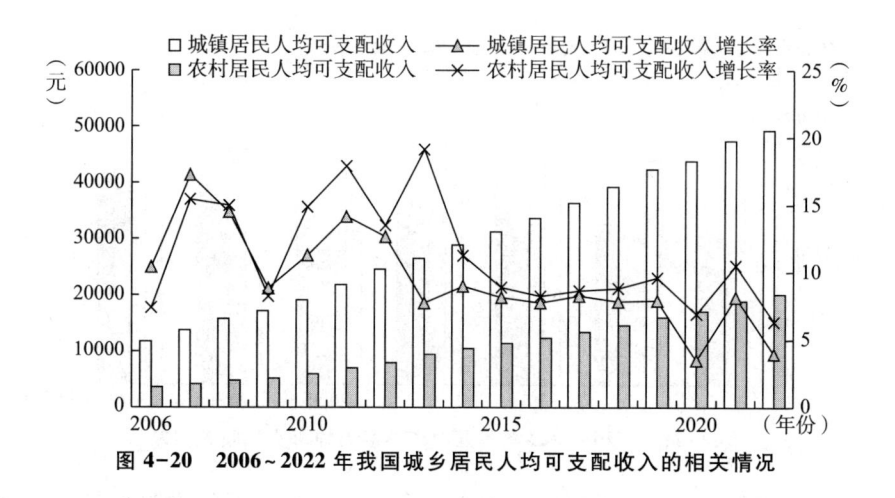

图 4-20 2006~2022 年我国城乡居民人均可支配收入的相关情况

参考国家统计局数据，本研究采用人均可支配收入最低地区和最高地区的比值作为地区平等度的测量指标，即人均可支配收入最低和最高地区比。该指标数值越大，表示地区之间越平等。这种方法可以直接反映出一个地区相对于另一个地区的收入水平，计算方法简单易行，可以直观地呈现地区间最大差异程度。要注意的是，当谈论地区差异时，通常按东部、中部、西部三区来进行分析，但也有比如华北、华东、华南、西北、东北、西南六大区差异，南北差异，沿海与内陆差异等划分。本研究采用国家统计局在《中国统计年鉴 2023》中的分法，把我国各省、自治区、直辖市分为东部、中部、西部、东北四个地区。图 4-21 是 2016~2022 年四个地区的人均可支配收入情况。从中可知，我国地区收入差异主要体现为人均可支配收入最高的东部地区与其他三个地区之间的差异。中部地区、西部地区、东北地区三个地区的人均可支配收入大体相当。这一整体状况在过去几年几无变化。以 2022 年为例，东部地区人均可支配收入为 47026 元，而其他三个地区的人均可支配收入分别为 31433 元、29267 元、31405 元，西部地区最少。鉴于此，本研究认为重点比较东部地区与西部地区就可以在很大程度上反映全国的地区收入差异程度。

7. 民众公平感

与富裕度指标中测量主观方面的富裕感一致，本研究在共同度指标中也纳入对主观方面测量的指标。"不患寡而患不均"是古人早已注意到的现象。这里的"患不均"并不是要求绝对的均等，而是不同条件下的合理与

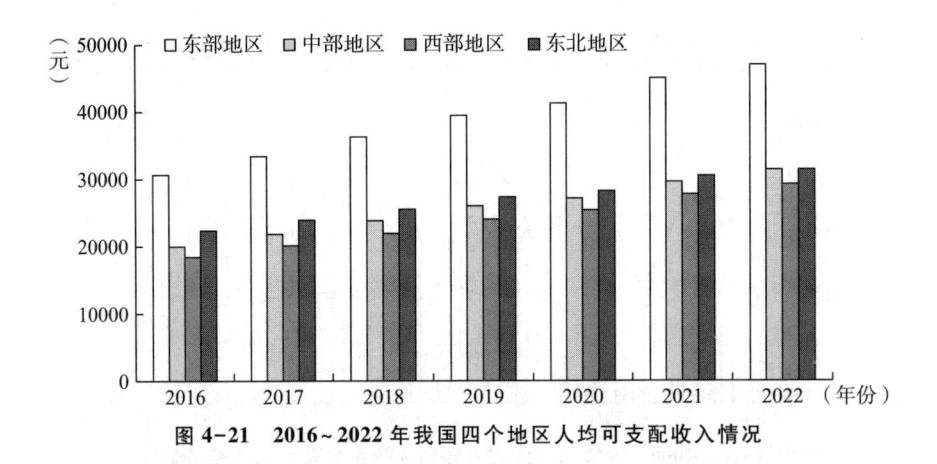

图 4-21　2016~2022 年我国四个地区人均可支配收入情况

公平。比如部门职员对于部门经理收入高并无异议，但如果收入差距超出心理预期，就会出现不公平心理。公平、不均都是主观上的感受，并不仅仅受制于客观上的差距，也与民众的受教育程度、生活环境、预期相关。共同富裕的内涵极为强调社会公平和追求公正合理的社会资源分配。因此，本研究认为，民众的公共服务公平感越强，其对于当前社会权利、财富以及资源分配的合理性的感知度便越高。

毫无疑问，公平感是一个多维度的概念，涉及多个方面。比如，是程序公平还是结果公平？是机会公平还是能力公平？另外，公平感也应用在不同场合，比如是收入公平还是人际关系公平？是个人的公平感还是社会的公平感？是某项事务上的公平还是多项事务整体的综合公平？这些方面相互交织，共同构成了人们对公平感的全面理解。我们选取了两个三级指标。一个是收入分配公平感，专门针对收入方面的公平感测量。另一个是公共服务公平感，即对经济社会民生等公共服务领域的公平感，包括对教育、医疗、司法、就业、社保、城乡等相关公共政策的公平性感知的综合评估。该指标并不专门针对收入方面的公平感，而是侧重于对人们心理上的参考标准的综合测量，是衡量人们能否接受收入差异、判断收入差异是否合理的一种依据。需要强调的是，由于该指标是对主观感受的测量，没有对应的统计数据，其数据可来源于全国随机抽样入户调查，如"中国社会状况综合调查"。

表 4-3 汇总列出了共同度下的所有 7 个二级指标和 12 个三级指标。

表 4-3 共同度的指标构成

二级指标	三级指标	数据来源
收入不均匀度	基尼系数	国家统计局
	帕尔玛比值	调查数据
一次分配系数	劳动收入占 GDP 比重	国家统计局
二次分配系数	教育支出占 GDP 比重	国家统计局
	社会保障和就业支出占 GDP 比重	国家统计局
	卫生健康支出占 GDP 比重	国家统计局
三次分配系数	人均志愿服务时长	调查数据
	年度慈善捐赠额占 GDP 比重	调查数据
城乡平等度	城乡居民人均可支配收入比	国家统计局
地区平等度	人均可支配收入最低和最高地区比	国家统计局
民众公平感	收入分配公平感	调查数据
	公共服务公平感	调查数据

（三）驱动力的内涵和指标构建

前面两部分是关于富裕度与共同度的测量，也是大多数学者构建共同富裕量化体系的主要内容。在此基础上，本研究认为，还需要进一步考虑并测量共同富裕未来发展的可延续性。正如前文所再三强调的，共同富裕并非静态状态，而是一个持续演进、动态变化的过程。当共同富裕是一个未来的目标时，任何在当下对其的测量都存在一定的不确定性。这种不确定性来源于多方面的因素，包括但不限于经济社会的复杂性、政策执行的效果差异以及人们对共同富裕理解的不断深化。因此，在构建共同富裕的衡量指标时，不仅要关注富裕度和共同度，更要将推动共同富裕的动力因素纳入其中，并不断加以完善。

根据唯物辩证法的观点，"内因是事物发生的根本原因"。这一观点在共同富裕的实现过程中同样适用。当共同富裕的具体面貌还无法详尽地描述时，应该将更多的注意力放在其内部原因上。通过深入考察这些"内因"的变化情况，可以更加准确地把握共同富裕实现的程度以及未来的发展方向。本研究把共同富裕的动力因素分为客观与主观两部分。共同富裕的客观动力维度下有国有和集体经济占比、科技创新力、政府清廉度 3 个二级指标；共同富裕的主观动力维度下有民众参与治理观、利他性价值观占比、政体支持度、共同富裕素养4个二级指标。7个二级指标的内容及选择原因如下。

1. 国有和集体经济占比

这个指标反映了国有和集体经济对整体经济的主导程度。我国《宪法》第六条规定："中华人民共和国的社会主义经济制度的基础是生产资料的社会主义公有制，即全民所有制和劳动群众集体所有制。社会主义公有制消灭人剥削人的制度，实行各尽所能、按劳分配的原则。国家在社会主义初级阶段，坚持公有制为主体、多种所有制经济共同发展的基本经济制度，坚持按劳分配为主体、多种分配方式并存的分配制度。"由此可知，我国目前有三种不同的经济类型：全民所有（国有）、集体所有和非公有经济（包括个体经济、私营经济和外资经济）。生产资料公有制是社会主义经济制度的基础，是实行按劳分配的前提和内在根据，是实现共同富裕的必要条件。生产资料公有制既是共同富裕的土壤，也是用来推进共同富裕的工具。

对本研究而言，如何衡量公有制在整体经济中的主导作用成为难点。共同富裕是社会主义的本质要求，目前只有中国提出了并在扎实推进共同富裕。不过，从我国的经济政策来看，在2050年基本实现共同富裕目标时并非要求100%的生产资料的公有制。2018年11月1日，习近平总书记在民营企业座谈会上指出，"40年来，我国民营经济从小到大、从弱到强，不断发展壮大"，"概括起来说，民营经济具有'五六七八九'的特征，即贡献了50%以上的税收，60%以上的国内生产总值，70%以上的技术创新成果，80%以上的城镇劳动就业，90%以上的企业数量"。这是对民营经济地位和作用做出的权威评价。在税收、产值、技术创新、就业、企业数量上，公有制的占比低于非公有制。那么，"公有制为主体"体现在什么方面呢？

本研究认为，公有制占主体地位主要体现在国有经济控制国民经济命脉，对经济发展起压舱石作用。换言之，国有经济能控制关系国民经济命脉的重要行业和关键领域，如涉及国家安全的行业（国防、航空航天、核能等领域）、自然垄断的行业、提供重要公共产品和服务的行业（交通、通信、水利、能源、电力等领域）以及支柱产业和高新技术产业中的重要骨干企业（支柱产业随时代变化而变化，金融业、房地产和汽车制造业都曾经是中国的支柱产业）、重大基础设施和重要矿产资源行业（土地、铁路、公路、桥梁、隧道、港口、机场、矿产资源等领域)。

由于民营经济具有产权明晰、机制灵活、市场敏锐、高效运作的特点，随着市场经济的发展，其在经济中所占比重亦有可能还会有所提升。所以，本研究认为当以公有制为主体来保证共同富裕的实现时，应把着力点放在测量国有经济对国民经济命脉的控制程度上。控制意味着有对关键行业和关键领域的话语权，但并不指在所有关键行业和关键领域都进行完全的占有和排他，这也是为何我国的国有企业可以实行股份制，实行混合所有制，甚至允许外资入股。① 简言之，国有经济的控制力主要体现在对国民经济发展方向、经济运行整体态势以及重要稀缺资源的控制上。

总的来说，国有和集体经济在整体经济中的主导地位对实现共同富裕具有深远的意义和重要的作用。通过充分发挥国有和集体经济的引领作用，可以促进社会公平与正义、增强经济实力和竞争力、带动民营经济发展以及推动城乡区域协调发展，为实现共同富裕奠定坚实的基础。然而，关系国民经济命脉的重要行业与重要领域如此之多，而且随着科技的发展，还会产生新的关乎国计民生的领域，比如互联网。经过反复分析比较，本研究选取银行业作为代表，选取国有六大银行在银行业中的比重作为公有制占主体地位的测量指标。选取该指标的原因有以下几点。

(1) 银行业是现代市场经济的核心。第一，在现代市场经济中，生产、交换、分配和消费这四个环节都离不开货币和信用，而银行业正是提供这些服务的主要机构。通过存款、贷款、汇兑、结算等业务，银行业实现了货币和信用的流通，为经济运行提供了必要的支持和保障。第二，银行业是联结经济系统中各个产业的桥梁，包括前文所言的涉及国民经济命脉的重要行业与重要领域。无论是在生产、流通还是消费环节，企业和个人都需要通过银行进行资金的支付和结算。银行作为金融中介机构，通过提供金融服务，帮

---

① 需要强调的是，许多资本主义国家也有不少比例的国有企业，这体现了其政府对经济安全、主导方向等方面的控制。比如法国有国家铁路公司、空中客车公司、雷诺汽车、法国核工业公司，德国有铁路股份有限公司、大众汽车，英国有英格兰银行、BBC，日本有日本电信电话公司，美国有联邦存款保险公司、邮政服务公司、全国铁路旅客公司。不过，它们的国有企业是国家资本主义性质的，与我国的公有制存在很大程度和目标差别，前者是为资本服务的，后者是为人民服务的。当然，在我国历史上，曾长久地实行盐铁专卖，洋务运动中所建的工厂是官办的或政府控股的，也算"国有"，但它们都是为统治阶级、地主阶级的利益服务的。

助企业和个人实现资金的跨期、跨地区和跨行业的流动，从而促进了各产业之间的互动和发展。第三，我国实行银行业主导的金融制度（美国、英国是以资本市场为主导的金融制度），银行业在促进经济增长、科技创新、产业升级方面发挥着重要作用。银行通过将储蓄转化为投资，为企业提供了必要的资金支持，推动了技术创新和产业升级。第四，银行业是我国维护金融稳定和安全的重要力量。国家的货币发行流通皆需要银行业实施。银行业的贷款方向和力度是控制其他产业的常用措施（比如对房地产的贷款限制直接影响了房地产的发展）。银行通过严格的风险管理和内部控制，不仅可以帮助企业降低经营风险，也可以保障金融系统的稳定和安全。

（2）我国对银行业的控制是完全的。在我国的银行系统中，中国人民银行行使中央银行的功能，是我国的货币政策制定者和执行者，负责维护金融稳定，通过调整存款准备金率、基准利率等手段对经济进行调控，以及发行和管理人民币。中国人民银行还承担着金融监管的职责，对全国的金融机构进行监管。

在中国人民银行之下，是政策性银行和商业银行。政策性银行包括国家开发银行、中国进出口银行和中国农业发展银行。这3家银行由国家控制，主要任务是执行国家的宏观经济政策，支持国家重大项目的建设，服务国家的基础设施和农业等领域。商业银行包括6家国有大型商业银行（中国工商银行、中国建设银行、中国农业银行、中国银行、交通银行、邮政储蓄银行）、12家股份制商业银行、135家城市商业银行、3900多家农村商业银行信用社、19家民营银行以及41家外资银行等。这些银行主要负责吸收公众存款、发放贷款、办理结算等业务，是银行体系中最主要的组成部分。商业银行系统中，国有大型商业银行占有极大的比重，6家大型商业银行资产总额占我国银行业各类金融机构资产总额的40%左右。

大型商业银行皆由国家控制，通过中央汇金投资有限责任公司（国有独资公司，被称为"金融国资委"）持有国家的股份。中央汇金投资有限责任公司持有35%左右的中国工商银行股份，57%左右的中国建设银行股份，40%左右的中国农业银行股份，64%左右的中国银行股份。除了中央汇金投资有限责任公司，这6家大型商业银行的股东还有财政部、全国社会保障基金理事会等。财政部持有35%左右的中国工商银行股份。即便是股份制商业银行（比如中国光大银行、华夏银行）、城市商业银行等，绝大部分也由中央政府、地方政府或大型国企控股。此外，我国的银行体系还包括金融监管机构。银行业是强监管行业。中国银行业监督管理委员会（简称银监会，2018年并入银保监会，2023年并入国家金融监督管理总局）负责对银行业金融机构进行监管，确保银行业的稳健运行。所以国家对银行业的控制是绝对的，公有制占主导地位。

（3）中国的经济改革是由计划经济向市场经济变化，银行业的发展可以较好地体现这种变化，公有、非公有之间的比例较易划分。我国政府一直致力于促进金融市场的开放和改革，涉及银行业在内的各个领域。首先，中国政府允许民间资本进入银行业，比如交通银行的第二大股东就是香港上海汇丰银行有限公司。我国对银行业的限制逐步放松，比如降低外资银行、保险等金融机构的准入要求，取消外资股份比例限制，允许外资持有银行、保险等金融机构100%的股权等。其次，银行业较好地反映了民间资本的增长。我国商业银行中，有59家上市银行（截至2022年底）。这些上市银行资产规模超265万亿元，约占我国商业银行总资产的84%。民众可以在二级市场上购买其股票。民众并不能取得国有银行的控制权，但能通过持有银行股份获得分红。民众也可以投资非国有银行。随着民间资本自身的发展，其在银行业中的股份比例也将不断上升（股份比例上升并不会影响国家对银行业的控制权，原因如上）。

虽然国有六大银行在银行业中的比重不能准确地反映公有股份（中央政府、地方政府）与非公有股份的比例，但非公有资本的增加会让国有六大银行在银行业中的比重逐步下降，因此其可以成为公有、非公有股份比例的一个代理测量指标。国家金融监督管理总局数据显示，截至2023年末，银行业金融机构的总资产为417.29万亿元，其中，大型商业银行本外币资产总额176.76万亿元，占比42.4%。图4-22显示，国有六大银行在银行业中的比重从2000年的将近60%逐步降至40%多。

2. 科技创新力

研发经费在GDP中的占比，是衡量一个国家在科技领域投入力度、科技实力、经济竞争力和综合国力的关键指标。它直接反映了国家对科技创新和研发活动的支持程度，进而影响国家的产业结构升级、经济增长方式转变以及国际竞争力的提升。我们所倡导的共同富裕，是建立在高质量发展基础之上的共同富裕，而非低水平、低质量的平均主义。要实现这种高

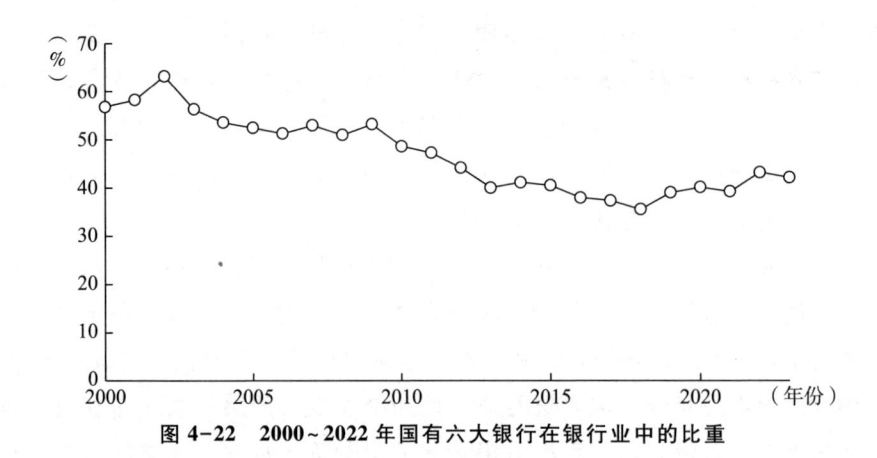

图 4-22　2000~2022 年国有六大银行在银行业中的比重

水平的共同富裕，高新科学技术的支撑是不可或缺的。只有依托先进的科技力量，才能持续提高全社会的生产效率和财富创造能力，进而培育出更多高附加值、高技术含量的新产业和新业态。同时，科技创新还能带动就业市场的繁荣，创造出更多高质量的就业岗位，让更多人分享到经济发展的成果。在这个意义上，科技创新是推动我国实现高质量发展和共同富裕的不竭动力源泉。

因此，本研究选择研发经费投入占 GDP 的比重这一指标，来衡量我国在科技创新方面的底蕴和实力。从图 4-23 可以清晰地看到，我国研发经费投入呈现逐年增长的态势，其在 GDP 中的比重也在稳步提升。这充分表明，我国对科学研究和技术开发的重视程度不断加深，这无疑是我国走向富强、实现共同富裕目标的重要支撑和推动力量。

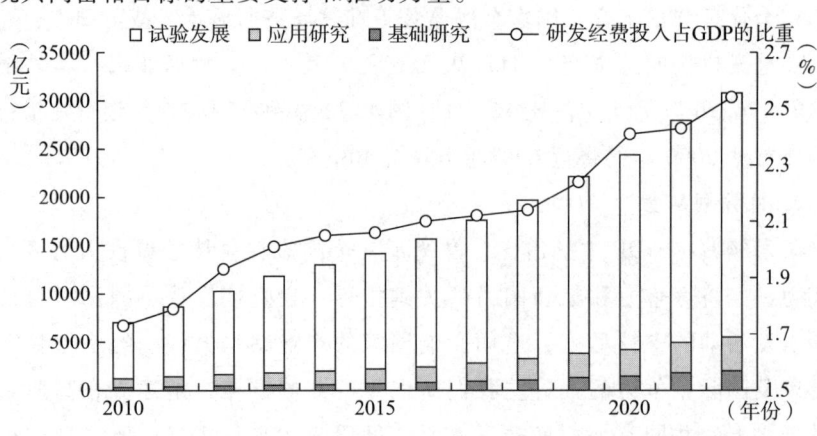

图 4-23　2010~2022 年我国研发经费投入及其在 GDP 中的比重

3. 政府清廉度

清廉政府与共同富裕之间存在着紧密的正相关关系。这种关系体现在多个方面，突显了清廉政府在推动共同富裕过程中的关键作用。首先，清廉政府是实现共同富裕的政治保障。一个廉洁、高效的政府能够确保公共资源的合理分配和有效利用，避免权力寻租和腐败行为对资源的浪费与滥用。通过加强廉政建设，政府能够营造一个公平、公正的社会环境，为全体人民创造更多的发展机会和福祉。其次，清廉政府本身就有助于缩小贫富差距，促进社会公平。因为腐败往往导致财富和权力集中在少数人手中，加剧社会不公。此外，清廉政府还能够提高政府的公信力和执行力，提高人民对政府的信任度和支持度，增强人民的公平感、幸福感等，直接促进精神富裕。加强廉政建设、打造清廉政府是实现共同富裕的必由之路。

衡量政府清廉度的一个有效指标是清廉指数（corruption perceptions index，CPI）。该指数由透明国际（Transparency International）这一国际组织计算并公布，它是衡量世界各国和地区的公共部门廉洁程度的重要指标。透明国际是1993成立的国际从事反腐败研究的非政府组织。CPI的发布通常会引起媒体和公众的广泛关注。CPI可以对不同国家和地区之间的腐败程度进行比较。这有助于揭示不同政治、经济和文化背景下腐败问题的共性和差异，有助于加深公众对腐败问题的认识，并推动社会各界参与反腐败斗争。通过比较不同年份的CPI得分，可以观察一个国家或地区在反腐败斗争中的进步或倒退。这有助于评估反腐败政策的有效性，并推动进一步的改革措施。

因此，本研究采用这一指数来衡量中国政府推进共同富裕的力度和成效。该指数的数据来源广泛且易于获取。需要注意的是，CPI并非直接测量腐败的实际水平，而是根据一系列调查和评估来反映人们对公共部门腐败的感知。这些调查和评估通常包括专家评估、商业人士的意见以及普通公众通过问卷调查表达的观点。CPI的计算基于一系列数据，这些数据提供了关于公共部门腐败程度的不同观点和评估。这些数据来源可能包括：各类国际组织和机构的腐败调查报告；商业环境评估，如世界银行的企业调查；学术研究和出版物；新闻媒体对腐败案件的报道和分析。透明国际将这些数据综合起来，通过特定的算法和标准化处理，得出每个国家和地区的CPI得分。得分通常在0分到100分之间，其中0分表示极度腐败，

100分表示非常清廉。

需要注意的是,透明国际作为一个在德国注册的组织,其评价体系可能受到国外特定文化和价值观念的影响,在评价我国政府时可能存在一定程度的偏见。横向比较来看,2022年我国清廉指数得分为45分(见图4-24),只高于平均分2分(平均分为43分),全球排第65名。我们在使用清廉指数时,应该保持审慎的态度,结合具体国情进行深入分析。尽管如此,清廉指数仍然具有一定的参考价值。CPI是一个相对指标,通过不同年份和地区之间得分的纵向对比,可以观察一国或地区政府在不同时期廉洁程度的变化趋势,从而评估其在反腐败斗争中的进步情况。自该指数发布以来,我国的得分保持总体上升的趋势,反映了我国反腐治理不断取得成效。

图4-24 2000~2022年我国政府清廉指数得分

4. 民众参与治理观

民众参与治理观指的是民众对参与治理的主观态度和认知。民众参与治理的程度与共同富裕之间存在密切关系。民众参与治理的程度越高,越能够促进共同富裕的实现。[①] 而民众对参与治理的主观态度越积极,则实际参与治理的可能性就越大。在实现共同富裕的过程中,民众参与治理的主观意识是必不可少的。共同富裕是全体人民共同富裕,是人民群众物质生活和精神生活都富裕。要实现这一目标,需要广大民众积极参与社会治理,为社会发展贡献力量和智慧。只有对治理持有积极正向的态度,才有可能

---

① 顾昕:《共同富裕的社会治理之道——一个初步分析框架》,《社会学研究》2023年第1期,第45~67页。

投入治理实践中,进而更好地推动经济发展、改善民生、促进文化交流等,以推进共同富裕目标的实现。

从已有文献来看,由于治理的内涵极为丰富,测量治理的指标也颇多。本研究认为可以把对民众参与治理观的测量聚焦在两个方面:社区治理参与观和政治治理参与观。一方面,参与社区治理是民众参与治理的主要形式。社区是社会治理的基本单元,我国绝大多数民众都是通过参与社区治理从而承担治理主体责任的。民众通过参与社区治理,不仅可以推动社区的发展,也可以促进自我社会责任的履行,还能促进现代社会下的个体的全面发展。同时,积极参与社区治理有助于预防和化解社会矛盾,维护社会和谐稳定,为共同富裕的实现创造良好的社会环境。因此,共同富裕目标下,有必要测量民众对参与社区治理的主观态度。另一方面,参与政治治理是民众参与治理的重要内容。在我国优秀传统文化的影响下,民众对国家、对政治具有与生俱来的使命感和参与感。与现代治理理念结合后,人们对政治参与的认知和途径有了新变化。通过政治参与,居民能够监督政府行为,维护自身权益,防止社会不公现象的发生。共同富裕目标下,很有必要测量我国民众对参与政治治理的主观态度,从而评估我国共同富裕推进的内在驱动力。

5. 利他性价值观占比

所谓价值观,即人们对于周围客观事物意义、重要性的总评价和总看法。它深深植根于人的思维与感官体验,使我们形成对事物的认知、理解、判断与选择。这一内在的观念体系,不仅塑造着个体的行为模式,更在宏观层面影响着社会的文化风貌和发展轨迹。本研究选取集体主义价值观占比指标来衡量利他价值观占比。

价值观的种类繁多且复杂,大致可以划分为利己性价值观和利他性价值观两大类别。其中,利他性价值观进一步包含集体主义和家庭主义等不同的取向。在历史的长河中,我们不难发现,那些过分追求个人利益、忽视集体福祉的利己性价值观,往往会加剧社会的贫富分化,削弱社会的凝聚力和稳定性。在推进共同富裕的道路上,个人主义的价值观不仅难以催生出共同富裕的理念,还可能会成为推进过程中的障碍,侵蚀我们已经取得的成果,所以我们需要更多的民众持有集体主义或家庭主义的价值观。共同富裕不仅仅是经济层面的提升,更是一种社会文化的构建和共享。它要求我们在追求个人发展的同时，不忘集体的利益，愿意为家庭、为社会的繁荣贡献自己的力量。这种利他性的价值取向，不仅能够促进资源的公平分配，还能够增强社会的凝聚力和向心力，为共同富裕的实现提供有力的文化支撑。因此，我国民众持有利他性价值观的比例在很大程度上就决定着实现共同富裕的可能性和共同富裕能达到的程度，构成了推动共同富裕的主观动力因素。

社会主义核心价值观是以集体主义为其基本内核的，是集体主义价值观在国家、社会与个人层面的具体展开。① 作为一种整体优先、社会至上的价值观，集体主义价值观的基本含义是国家利益、集体利益和个人利益相结合，把国家利益和集体利益放在首位，而又充分尊重个人利益；当国家利益和集体利益与个人利益发生矛盾时，以国家利益和集体利益为重。可见，集体主义价值观与共同富裕内涵具有高度的统一性。当越来越多的人持有集体主义价值观时，"兄弟同心，其利断金"，共同富裕一定会逐步实现。因此，本研究设计了集体主义价值观占比指标来测量实现共同富裕的主观动力。需要强调的是，虽然集体主义、奉献精神一直是我们文化中的传统美德，是中华民族几千年来生生不息的重要因素之一，也是我们今天社会主义物质文明建设和精神文明建设的基础之一，但并非所有的民众都持有集体主义价值观。由于我国的社会主义是在贫穷的旧世界基础上建立的，集体主义价值观在改革开放、实行社会主义市场经济制度的过程中遇到了个人主义、自由主义、功利主义等思潮的挑战。尽管在当前市场经济下，集体主义相当于奉献精神，在个人利益与集体利益相冲突时舍弃个人利益而选择集体利益的奉献精神并没有得到充分的发扬，但中国共产党始终坚持共同富裕是中国特色社会主义的本质要求，坚持以人民为中心的发展思想，在摆脱贫困、走向富强的重要历史节点，不忘初心，扎实推进共同富裕。共同富裕不仅要求国家富强，更强调全民一起致富，是集体的富裕。实现共同富裕是一个长期的历史过程，集体主义价值观占比理应成为衡量共同富裕内在动力的重要指标。

6. 政体支持度

所谓政体支持度，是指民众对政府和制度的支持程度。本研究中，它

---

① 杨麟慧：《集体主义价值观与社会主义核心价值观的逻辑关系》，《学校党建与思想教育》2016年第22期。

包含了国家认同度、制度认同度和政府信任度3个三级指标。国家认同,指一个国家的公民对自己国家的认知以及对该国家的构成(如政治、文化、族群等要素)的评价和情感。它是族群认同和文化认同的升华。对民众个体而言,国家认同表现为在主观上认为自身属于国家这个政治共同体,在心理上承认自身具有该国成员的身份资格。亨利·罗斯文指出,在中国,与个人主义相对的是家庭主义,即儒家的家庭主义价值观。他认为,家庭主义价值观以家庭为基础,生活于家庭中的人的特点兼有功利性(个人主义)和道义论(集体主义),而多数中国民众持有家庭主义价值观。[1] 同时,纵观中国传统文化的发展脉络,可以发现中国的集体主义源于家庭主义。中国的国家概念本身就是从小家到家族,到氏族,再向国家的延伸,即"家是小的国,国是大的家"。可以说,对国家的认可和认同,是实现共同富裕的必要条件。

制度认同,是指个体或群体对于特定制度体系、运行实践及其效能所持有的肯定态度和心理归属感。这种认同基于对制度本身的合理性、合法性和权威性的认可,以及对制度在实践中所表现出的效能的满意。制度认同是政治认同的关键组成部分,它涉及人们对政治制度的信任、支持和遵守的程度。当人们对制度高度认同时,他们更有可能支持并遵守这些制度,从而促进政治稳定和维持社会秩序。通过研究人们的制度认同状况,政策制定者可以了解现有制度的优势和不足,从而有针对性地进行制度改革和完善,进而夯实共同富裕推进的制度基础。

政府信任,是指民众对政府在执行各项政策过程中能够顾及自身利益的一种积极性预期。政府信任是民众对政府行为与决策的认可和信赖,是民众对政府的决策和行为持有正向、积极的态度。共同富裕需要政府有效治理、合理分配资源,而政府信任则能提升政府执行力和政策效果,促进社会各界的合作。党的二十大报告指出,"江山就是人民,人民就是江山。中国共产党领导人民打江山、守江山,守的是人民的心"。这意味着党和政府在政策决策和执行过程中应始终做到人民利益优先,想民之所想、急民之所急、办民之所需。而只有当广大人民群众充分认识到国家制度的本质和优越性,并对党和政府以人民为中心的发展理念给予信任时,才会产生

---

[1] 亨利·罗斯文:《家庭和家庭价值观》,安继民译,《中国儒学》2020年第1期。

高度的政府信任，并自觉地维护国家制度的权威性和稳定性。缺乏政府信任，将导致政策执行受阻，社会不稳定因素增加，进而影响共同富裕的实现。可以说，政府信任也是我国实现共同富裕的必要条件之一。

7. 共同富裕素养

正如前文所言，我国正在推进的共同富裕需要人人参与和人人奋斗，它并不是历史上的"均贫富"，也不是平均主义的大锅饭。这意味着，共同富裕的实现，需要广大民众把共同富裕当成切身相关的事业来对待，需要广大民众正确理解并认同共同富裕的内涵和外延。换言之，民众的共同富裕关联度越高，越有责任感参与其中并为之奋斗；民众的共同富裕认知度越高，对共同富裕相关政策的理解越准确，就越有可能积极参与共同富裕的推进工作。

从经济学角度来看，利益相关者理论指出，当个体认为自己是某件事情的利益相关者时，他们会更有责任感参与其中，因为这关系到他们的利益或其他形式的回报。与某件事情的关联度越高，个体对其的关注和投入也就越多。鉴于此，本研究认为共同富裕关联度可以作为三级指标来衡量共同富裕素养，即通过衡量民众主观上认为自身与共同富裕的关联度来实现对其共同富裕素养的部分测量。

从管理学角度来看，有许多理论强调，人们只有正确认识一个目标，才能完成这个目标，比如目标设定理论、SMART原则、目标管理原则。目标设定理论认为明确和具体的目标能够激励员工实现更高的绩效。这个目标应该是员工认为具有挑战性的，并且是他们愿意为之努力的。SMART是specific（具体的）、measurable（可衡量）、achievable（可实现）、relevant（相关）和 time-bound（时限性）的缩写。这一原则指导我们为了实现目标，应该设定有效的目标，确保目标是明确、可衡量、可达成、与整体战略相关，并有一个明确的时间表。目标管理原则强调组织目标的设定、分解和完成。通过这种原则，组织的目标被转化为个人的目标，从而确保每个成员都为实现整体目标做出贡献。这些理论都强调了正确认识和设定目标的重要性，以及通过有效的计划、执行和控制来实现这些目标。就共同富裕而言，民众需要正确了解共同富裕的含义和内涵，并把它与自身联系起来，如此才能积极参与并逐步实现共同富裕。因此，本研究把共同富裕认知度作为衡量共同富裕素养的另一个指标。

需要强调的是，本研究的驱动力指标中，客观表现出的驱动力数据易获得，而主观表现出的驱动力数据缺乏统计数据来源，需要通过调查数据或其他类型的数据（如大数据、行为数据等）予以分析。具体分析见下章。表 4-4 汇总列出了驱动力下的所有 7 个二级指标和 11 个三级指标。

表 4-4 驱动力指标构成

二级指标	三级指标	数据来源
国有和集体经济占比	国有六大银行在银行业中的比重	国家金融监督管理总局
科技创新力	研发经费投入在 GDP 中的比重	国家统计局
政府清廉度	清廉指数	透明国际
民众参与治理观	社区治理参与观	调查数据
	政治治理参与观	
利他性价值观占比	集体主义价值观占比	调查数据
政体支持度	国家认同度	调查数据
	制度认同度	调查数据
	政府信任度	调查数据
共同富裕素养	共同富裕关联度	调查数据
	共同富裕认知度	调查数据

第五章
共同富裕衡量指标的衡量方法

在前文深入分析和构建共同富裕衡量指标的基础上，本章致力于通过采用一系列科学、系统的综合评估方法，将衡量指标中各个细分的指标有机地整合成一个全面、客观的共同富裕指数。也就是说，前文已完成的共同富裕衡量指标可以用于衡量或反映共同富裕推进过程中各相关领域的数量特征，而共同富裕指数则可以用于反映不能直接相加或对比的共同富裕推进过程中相关的复杂社会经济现象变动情况。进言之，这个指数可以更好地衡量和反映我国在共同富裕不同阶段所取得的成效与进展，为党和政府相关部门提供决策支持和政策调整的科学依据，同时也为社会各界提供一个清晰、可比较的评估参考。

共同富裕指数的构建承担着重要的社会宣传和舆论引导功能。面对当前我国部分民众对共同富裕认知不足、理解不深的现状，这一指数通过直观、易懂的形式，有助于在全国范围内普及共同富裕的核心要义，引导广大民众形成正确的价值观念和发展预期。它不仅是一个衡量标准，更是一个教育工具、一个沟通桥梁，让共同富裕的理念深入人心，成为全体人民的共同追求。通过持续监测共同富裕指数的变化趋势，我们还能够动态评估"人的全面发展、全体人民共同富裕取得更为明显的实质性进展"这一宏伟目标的实现情况，及时调整和完善相关政策措施，确保共同富裕沿着正确的方向稳步前进。

一 衡量指标指数化的总体思路

把由多维度指标构建而成的衡量指标进行指数化处理的方法较为丰富，加权平均法因其简单易行的特点而得到广泛应用。该方法根据各指标的重要性赋予相应的权重，通过加权求和并规范化处理，最终得出一个综合指标。然而，在将前文所构建的共同富裕衡量指标进行加权平均之前，需要解决一个关键问题：这些指标的量纲并不统一。以富裕度的三级指标为例，人均国内生产总值、人均可支配收入的单位是美元或元，人均肉类消费量的单位是公斤，城镇人均住房面积的单位是平方米，每百户年末家用汽车拥有量的单位是辆，每百户年末移动电话拥有量的单位是部，文化产业增加值占当年国内生产总值的比重的单位是百分比，人均生活用电量的单位是千瓦时，城镇人均公园绿地面积的单位是平方米，恩格尔系数和人类发展指数是介于0~1的数值，富裕感是来自调查数据、取决于量表的一个数值。这些数据从不同维度测量与评估富裕的程度。鉴于衡量指标中各个指标的数据单位并不一致，在应用加权平均法之前，有必要对所有指标进行去量纲化处理，把它们转换为无量纲系数后，才好进行后续的加权计算。去量纲化是数据分析中的一个重要预处理步骤，它把数据中的"物理量"转化为"数"，将有量纲的量变成无量纲的量，用于消除数据的单位或量级差异，使其更具可比性。去量纲化可以使所有的指标都在同等的水平上，以便能更公平地参与后续的数据处理和分析比较。

在去量纲化处理之后，权重的选择就成为一项重要的工作，它对指标的结果及指标蕴含的意义影响较大。本研究采用两种方法来计算权重，两种方法的结果可以相互比较、对照，供评估参考。一种方法是，同等权重法。此方法设定每个指标在综合评价中都有相同的地位。采用同等权重法的优势主要有以下几点。①简单易行。同等权重法为每个指标分配相同的权重，从而简化了计算过程。②避免主观偏见。许多指标设计体系对于哪个指标重要、哪个指标次要并没有统一的规定，赋予不同指标的权重有着很强的主观性。赋予每个指标相同的权重就避免了主观判断的影响。③对于长期性的指标而言，各个指标对于目标达成的重要性可能会随着时间的推移而发生变化，数字化时代带来的巨大变化使得某些指标的重要性难以预测，赋予每个指标同等权重在一定程度上有助于平等对待并同等重视每个指标的构建工作。同等权重法虽有优点，但不可否认的是，不同指标的权重存在差别的可能性很大。

为此，本研究还采用了另一种方法：熵权法[①]。熵权法是在熵值法的基础上进一步计算权重的方法。这种方法基于信息熵的概念，利用各指标之间的信息量差异来确定权重分配。它能有效地将指标的信息量转化为权重，较好地避免了主观性。确切地说，熵权法是一种用于多指标决策分析的方法，是一种客观赋权方法。它通过计算各个指标的变异程度来确定指标的权重，能更加客观地分配权重，避免主观因素对评价结果的影响。变异程度越低，说明信息量越少，权值就越低。熵权法的优点是能客观地确定权重，缺点是对初始数据敏感，容易受到异常值的影响。

总的来说，在前文确定了共同富裕的衡量指标后，下面的工作就是采用合理的办法得到一个最终值。这个任务分为三个步骤。首先，衡量指标的去量纲化；其次，设计各级指标整合时的关系和权重；最后，形成共同富裕指数。其中，去量纲化指的是去除数据的具体量纲（单位），将数据转换为无量纲的纯数值，以便于不同单位或量级的数据能够进行整合、计算和比较。在完成去量纲化处理后，通过多种方法得到3个一级指标的值，进而得到共同富裕指数。完成这些操作，可以确保共同富裕指数是一个介于0~1的数值。当结果等于1时，意味着共同富裕的最终达成。因此，基于不同阶段的数据计算得到的共同富裕指数，不仅可以评估该阶段的共同富裕状况与目标存在何种差距，而且还可以识别出哪一项子指标存在不足，并将其作为该阶段扎实推进共同富裕工作的重点。接下来，下文首先进行指

[①] 还有一种方法是Delphi法（德尔菲法），又称为专家调查法。Delphi法通过匿名的方式向专家们进行多轮函询来征求意见（关于权重设计的意见），然后经过汇总分析来拟定一个综合的结果。它的核心在于每次函询意见之后会将其他专家的匿名意见也反馈给每位专家，使其思考其他专家的意见；在多轮反复之后，各位专家的意见会基本趋向一致，从而形成最终的权重设计。Delphi法充分利用了专家的学识和经验来进行决策或评价。在有些场合，它是一种理想的调查方法，操作相对而言也较为经济方便，比如不受地区人员的限制。它能够得到各种不同但有价值的观点和意见，实现集思广益，从而保证了权重设计的相对合理性。但该方法最大的不足在于专家的选择。对于新事物，很难达成共识，不同专家的观点发散甚至对立，这会极大影响最后的权重结果。检索当前已有的文献可以发现，关于共同富裕的衡量指标应包含哪些变量的讨论尚未有定论，这使得Delphi法无法真正发挥其优势。故本研究不采用这种办法。

标的去量纲化，为指标合并打下统计基础；随后用同等权重法和熵权法分别测算共同富裕指数，以供对比和评估。

二 衡量指标的去量纲化

（一）去量纲化的方法选择

去量纲化常用的方法有两种，即标准化和归一化。标准化（standardization）也被称为Z-score归一化，通过计算数据的均值（μ）和标准差（σ），将数据转换为均值为0、标准差为1的分布，即将数据按比例缩放，使之符合标准正态分布。使用这种方法的前提是需要有原始数据的整体分布信息。

归一化针对的是数据的单个特征，只考虑该特征的最大值和最小值（或最大绝对值），在缩放数据的同时较好地保持了原始数据的结构和相对关系。常见的归一化有三类：最大最小归一化（min-max normalization）、最大绝对值归一化（max absolute value normalization）和最大值归一化（max normalization）。最大最小归一化是将原始数据线性变换到 [0, 1] 的范围。具体公式为 x′= (x - X_min) / (X_max - X_min)，其中 x 是原始数据，X_min 和 X_max 分别是数据中的最小值和最大值。这种方法保留了原始数据之间的相对关系，但如果数据中存在离群点，可能会影响归一化的效果。最大绝对值归一化则是将数据集中的每个值除以数据集中的最大绝对值，从而将数据的范围缩放到 [-1, 1] 之间。公式为 x′=x / | X_max |，其中 x 是原始数据，| X_max | 是数据中的最大绝对值。这种方法适用于处理包含正数和负数的数据集，因为它能够保留数据的符号信息。最大值归一化通常指的是将数据集中的每个值都除以数据集中的最大值，从而将正数数据的范围缩放到 [0, 1] 之间。对于包含负数的数据集，这种方法可能不是最佳选择，因为它无法将负数映射到指定的范围内。如果数据集仅包含正数，则最大值归一化是一种简单且有效的归一化方法。最大值归一化其实就是设定最小值为0的最大最小归一化。

与标准化相比，归一化具有如下几个特点。一是计算简单。归一化通常是通过将数据缩放到一个特定的范围（如 [0, 1]、[-1, 1]）来实现的，其计算公式相对简单，易于理解和实现。而标准化则需要计算数据的均值和标准差，涉及更复杂的数学运算。二是对离群值的鲁棒性弱。归一化对离群值的敏感性较弱。在标准化中，需要考虑数据的整体分布信息，因为离群值会显著影响数据的均值和标准差，从而影响整个数据集的标准化效果。而归一化则只依赖数据的最大值和最小值（或最大绝对值），因此受到离群值的影响较小，也不需要整体数据的分布信息。三是能够保持数据的相对大小关系，适用于有特定范围要求的情况。归一化能够保留原始数据中各点之间的相对大小关系。这意味着如果原始数据中的 A 比 B 大，那么归一化后 A 仍然会比 B 大。当数据需要被限制在特定范围内时，归一化是一种非常有效的方法。为此，本研究采用归一化来实现去量纲化。

在归一化的几种方法中，本研究采用了最大值归一化。与最大最小归一化、最大绝对值归一化两种方法相比，运用最大值归一化时所需要的原始数据信息最少，无须知道最小值的情况，只需要最大值的信息以及原始数据不涉及负数。换言之，鉴于本研究的共同富裕衡量指标所涉及的各个指标都没有负数，采用最大值归一化更为简单直观，只需要找到数据集中的最大值，然后将所有数据点都除以这个值即可。此外，最为重要的是，这种方法特别适用于最大值具有特殊意义的数据集。对于本研究而言，构建共同富裕衡量指标并形成共同富裕指数是衡量并评估共同富裕推进进展，对不同时间节点（2035 年、2050 年）进行阶段性预估的重要一步。为各个指标测算出合理的最大值/最优值，对于"到本世纪中叶，全体人民共同富裕基本实现"具有极为重要的意义。

（二）去量纲化：最大值归一化

具体来说，最大值归一化方法分为两步。第一步，确定最大值。对于每个指标，找出其中的最大值，即在进行最大值归一化之前，需要知道数据集中的"上限"，也就是数据点可能达到的最大值，为后续的数据点归一化提供基准。第二步，归一化处理。对数据集中的每个原始值 x，使用公式 $x' = x/\max$ 进行归一化，其中 x' 是归一化后的值，max 是在第一步里确定的最大值。通过将每个数据点除以最大值，可以确保所有数据点都映射到 [0，1] 范围内，消除原始数据的量纲影响。

从上可知，最大值归一化的关键一步是通过分析找到各个指标的最大值，如此才能通过归一化将每个指标转换为 [0，1] 范围内的数值。也就是说，要想通过最大值归一化完成对富裕度、共同度、驱动力下的各个三级指标的去量纲化处理，前提是通过理论论证和数据分析以确定各个指标的最大值。然而，鉴于2050年基本实现共同富裕的长远目标，我国的这一进程仍在持续推进中。这意味着，当前我们尚无法确切知晓共同富裕衡量指标中各项指标的最终上限。为此，结合理论探讨和过往实践，我们尝试对这些指标的最大可能值进行了科学的理论分析和数据推演，给出一个人为确定的最大值。在设定这些指标的最大值时，本研究分析比较了以下几个标准：①全球范围内该指标的最好表现；②美国作为世界最大经济体的当前水平；③被认定为世界中等及以上发达国家且人口超过6000万的国家的指标平均值；④理论上可能的极值。

基于对比分析，本研究认为，标准①能够为我们展示某项指标所能达到的最高水平，但可能存在与我国实际国情和发展阶段脱节的问题。因为全球最好表现往往由极少数发达国家或地区在某一方面的突出表现所决定。例如，在人均GDP方面，卢森堡、挪威等国家达到了非常高的水平，但这并不意味着这种水平对于我国来说是短期内可实现的或符合当前发展阶段的。据统计，2022年卢森堡的人均GDP超过10万美元，而我国同年人均GDP约为1.27万美元，差距显著。此外，全球最好表现可能受到多种特殊因素的影响，如资源禀赋、历史背景、政策导向等，这些因素在我国并不完全具备可复制性。也就是说，直接以全球最高标准为我国的发展目标，可能会忽视我国自身的条件限制和发展阶段的特殊性，从而导致政策上的误导和资源配置的失效。

对于标准②，尽管美国是世界第一大经济体，但美国的社会保障、教育、医疗等方面的政策和制度与我国存在显著不同，因此我们不能直接以它为指标最大值的参照标准。比如，美国在医疗领域实行的是市场化程度较高的模式，虽然有其优点，如医疗服务质量高、创新性强等，但也存在着看病难、看病贵等社会问题。相比之下，我国的医疗卫生体制则更加注重公益性和普惠性，通过实施基本医疗保险、推进基层医疗服务体系建设等措施来增强人民群众的获得感和幸福感。再比如，美国在教育领域实行的是多元化和自主性的政策，各级教育都有相对较大的自主权和较强的灵活性。然而，这种教育模式也存在着一些问题，如教育资源分配不均、教育质量参差不齐等。相比之下，我国在教育事业上更加注重公平性和普及性，通过实施九年义务教育、免除学杂费等措施来保障每个孩子都能接受基本的教育。故不能简单地将美国在各个指标上的现值作为我国自身发展的目标值或参照标准。

相比之下，标准③比前两者具有更强的参考性，综合考虑了国家的发展水平和人口规模。一方面，从发展水平来看，达到高等及以上发达国家水平是我国未来经济社会发展的目标。党的二十大报告指出，到2035年我国"人均国内生产总值迈上新的大台阶，达到中等发达国家水平"，"基本实现社会主义现代化"；到2050年，"把我国建设成为综合国力和国际影响力领先的社会主义现代化强国"。这意味着，2035年我国的人均GDP需达到中等发达国家水平，在此基础上，2050年很有可能达到高等及以上发达国家水平。所以，此标准以中等及以上发达国家的平均水平为我国各个指标未来发展的最高值的参照点具有很强的合理性。另一方面，从人口规模来看，只有具有一定人口规模的国家的发展水平才能成为我国经济社会发展的参照点。我国是个人口大国，很多指标在总量上都已位居世界前列，但一旦按照人口平均则落后于很多国家，人口较少国家的经济社会发展模式在我国成功复制的可能性较小。据此，标准③具有较强的参考性。

标准④主要针对的是一些统计指标，如基尼系数、HDI、幸福感等。这些指标根据其算法存在着最大值或最小值，而不需要讨论其他国家的状况。我国要实现的共同富裕是一种崭新的社会形态，并不能完全以其他国家的状况为参照。

发达国家是一个相对的概念，通常指的是那些在经济、社会、科技和文化等方面都达到较高发展水平的国家。目前并没有一个国际公认的、明确界定发达国家的统一标准。不同的机构和研究者可能会根据自己的理解和研究需要，采用不同的指标和标准来进行界定。按照《中国现代化报告》[①]，人均GDP排名21到45的国家是中等发达国家，排名46到80的国家是初等发达国家，排名81到131的国家为欠发达国家。由此测算，人均GDP达到2万美元是发达国家的门槛，3万至6万美元为中等发达国家，8万美元为高等发达国家。[②] 按照2021年人均GDP高于2万美元且人口规模

---

① 《中国现代化报告》是由中国科学院中国现代化战略研究课题组主编的年度报告。
② 数据来源：https://baijiahao.baidu.com/s?id=1761816323370763959&wfr=spider&for=pc。

大于6000万的标准测算，符合标准③的国家有美国、德国、英国、法国、日本。因此，在测定各个指标的最大值时，本研究会以这五个国家在各指标上的平均水平为我国未来发展的最大值的参照点。

然而，对于本研究而言，标准③也有不足之处。一是，在某些指标上，我国的现有发展水平已经高于这五个国家的平均水平，需要进一步分析讨论才能测定最大值的参照点。二是，随着全球经济的不断发展和变化，一些新兴国家在不断努力提升自身的发展水平，未来也有可能跻身于标准③的国家行列。三是，有些指标本身是无量纲指标，有其内在的学术意涵，不需要通过其他国家的参照点来估计最大值。

总的来说，不同国家或地区的发展模式和特点各不相同，不能简单采用唯一标准来衡量和比较。因此，本研究除采用标准③处理带有单位的各项指标之外，还考虑了我国经济社会发展的实情和政策目标，以及指标本身的统计意涵（尤其对于无量纲指标，比如 HDI、恩格尔系数、基尼系数、某些调查指标等），进而完成大部分指标理论最大值的设定工作。换言之，除了采用标准③，本研究还基于我国自身的发展目标和实践特点，以及理论界对于某些指标的学术讨论，进行指标最大值或值域的设定。在进行最大值或值域设定时，本研究以可获得的最近年份数据为依据，当有些指标难以获得国际数据时会采用相近指标的替代办法予以估算。当然，本研究所讨论的最大值，其实是基本实现共同富裕时的最优值。因此，对于衡量指标的评估功能而言，在未来的发展进程中，若指标值超过最大值或最优值，则可计为1。

还需要特别强调的是，在整合指标时，本研究采用了几何平均法。这一方面可以确保衡量指标的准确性和可靠性，避免由个别极端值导致的整体偏差；另一方面，本研究认为富裕度、共同度与驱动力之间有着因果关系，而共同与富裕之间也存在相互影响的关系，它们不是并列的关系，所以使用几何平均法比算术平均法更为合适。下文着重阐述共同富裕衡量指标中各个指标的去量纲化过程，并且依据2022年的数值，计算得到各个指标最大值归一化后的结果。

（三）富裕度去量纲化

1. 生产水平

对于二级指标生产水平，本研究采用人均国内生产总值三级指标予以衡量。根据统计资料，美、德、英、法、日五国的人均国内生产总值在2022年（各国的数据信息详见表5-1，下同）的平均值为4.92万美元（现价美元）[1]。对照共同富裕目标，本研究认为到2050年基本实现共同富裕时此指标的最大值可按5万美元做归一化处理。因此，归一化计算公式为x/5万美元，其中x代表用此指标进行评估时的该年份我国人均国内生产总值。2022年，我国人均国内生产总值为1.27万美元（按年平均汇率折算）[2]，所以该指标归一化后的值为1.27/5=0.2540。

由此可见，若以人均国内生产总值为5万美元为21世纪中叶基本实现共同富裕目标的标准，目前我国达到了此目标的25.4%。进言之，若以2050年我国基本实现共同富裕时的人均国内生产总值为5万美元倒推，我国人均国内生产总值在2023~2050年期间的年增速需保持在5.1%左右。

2. 收入水平

对于二级指标收入水平，本研究采用人均可支配收入三级指标予以衡量。根据统计资料，美、德、英、法、日五国的人均可支配收入在2021年的平均值为154558元人民币[3]。对照共同富裕目标，本研究认为到2050年基本实现共同富裕时此指标的最大值可按15.5万元人民币做归一化处理。因此，归一化计算公式为x/15.5万元人民币，其中x代表用此指标进行评估时的该年份我国人均可支配收入。2022年，我国人均可支配收入为3.69万元人民币[4]，所以，该指标归一化后的值为3.69/15.5=0.2381。

3. 物质消费水平

对于二级指标物质消费水平，本研究采用人均肉类消费量、城镇人均住房面积、每百户年末家用汽车拥有量、每百户年末移动电话拥有量4个三级指标予以衡量。

人均肉类消费量。根据统计资料，美、德、英、法、日五国的人均肉类消费量在2023年的平均值为84.8公斤[5]。对照共同富裕目标，本研究认

---

[1] 数据来源：https://data.worldbank.org/indicator/NY.GDP.PCAP.CD?end=2022&locations=US&start=2022。
[2] 数据来源：https://baijiahao.baidu.com/s?id=1755254790545500739&wfr=spider&for=pc。
[3] 数据来源：https://zhuanlan.zhihu.com/p/646381059。
[4] 数据来源：https://baijiahao.baidu.com/s?id=1755233768668150671&wfr=spider&for=pc。
[5] 数据来源：https://wisevoter.com/country-rankings/meat-consumption-by-country。

为到 2050 年基本实现共同富裕时此指标的最大值可按 85 公斤做归一化处理，公式为 x/85 公斤，其中 x 代表用此指标进行评估时的该年份我国人均肉类消费量。2022 年，我国人均肉类消费量为 63.3 公斤，所以，该指标归一化后的值为 63.3/85＝0.7447。

城镇人均住房面积。根据统计资料，美、德、英、法、日五国的城镇人均住房面积在 2020 年的平均值为 45.24 平方米[①]。对照共同富裕目标，本研究认为到 2050 年基本实现共同富裕时此指标的最大值可按 45 平方米做归一化处理，公式为 x/45 平方米，其中 x 代表用此指标进行评估时的该年份我国城镇人均住房面积。2020 年，我国城镇人均住房面积为 41.76 平方米。2021 年我国商品房销售面积 17.94 亿平方米，2022 年我国商品房销售面积 13.58 亿平方米。由此估算（假定 14 亿人口不变），2022 年末我国城镇人均住房面积应为 44.01 平方米左右。所以，该指标归一化后的值为 44.01/45＝0.9780。

每百户年末家用汽车拥有量。由于没有找到国际上关于每百户年末家用汽车拥有量数据，本研究以国际上"每千人登记使用车辆数"为本指标估计理论最大值的参考依据。五国的每千人登记使用车辆数在 2020 年平均为 687 辆[②]。如果按照每户 3 口人计算，则每百户年末家用汽车拥有量最大值约为 687/（1000/300）＝206 辆，归一化的计算公式为 x/206 辆，其中 x 代表用此指标进行评估时的该年份我国每百户年末家用汽车拥有量。2022 年，我国每百户年末家用汽车拥有量为 43.5 辆[③]，该指标归一化后的值为 43.5/206＝0.2112。

每百户年末移动电话拥有量。由于没有找到国际上关于每百户年末移动电话拥有量数据，本研究以国际上"每百人移动电话拥有量"为本指标估计理论最大值的参考依据。由于五国的每百人移动电话拥有量在 2022 年的平均值为 128.6 部[④]，按照每户 3 口人估算，则每百户年末移动电话拥有量最大

[①] 数据来源：http://admin.fangchan.com/uploadfile/uploadfile/annex/3/2431/5fbca0224c19c.pdf；https://new.qq.com/rain/a/20220627A04FN400。
[②] 数据来源：https://www.visualcapitalist.com/vehicles-per-capita-by-country/。
[③] 数据来源：https://baijiahao.baidu.com/s? id = 1756458366726267830&wfr = spider&for = pc。
[④] 数据来源：https://data.worldbank.org/indicator/IT.CEL.SETS.P2? end = 2022&locations = GB-CN-JP &name_desc = false&start = 1960&view = chart。

值约为 386 部。对照共同富裕目标，本研究认为到 2050 年基本实现共同富裕时此指标的最大值为 386，归一化计算公式为 x/386 部。x 表示用此指标进行评估时的该年份我国每百户年末移动电话拥有量。2022 年，我国城乡居民每百户年末移动电话拥有量约为 260 部[①]，该指标归一化后的值为 260/386=0.6736。

综上，采用几何平均法，物质消费水平指标值为 0.5674。

4. 服务消费水平

对于二级指标服务消费水平，本研究用文化产业增加值占当年国内生产总值的比重、人均生活用电量、城镇人均公园绿地面积 3 个三级指标予以衡量。

文化产业增加值占当年国内生产总值的比重。富裕生活意味着更多文化类的精神产品的生产与消费。但本研究尚未发现有成熟的标准或指标来评定何种程度的文化生产与消费和富裕生活挂钩。而且由于各国统计口径不一样，不同国家认定的文化产业内容相差较大[②]，表现为各国文化产业发展的侧重点各有不同，许多国际数据仅能起到参考作用。例如，世界知识产权组织（World Intellectual Property Organization，简称 WIPO）2021 年发布的《版权产业的经济贡献》报告指出，版权产业对各经济体国内生产总值的贡献平均占比为 5.54%。[③] 此外，世界知识产权组织调查数据显示，2013 年全球文化产业增加值占当年国内生产总值的比重各国平均为 5.26%，约 3/4 的经济体在 4.0%至 6.5%之间，美国最高，达 11.3%。[④] 在我国，版权产业、知识产权业均不等于文化产业，前两者与文化产业在概念内涵上存在交叉。

由于国内外关于文化产业统计口径差异太大，本研究以我国北京、上海、广州、深圳、杭州五个城市的水平为参照。据《北京文化产业发展白皮书（2022）》《2021 年上海文化产业发展报告》，以及广州、杭州等城市统计数据[⑤]，2020 年各城市（部分城市 2019 年）的文化产业增加值占当年国内生

[①] 数据来源：http://www.022net.com/ka/2022/1012/46534.html。
[②] 《郑雄伟主持发布〈全球文化产业发展报告〉》，http://www.cnena.com/news/bencandy-htm-fid-11-id-22771.html。
[③] 数据来源：https://www.ccpit.org/a/20220726/20220726jf53.html。
[④] "世界主要经济体文化产业发展现状研究"课题组：《世界主要经济体文化产业发展状况及特点》，《调研世界》2014 年第 10 期。
[⑤] 数据来源：https://new.qq.com/rain/a/20230224A08ID400。

产总值的比重如图5-1所示,各城市的文化产业增加值占当年国内生产总值的比重因地区而异。其中,北京10.5%、上海6.1%、广州6.2%、深圳8.0%、杭州14.3%,平均为9%。需要强调的是,这些值均受疫情影响而有所回落,如上海2022年的文化产业增加值占当年国内生产总值的比重约13%,若以此数据求五个城市的平均比重则约为10%。[①] 因此,本研究认为,中国式现代化目标下的富裕生活应有约10%的文化产业增加值占当年国内生产总值的比重。所以归一化的计算公式是x/10%。2022年我国文化产业增加值占当年国内生产总值的比重约4.46%,故该指标归一化后的值为0.4460。

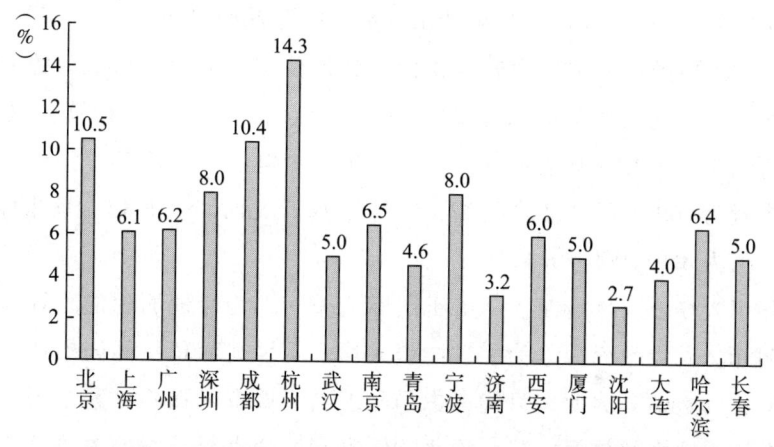

图5-1 各城市文化产业增加值占当年国内生产总值的比重

人均生活用电量。由于各国统计口径的不同,本研究并未找全美、德、英、法、日五国关于此指标的最近数据。一方面,本研究分析发现五国的人均生活用电量在2020年平均为7457.6千瓦时[②],但是这样的数据包含了生活用电和工业生产、商业活动用电,不宜作为本研究所需的最大值的参照点。另一方面,有研究认为,人均生活用电量最高的国家是美国,为4452千瓦时(除以12,每月371千瓦时)[③],但美国的生活方式并不符合我们的文化,比如在白天无人情况下也开着灯照明。所以,本研究不能只借

[①] 数据来源:https://www.shanghai.gov.cn/nw4411/20230330/ed8720bb26334b0f803f295e8bfcd74c.html。

[②] 数据来源:https://www.indexmundi.com/g/r.aspx?v=81000&l=zh。

[③] 数据来源:https://zhuanlan.zhihu.com/p/522228767。

鉴美国的情况。

为此，本研究做了如下分析。一是通过户型分析生活用电情况。比如，2023年在德国，如果是独户住宅，使用中央热水供应的一年用电量中值约为2600千瓦时，使用电热水供应的一年用电量中值约为3000千瓦时；如果是公寓楼，上面两个数字分别为1500千瓦时和1900千瓦时。① 二是通过较早数据分析五国的平均值。一份日本海外电力调查会的报告提及，2015年，五国的人均生活用电量分别是：美国4749千瓦时，德国1740千瓦时，英国1813千瓦时，法国2658千瓦时，日本2137千瓦时（中国当年的数据是642千瓦时）②。经过计算，五个国家的人均生活用电量平均为2619千瓦时，除去美国之外，4个国家的人均生活用电量平均为2087千瓦时。

考虑到中国住宅主要为公寓楼而非独户住宅，也考虑到中国的节俭文化传统，本研究按照最大值为2000千瓦时做归一化处理，计算公式为x/2000千瓦时，其中x代表我国当年人均生活用电量。2022年，我国人均生活用电量为869千瓦时（除以12，约每月72千瓦时）。③ 所以，该指标归一化后的值为869/2000＝0.4345。

城镇人均公园绿地面积。由于国际上关于人均绿地面积的统计口径多以"城市人均绿地面积"为主，城镇人均公园绿地面积指标较难找到国际上可对比的数值。为此，只能考虑国际上典型城市（而不是整个国家）的人均公园绿地面积数据。芬兰等北欧国家有着全世界最大的人均公园绿地面积。波兰、奥地利、匈牙利等国也有着较大的人均公园绿地面积，比如，华沙人均公园绿地面积近90平方米，维也纳人均公园绿地面积近70平方米。但这些国家纬度高、人口密度太小，不是最好的参考。

理想的公园绿地面积应结合中国的人口密度、城镇化方式、生产方式等来计算。雄安新区在规划和建设中，对于城市绿化和公园绿地的建设予以高度重视。根据已有的规划目标，雄安新区致力于扩大城市人均公园绿地面积，以改善居民的生活环境和提升城市品质。具体而言，雄安新区按照"300米见绿、500米见园"的标准进行城市绿化建设，努力确保城市建

---

① 数据来源：https://www.163.com/dy/article/I1H5II0B0514B8ME.html。
② 数据来源：https://www.zhihu.com/question/366220162。
③ 数据来源：https://www.ceicdata.com.cn/zh-hans/china/electricity-consumption-per-capita。

成区公园绿地覆盖的居住用地面积占总居住用地面积的80%，并且城市人均公园绿地面积保持在12平方米以上。这一目标较好地体现了我国对公园绿地面积的安排。未来，随着雄安新区的不断发展和完善，相信人均公园绿地面积将得到进一步扩大。另一个可参考的是《北京城市副中心建设国家绿色发展示范区实施方案》提及的北京城市副中心建设生态文明示范区的指标，人均公园绿地面积为18.75平方米。

所以我们归一化的计算公式是 x/18.75 平方米。2022年我国城镇人均公园绿地面积为15.29平方米。所以该指标归一化后的值为0.8155。

综上，采用几何平均法，服务消费水平指标值为0.5406。

表5-1汇总了前面所用到的美、德、英、法、日五国相应数据。

表5-1 美、德、英、法、日五国与富裕度指标相关的数据

	国家		美国	德国	英国	法国	日本	均值	最大值/最优值	2022年中国	归一化
	区域		美洲	欧盟	欧洲	欧盟	亚洲				
	人口（万人）	2021年	33231.40	8319.60	6728.00	12550.70					
1	人均国内生产总值（美元）	2022年	76329.6	48718	46125.3	40886.3	34017.3	4915.3	50000	12720.2	0.2544
2	人均可支配收入（元）	2021年	211671	158695	151755	139193	111479	154558.6	155000	36883	0.2380
3	人均肉类消费量（公斤）	2023年	124.11	87.79	79.9	83.05	49.33	84.836	85	63.3	0.7447
4	城镇人均住房面积（平方米）	2020年	65	46	40	40	35.2	45.24	45	44.01	0.9780
5	每千人登记使用车辆数	2020年	860	627	632	704	612	687	206	43.5	0.2112
6	每百人移动电话拥有量	2022年	110	125	121	119	168	128.6	386	260	0.6739
8	人均生活用电量（千瓦时）	2015年	4749	1740	1813	5658	2137	2619.4	2000	869	0.4325
9	城镇人均公园绿地面积（平方米）	2020年							18.75	15.29	0.8155

注：表中第5项国外数据为每千人登记使用车辆数，国内数据为每百户年末家用汽车拥有量；第6项国外数据为每百人移动电话拥有量，国内数据为每百户年末移动电话拥有量。

5. 消费结构

对于二级指标消费结构，本研究用恩格尔系数三级指标予以衡量。恩格尔系数是取值在 0~1 之间的指标，本身无单位，所以统计上可以不做归一化处理。不过，恩格尔系数 0.2 以下被认为是富裕，大于 0.5 被认为处于温饱线上。也就是说，此指标越大，意味着富裕度越低，两者是反向关系，不同于上文提到的几个指标均是正向关系。为此，本研究对此指标做反向处理，实现指标值取 1 时为富裕，把恩格尔系数和富裕的关系与其他指标统一起来。具体来说，本研究参考美国等发达国家的恩格尔系数为 0.2 左右以及贫穷国家的恩格尔系数为 0.4 的现状，设计出计算指标的公式为 $f(x) = 2-5*x$。这样设计的目的是将恩格尔系数 0.2 变成指标值 1，将恩格尔系数 0.4 变成指标值 0，指标值越大代表越富裕。2022 年，我国恩格尔系数为 0.3。所以，该指标归一化后的值为 0.5000。

6. 居民发展

对于二级指标居民发展，本研究用人类发展指数三级指标予以衡量。该指数由联合国提供，取值在 0~1 之间，无单位，属于无量纲指标。所以在统计上该指标可以不做归一化处理。同时，HDI 等于 1 意味着在它的三个子项（预期寿命、受教育水平和生活质量）上都具有目前世界上最好的表现，其取值方向和阈值情况都符合衡量指标的要求。因此，此指标无须调整，可直接纳入本研究的共同富裕衡量指标中。2022 年，中国的 HDI 为 0.7680。

7. 富裕感

对于二级指标富裕感，本研究用获得感、幸福感、安全感 3 个三级指标予以衡量。与前面众多二级指标不同，富裕感指标尚未有专门的统计机构提供全世界可比的数据，学者们对其内涵有多种说法。本研究采用"中国社会状况综合调查"① 2023 年（以下简称 CSS2023）数据进行测量分析。

获得感。获得感有较为丰富的精神层面的内容，对其的测量呈现多样

---

① "中国社会状况综合调查"（Chinese Social Survey）是由中国社会科学院社会学研究所发起的一项全国范围内的大型连续性抽样调查项目。自 2006 年以来，该调查采用多阶段混合概率抽样的入户调查方式，覆盖全国 150 多个县（市、区）的 600 多个村居，每隔 1 年进行 1 次，每次样本量为 10000 左右（具体数据以调查年情况为准）。该调查可获得全国范围内 18~69 岁居民对劳动就业、家庭及社会生活、社会态度等方面的内容，覆盖了本研究所需指标的测量数据。

化，当前学界存在多种获得感测量模式。本研究并不致力于在获得感的内涵测量上进行精确辨析，而只是用一种最被广泛接受的指标来作为代表。一种测量办法是从整体上把握民众的获得感，以个体对自身社会经济状况的总体判断和相对变化的判断为主体，来衡量公众在社会经济发展中的收益得失感知。具体而言，本研究把此指标操作化为经济生活水平获得感。所谓经济生活水平获得感，是与过去相比物质生活方面的变化，正向变化则意味着获得感的增强。2023年CSS询问了受访者，"您认为您目前的家庭经济状况，与五年前相比，是好了很多、好了一些、没变化、差了一些，还是差了很多？"选项为"1.好很多；2.好一些；3.没变化；4.差一些；5.差很多"。根据此问题的回答，将"好一些"和"好很多"的情况定义为"生活水平获得感"=1，即存在获得感；将"差很多""差一些"的情况定义为"生活水平获得感"=0，即缺少获得感。数据显示，有生活水平获得感的比例为57.85%，即此指标归一化后的值为0.5785。

幸福感。在CSS问卷中，有问题项"您同意下面说法吗？总的来说，我是一个幸福的人"。选项为"很不同意、不太同意、比较同意、非常同意"。根据对此问题的回答，本研究把"比较同意""非常同意"的比例相加来衡量公众的幸福感。分析结果显示，选择"比较同意"和"非常同意"的民众比例为86.51%，即此指标归一化后的值为0.8651。

安全感。在CSS问卷中，有问题项"您觉得当前社会中以下方面的安全程度如何？"，问题项中列出了"1.个人和家庭财产安全；2.人身安全；3.交通安全；4.医疗安全；5.食品安全；6.劳动安全；7.个人信息、隐私安全；8.环境安全"8个子项，并且综合地考察了受访者"9.总体上的社会安全状况"。我们采用最后一个综合指标来衡量公众的安全感。本研究把回答进行归类，把"比较安全""非常安全"归为"安全"，"很不安全""不太安全"归为"不安全"。回答"安全"的民众比例为93.29%，即此指标归一化后的值为0.9329。

根据CSS2023数据，本研究得到获得感指标值0.5785、幸福感指标值0.8651、安全感指标值0.9329。据此，本研究取三者的几何平均值，得到富裕感指标值为0.7758。

至此，以上为富裕度一级指标下的所有三级指标的计算方法。通过对所有子项求几何平均，得到2022年富裕度指标值0.4759（见表5-2）。如

共同富裕：衡量指标与实现路径

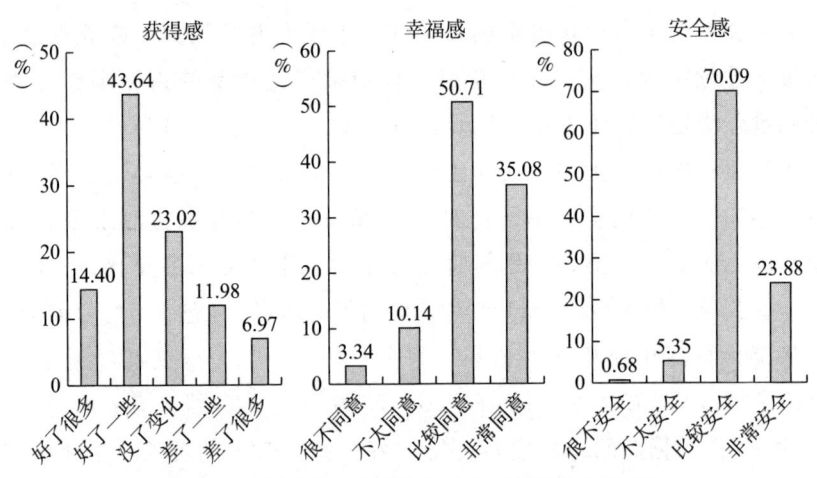

图 5-2 获得感、幸福感、安全感调查数据结果

以 1 为 2050 年基本实现共同富裕时的最优值，目前富裕度指标的得分并不高。富裕度的短板主要表现在生产水平和收入水平上，这两个二级指标离理想中的富裕较远。相对而言，富裕感和居民发展等得分较高，提高了富裕度水平。

表 5-2 富裕度指标测量方法与结果

二级指标	三级指标（x）	原始测量值	计算公式	二级指标现值	三级指标现值
生产水平	人均国内生产总值	1.27 万美元	x/5	0.2540	0.2540
收入水平	人均可支配收入	3.69 万元人民币	x/15.5	0.2381	0.2381
物质消费水平	人均肉类消费量	63.3 公斤	x/85	0.5674	0.7447
	城镇人均住房面积	44.01 平方米	x/45		0.9780
	每百户年末家用汽车拥有量	43.5 辆	x/206		0.2112
	每百户年末移动电话拥有量	260 部	x/386		0.6736
服务消费水平	文化产业增加值占当年国内生产总值的比重	4.46%	x/10%	0.5406	0.4460
	人均生活用电量	869	x/2000		0.4345
	城镇人均公园绿地面积	15.29	x/18.75		0.8155
消费结构	恩格尔系数	0.3	f(x)=2−5*x	0.5000	0.5000
居民发展	人类发展指数	0.768	x	0.7680	0.7680

128

续表

二级指标	三级指标（x）	原始测量值	计算公式	二级指标现值	三级指标现值
富裕感	获得感	0.5785	x	0.7758	0.5785
	幸福感	0.8651	x		0.8651
	安全感	0.9329	x		0.9329
			几何平均：0.4759		

（四）共同度去量纲化

下面对共同度一级指标下的各个子项进行去量纲化。

1. 收入不均匀度

对于二级指标收入不均匀度，本研究用基尼系数、帕尔玛比值 2 个三级指标予以衡量。

基尼系数。与前面的恩格尔系数、HDI 一样，基尼系数本身是一个取值在 0~1 之间的无量纲指标。只需要将其取值方向和值域变换成与共同富裕衡量指标相匹配即可。基尼系数与分配公平的关系存在着较为广泛的共识：当基尼系数小于 0.2 时，居民收入过于平均；在 0.2~0.3 之间时，表示较为平均；在 0.3~0.4 之间时表示比较合理；在 0.4~0.5 时表示差距较大；在大于 0.5 时表示差距过大。根据 CSS2023 数据可以计算得到我国 2022 年基尼系数为 0.485（国家统计局没有公布基尼系数，本研究基于调查数据计算得到），这意味着我国居民收入不平等现象较为严重。为了让基尼系数与共同富裕衡量指标中各个指标进行统一，更好地得到共同富裕指数，本研究对基尼系数指标做了处理，计算公式为 $f(x) = 5/3 - (10/3) * x$，目的是将基尼系数 0.2 变成指标值 1（也就是我们追求的共同富裕状态），基尼系数 0.5 变成指标值 0（不可接受的状态）。指标值越大，表示共同富裕实现程度越高。我国该指标值在 2022 年为 0.0500。

帕尔玛比值。此指标也是在 0~1 之间的无量纲指标，只需要将其取值方向和值域变换成与共同富裕衡量指标相匹配即可。CSS2023 数据显示，最高收入 10% 组的平均家庭年收入为 42.62 万元，最低收入 40% 组的平均家庭年收入分别为 0.09 万元、0.99 万元、2.48 万元、3.96 万元（见图 5-3）。本研究按照帕尔玛比值的计算方法，把前 10% 收入群体的收入份额除以后

40%收入群体的收入份额，计算得到帕尔玛比值为5.66。

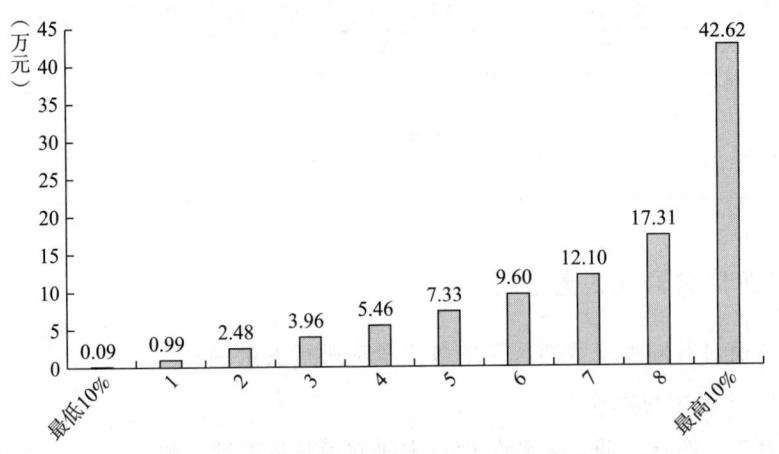

图 5-3 2022 年中国家庭年收入 10 分组结果

但要注意的是，作为反映分配公平的指标，人们对帕尔玛比值的合理值域空间并没有定论。从可获得的近期世界帕尔玛比值数据来看，2021年全世界的帕尔玛比值为10.98，西欧地区的帕尔玛比值为2.79，欧盟为2.93，北美地区为5.95，亚洲地区为8.45。其中美、德、英、法、日五国帕尔玛比值分别为5.19、3.12、2.67、2.1、3.93，均值为3.4。比较理想的是北欧地区5国，丹麦2.32、挪威1.89、瑞典1.88、芬兰2.33、冰岛1.81，均值为2.0。[①] 参考以上数据，本研究认为，我国的帕尔玛比值可设置在2~8之间。取值2为上限是因为我们追求的共同富裕理应比美、德、英、法、日这5个国家做得更好，接近北欧国家的水平；取值8为下限是以亚洲地区水平为基准。

归一化计算公式是 $f(x) = 4/3 - (1/6) * x$，这样设计的目的是将帕尔玛比值2变成指标值1（也就是我们追求的共同富裕状态），帕尔玛比值8变成指标值0（不可接受的状态）。指标值越大表示共同富裕实现程度越高。计算后得到我国该指标值在2022年为0.3900。

2. 一次分配系数

对于二级指标一次分配系数，本研究用劳动收入占GDP比重三级指标予以衡量。衡量国民收入初次分配是否公平的主要指标是分配率，在我国

---

① 数据来源：https://ourworldindata.org/grapher/palma-ratio-s90s40-ratio?tab=table。

常用工资性收入占 GDP 比重来表示。该数据可以通过国家统计局获得。分配率实际是指劳动报酬总额占国民收入的比重，此比重越高则意味着初次分配越公平，当达到 100%时为绝对按劳分配。现实中，劳动收入包括工资性收入、经营性收入（包括经营者的劳动和经营者的资本收益）和部分转移性收入（因为从国家转移过来的收入有部分属于劳动者），因此工资性收入占 GDP 比重并不能完全反映劳动收入水平。并且，国民总收入不等于国内生产总值，工资性收入占 GDP 的比重实际上常小于劳动收入占国民总收入的比重，如此就导致失去了工资性收入占国民总收入比例的理论目标值。工资性收入占 GDP 比重指标在基本实现共同富裕时应为多大比例，尚需分析讨论。

从目前可获得的指标数据来看，来自国际劳工组织的数据显示，美、德、英、法、日五国的雇员总薪酬占 GDP 比重在 2020 年平均为 60.5%[①]。而北欧国家的工资性收入占 GDP 比重并不高。由各国统计部门公布的数据可知，2021 年，丹麦国民账户住户可支配总额占 GDP 比重为 43%，瑞典为 45%，芬兰为 50%，挪威为 45%（2020 年数据），冰岛为 48%。[②] 因此，本研究以美、德、英、法、日五国平均值为最优值的参照点，认为在共同富裕状况下的劳动收入占 GDP 比重以 60%为宜，计算公式为 x/60%。2022 年，我国劳动收入占 GDP 的比重是 24.03%，则一次分配系数归一化后的值为 0.4005。该值越大，则说明国民收入的初次分配越公平。

3. 二次分配系数

对于二级指标二次分配系数，本研究用社会保障和就业支出占 GDP 比重、教育支出占 GDP 比重、卫生健康支出占 GDP 比重 3 个三级指标予以衡量。二次分配是解决一次分配不公、促进整体发展的必要环节。二次分配首先要看国家财政收入占 GDP 的比重，我国约 30%；然后再看财政支出中哪些用来支付社会保障和就业、教育、卫生健康等。

社会保障和就业支出占 GDP 比重。通过二次分配对一次分配产生的收入差距以及所积累的财富进行调节，是实现共同富裕的一个必要条件。社

---

① 数据来源：https://ourworldindata.org/grapher/labor-share-of-gdp? tab=chart&time=earliest..latest。

② 数据来源：https://tieba.baidu.com/p/8283795224。

会保障和就业支出占GDP的比重数据可从国家统计局获得。2022年我国社会保障和就业支出占GDP比重为3.03%。问题是，此指标在基本实现共同富裕时应为多大比例尚需研究分析。

本研究将此指标主要分解为两部分。一是，社会保障部分的财政支出。根据国际劳工组织的数据，公共养老支出是社会保障支出中占比最大的一项。2020年全球平均公共养老支出占GDP的比重约为7%，而中国为5%（由于统计口径差异，此数据与我国国家统计局公布的数据3.21%并不相同）。占比较高的有：瑞典为10.7%，俄罗斯为10.3%，巴西为9.7%。中国应增长2个百分点才能与世界平均水平相当。我国所构建的养老保险制度体系被称为"三支柱"体系，是多层次的、功能更加完备的体系。"三支柱"包括第一支柱，基本养老保险（强制、普惠、政府主导）；第二支柱，企业/职业年金（自主、补充、单位主导）；第三支柱，个人养老金（自愿、市场化、政策支持）。国家财政在养老方面的支出主要是第一支柱，约占公共养老支出的2/3。所以，据此推算，政府在养老方面的财政支出不需要增加2%。如果假定"三支柱"增长比例一样的话，只需要增加1.3%。粗略地，本研究将1.3%视为社会保障部分的财政支出应该增加的比例。

二是，就业部分的财政支出。失业保障支出是就业部分的财政支出的主要部分。它可为失业者提供一定时段的收入支持，主要包括失业保险、社会救助及就业保障。OECD数据显示，中国在失业保障和积极劳动力项目（包括主动治理失业问题、稳定就业等激励措施）上的投入比例为0.2%，远小于北欧国家。比如2020年瑞典在失业保障和积极劳动力项目上的公共支出占GDP的2.21%。从覆盖率上来看，德国、芬兰失业福利的有效覆盖率达到100%，丹麦在90%以上，瑞典为56%，但中国的有效覆盖率明显不足，仅为24.1%（见图5-4）。为达到100%覆盖率，我国在失业保障方面的投入需要放大4倍以上，即我国在失业保障方面的支出应从0.2%增加到0.8%，增加量为0.6%。

基于以上的粗略估算，本研究认为，我国在社会保障方面的财政支出需要增加1.3%，就业保障方面的财政支出需要增加0.6%。鉴于2022年我国社会保障和就业支出占GDP比重为3.03%，三个数据加总得到3.03%+1.3%+0.6%=4.93%。由此，本研究认为在共同富裕状况下社会保障和就业支出占GDP比重以5%为宜，计算公式为$x/5\%$，该指标归一化后的值为0.6060。

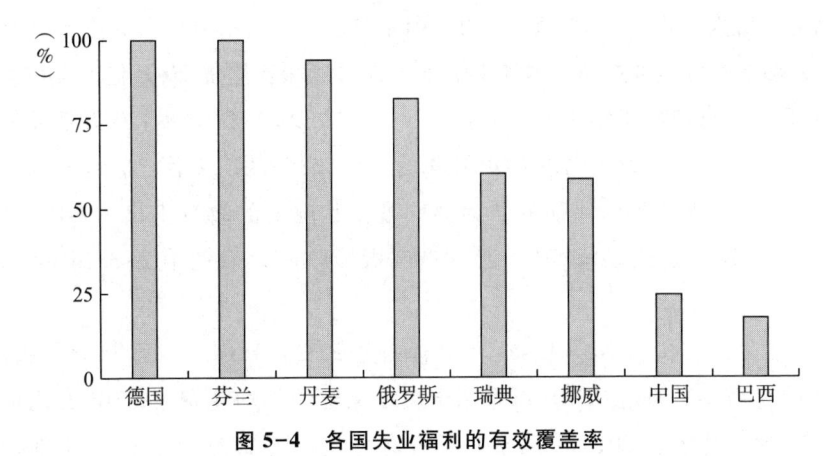

第五章　共同富裕衡量指标的衡量方法

图 5-4　各国失业福利的有效覆盖率
数据来源：https://www.huxiu.com/article/1957696.html。

教育支出占 GDP 比重。在教育方面的财政支出，除了可以直接减少部分教育费用外，还能提升整体国民的教育水平，提高劳动生产率，为国家长期发展提供动力。不同国家有不同的教育支出占 GDP 比重。这取决于国家的发展程度、财政系统的不同需求、教育系统的发展情形。一方面，据世界银行数据，全世界的教育公共开支总额占 GDP 的比重在 2021 年平均为 4.2%。我国 2021 年为 3.3%，低于世界平均水平。五个国家中，美国 5.4%，英国 5.5%，法国 5.68%，德国 5.59%，日本 3.3%，五国平均为 4.74%。

另一方面，根据 2020 年全国第七次人口普查数据，全国约 14 亿人口中，受过本科教育的有 9415 万人，硕士 949 万人，博士 128 万人，总计 1 亿 500 万人，分别占比 6.67%、0.67%、0.09%。合计只有 7.43% 的人受过本科及以上教育。受过本科及以上教育的人口比例最高的城市是北京，受过本科教育的人口比例 22%，硕士不到 6%，博士为 1%，三者合计不到 29%。简言之，上大学对于中国民众来说仍是少数人才有的经历。只有增加受高等教育总人数，才能更好地实现共同富裕。根据统计数据，OECD 国家在 25~64 岁人口中，平均大学学历占比为 39.95%。[①] 按照 25~64 岁人口占人口总数 60% 估算，其大学学历人口占人口总数约为 24%，与我国相比差距较大。这当然有我国高等教育起步晚的原因。我们设想，中国要实现共同富裕应该再增加 1 亿本科人口（把受本科教育人数近似翻倍），从而大学

---

① 数据来源：https://m.thepaper.cn/newsDetail_forward_23653918。

及以上学历人口占比达到15%。由于国家在培养一名本科生上的投入约为20万元，那么，可以推算出，增加1亿本科人口意味着增加20万亿元支出，分摊到20年，意味着每年1万亿元投入，这就占2022年GDP 120万亿元的近1%。2022年我国教育支出占GDP比重为3.24%，增加1%后，达到4.24%。

基于以上两方面，本研究认为共同富裕状况下的教育支出占GDP比重应为5%，计算公式是x/5%。所以，该指标归一化后的值为3.24%/5%＝0.6480。

卫生健康支出占GDP比重。《健康一览2023：OECD指标》[1]报告指出，在2019年疫情之前，OECD国家用于医疗保健的平均花费占GDP的比重为8.8%，这一比重自2013年以来几乎没有变化。到2021年，这一比重跃升至9.7%；然而，2022年的数据表明，这一比重下降至9.2%。这反映了应对疫情的支出需求减少和通胀的影响。此报告也同时显示了具体国家的卫生健康支出占GDP比的比重，如图5-5所示。

图5-5显示，我国卫生健康支出占GDP比重为5.7%，其中政府支出部分为2.9%，公众自费部分为2.8%。不论是整体医疗支出，还是政府支出，占GDP比重都相对较低。如果要达到OECD国家的9.2%水平，增加比例要达到60%。

上述数据根据的是国际通行的统计方法"二分法"，即卫生总费用包括广义政府卫生支出和私人卫生支出，而私人卫生支出又细分为商业健康保险支出、个人卫生现金支出和社会办医支出等。这里定义的政府卫生支出是广义政府卫生支出，包括狭义的政府卫生支出和社会医疗保障经费（包括政府补助、企业缴费和个人缴费）。而我国在医疗卫生费用统计上采用"三分法"，即全国卫生总费用包括狭义政府卫生支出、社会卫生支出（包括医疗保险单位和个人缴费部分、商业健康保险支出、社会办医支出等）、个人卫生现金支出。例如，根据《2022年我国卫生健康事业发展统计公报》，2022年我国卫生总费用约为8.48万亿元，其中狭义政府卫生支出2.39万亿元，社会卫生支出3.80万亿元，个人卫生现金支出2.29万亿元。卫生总费用占GDP比重为7.0%。

---

[1] 数据来源：https://www.oecd-ilibrary.org/docserver/7a7afb35-en.pdf?expires=1711205416&id=id&accname=guest&checksum=CDBE33620482881837CA272BB07AE984。

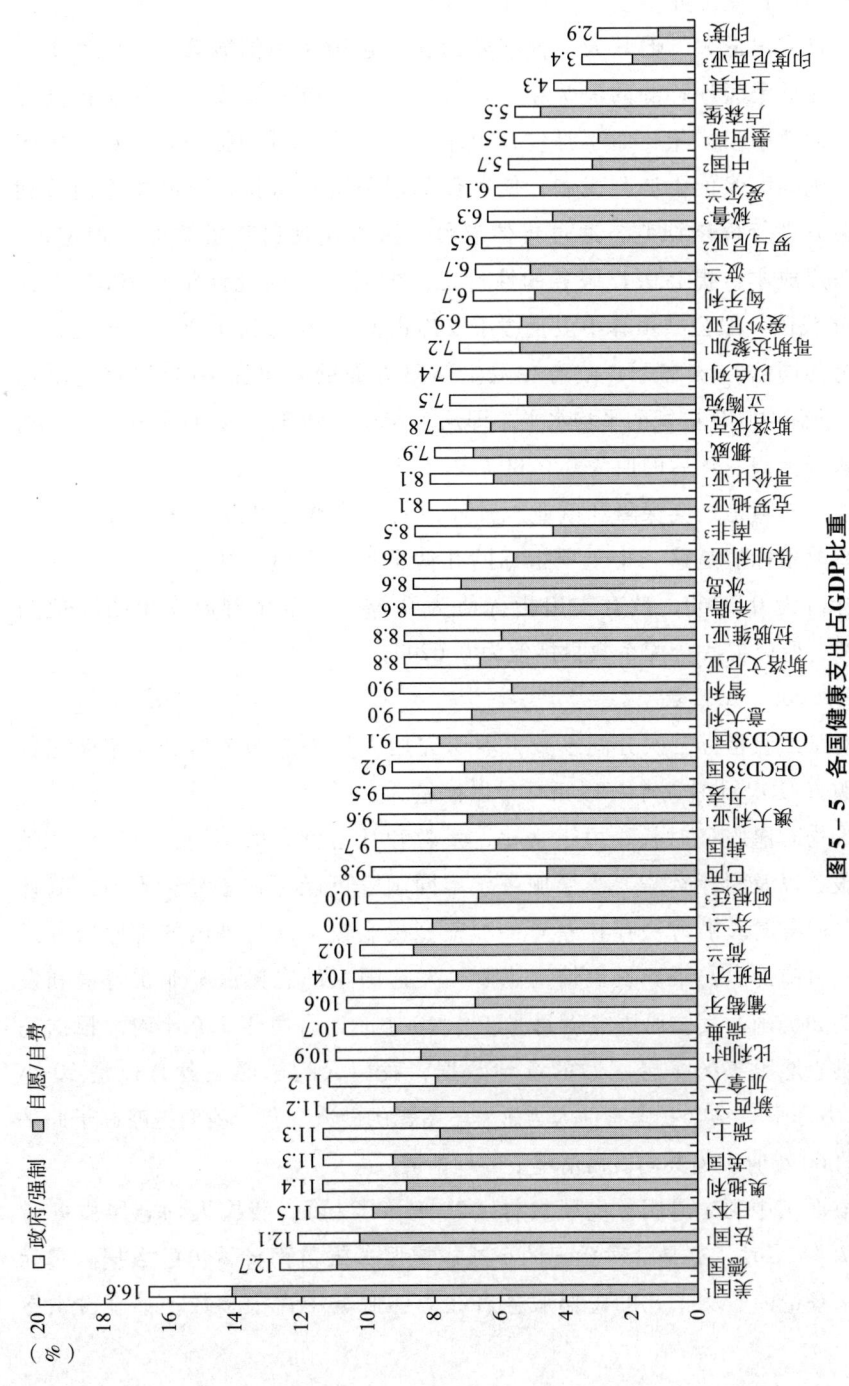

第五章 共同富裕衡量指标的衡量方法

图 5-5 各国健康支出占GDP比重

注：国家后标1的是OECD对2022年数据的估计，标2的是指2021年数据，标3的是指2020年数据。
数据来源：OECD Health Statistics 2023；WHO Global Health Expenditure Database. Figure 7.10

国家	比重(%)
美国	16.6
德国	12.7
法国	12.1
日本	11.5
奥地利	11.4
英国	11.3
瑞士	11.3
加拿大	11.2
荷兰	11.2
比利时	10.9
瑞典	10.7
葡萄牙	10.6
西班牙	10.4
挪威	10.2
芬兰	10.0
新西兰	10.0
日所	8.8
韩国	9.7
澳大利亚	9.6
丹麦	9.5
OECD38国	9.2
OECD38国	9.1
意大利	9.0
智利	9.0
斯洛文尼亚	8.8
哥斯达黎加	8.8
冰岛	8.6
爱尔兰	8.6
哥伦比亚	8.5
南非	8.1
克罗地亚	8.1
捷克	7.9
斯洛伐克	7.8
立陶宛	7.5
以色列	7.4
爱沙尼亚	7.2
爱沙尼亚	6.9
匈牙利	6.7
波兰	6.7
拉脱维亚	6.5
俄罗斯	6.3
墨西哥	6.1
中国	5.7
巴西	5.5
新加坡	5.5
土耳其	4.3
印度尼西亚	3.4
印度	2.9

□ 政府/强制　□ 自愿/自费

135

增加医疗支出并不意味着医疗服务质量的必然提升。一个显著例子是美国医疗支出最大，但其人均预期寿命在发达国家中倒数第一。医疗支出过高可能导致医疗资源的浪费和配置效率低下。政府应该更加注重提高医疗服务的效率和质量，而不是仅仅追求医疗支出比例的提高。例如，中国政府实施的医保价格谈判机制，使医保部门与医疗机构、药品供应商等利益相关方进行价格谈判，通过集体议价，可以实现医疗资源的合理定价，降低医疗成本，提高医疗服务的性价比。根据《中国统计年鉴2023》，在2022年我国一般公共预算中卫生健康支出占GDP比重为1.86%。据此，我们认为共同富裕状态下，政府在卫生健康方面的支出占GDP比重应增加60%，达到OECD国家的平均水平，即从1.86%达到3%。计算公式为x/3%，所以该指标归一化后的值为0.6200。

上述三项是社会保障和就业、教育、卫生健康支出占GDP比重，二次分配系数指标值是这三个子项指标的几何平均指标值。社会保障和就业支出指标值为0.6060，教育支出指标值为0.6480，卫生健康支出指标值为0.6200，所以二次分配系数指标值为0.6244。

4. 三次分配系数

对于二级指标三次分配系数，本研究用人均志愿服务时长、年度慈善捐赠额占GDP比重2个三级指标予以衡量。

人均志愿服务时长。由于文化、宗教和社会背景的不同，对于什么是志愿服务以及为什么需要志愿服务，不同国家可能存在差异。不同国家计算志愿服务时长的方法存在差异，不宜直接比较中国与外国的志愿服务时长。从目前的志愿服务发展情况来看，发达国家的志愿服务非常普遍和发达。例如美国，其志愿服务者每月工作10小时，合每年120小时。根据一个提供志愿服务的平台网站的统计数据，我国人均志愿服务时长是50小时。[①] 基于此，结合我国有助人为乐、学雷锋的助人文化，我们把略高于此平均值的60小时设为共同富裕情境下的理论值。

根据《中国志愿服务发展报告（2021~2022）》，我国人均志愿服务时长为7.44小时。这是针对登记的正式志愿服务人员而计算出的数据。实际上，未登记的、非正式的志愿服务者在志愿服务中占大多数，甚至占主导

---

① 数据来源：https://volunteerhub.com/blog/40-volunteer-statistics。

地位。真实的志愿服务时长需要通过调查数据得到。根据 CSS2023 数据，"近三个月，中国活跃志愿者人均参与志愿服务 1.35 次，人均参与时长为 10.51 小时"[①]，由于这是一个季度的数据，粗略地乘以 4 后，得到志愿服务者年志愿服务时长为 42 小时。计算公式为 x/60 小时，所以该指标归一化后的值为 0.7000。

年度慈善捐赠额占 GDP 比重。不同国家的慈善内容、方式、领域迥异，在鼓励慈善方面的政策也大不相同，所以很难直接比较不同国家慈善捐赠额占 GDP 的比重。2020 年美国慈善捐赠额达到 4714 亿美元，占 GDP 的 2.3%[②]。而新加坡的慈善捐赠额占 GDP 的比重则在 0.6% 至 0.7% 之间。根据《2022 胡润至尚优品—中国高净值人群品牌倾向报告》，超九成高净值人群关注公益慈善，未来三年的平均捐赠目标达 50 万元。[③] 按中国有 208 万户千万元家庭估计，未来三年平均每年的慈善捐赠额会达到 208 * 0.9 * 50/3 = 0.3 万亿元，即相当于 120 万亿元 GDP 的 0.26%。在"要发挥第三次分配作用，发展慈善事业，改善收入和财富分配格局"大的政策背景下，随着《慈善法》修订可能进行的慈善税法调整，及可能设立遗产税，会有更多富人增加慈善捐赠（我们假设私营企业的捐赠等同于富人捐赠，同时也忽略了广大非高收入者的慈善捐赠）。2020 年中国的慈善捐赠额占 GDP 的比重约为 0.15%。估计在共同富裕状况下，此比例会增至 0.5%。计算公式为 x/0.5%，所以该指标归一化后的值为 0.3000。

三次分配系数指标值是人均志愿服务时长与年度慈善捐赠额占 GDP 的比重的几何平均值，为 0.4583。

5. 城乡平等度

对于二级指标城乡平等度，本研究用城乡居民人均可支配收入比三级指标予以衡量。在实现共同富裕道路上，缩小"三大差距"（地区差距、城乡差距、收入差距）是实现共同富裕的主攻方向。习近平总书记明确指出，"要自觉主动解决地区差距、城乡差距、收入差距等问题，坚持在发展中保

[①] 数据来源：邹宇春、梁茵岚：《2023 年中国活跃志愿者现状调查报告》，载李培林、陈光金、王春光主编《2024 年中国社会形势分析与预测》，社会科学文献出版社，2023。

[②] 数据来源：美国施惠基金会发布的《Giving USA 2021：2020 年度美国慈善捐赠报告》。

[③] 数据来源：http://finance.sina.com.cn/chanjing/cyxw/2022-01-20/doc-ikyakumy1613119.shtml? cref=cj。

障和改善民生"。因此，共同富裕的主要任务是消除"三大差距"。为了与共同富裕衡量指标中的其他指标统一整合，本研究设计指标时，以农村人均可支配收入与城镇人均可支配收入的比值为城乡平等度的衡量指标。该值在0~1之间，数值越大意味着城乡之间差距越小，如果为1则意味着城乡无差别。在国家统计局的统计数据中，城乡居民人均可支配收入比是城市居民人均可支配收入与农村居民人均可支配收入之比，如果以此为参照，我们在处理数据时，则应将其取倒数。根据《中国统计年鉴2023》，2022年农村居民人均可支配收入20132元，城镇居民人均可支配收入49282元。所以，该指标的值为0.4085。

6. 地区平等度

对于二级指标地区平等度，本研究用人均可支配收入最低和最高地区比三级指标予以衡量。在衡量指标中纳入对地区平等度测量的子指标的理由同上。以衡量共同富裕实现度为目标，本研究设计此指标时以人均可支配收入最低地区与最高地区的比值来反映。根据《中国统计年鉴2023》，东部地区人均可支配收入最高，为47026元；西部地区人均可支配收入最低，为29267元。所以该指标的值为0.6224。

7. 民众公平感

对于二级指标民众公平感，本研究用收入分配公平感和公共服务公平感2个三级指标予以衡量。本研究仍采用CSS2023数据进行分析。在CSS2023问卷中，测量了"您觉得当前社会生活中以下方面的公平程度如何？"，涉及领域包括司法与执法、公共医疗、工作与就业机会、财富分配、收入分配、养老等社会保障待遇、城乡之间的权利待遇7项内容。

收入分配公平感。7项内容中，对财富分配、收入分配公平程度的感知是对已有财富的存量与当前财富的流量的主观评判，本研究仅选取收入分配公平感。通过数据分析，认为很不公平的比例为12.36%，不太公平的比例为27.40%，比较公平的比例为47.32%，非常公平的比例为12.91%。合并"比较公平"与"非常公平"，比例为60.23%。所以收入分配公平感指标的值为0.6023。

公共服务公平感。同样合并"比较公平"与"非常公平"，司法与执法公平感为81.88%，公共医疗公平感为74.84%，工作与就业机会公平感为64.94%，养老等社会保障待遇公平感为66.55%，城乡之间的权利待遇公平

第五章　共同富裕衡量指标的衡量方法

图 5-6　收入分配公平感

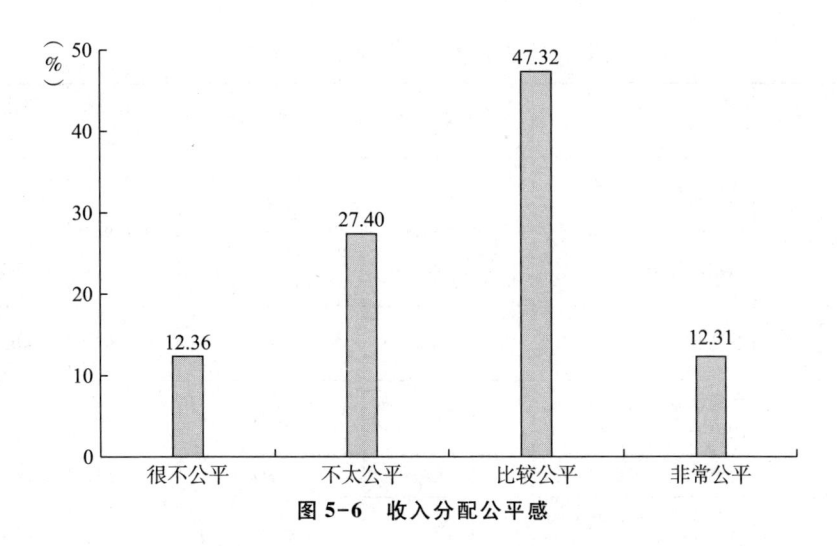

感为 51.29%。这五项的几何平均值为 67.08%。所以公共服务公平感指标的值为 0.6708。因此，民众公平感指标值为 0.6356。

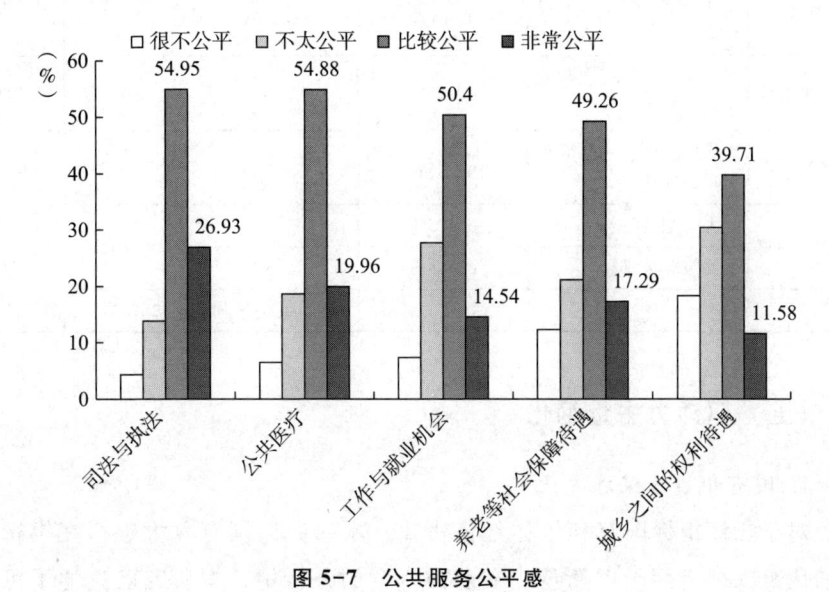

图 5-7　公共服务公平感

以上为共同度一级指标下各个子指标的计算方法。通过对所有子项求几何平均值，得到 2022 年共同度指标值为 0.4269（见表 5-3）。从评估结果可见，民众公平感指标值比较高，二次分配系数指标值也较高；收入不均匀度指标值最低，这说明实现共同富裕需要在客观性的收入分配方面加大力度。

139

表 5-3 共同度指标测量方法与结果

二级指标	三级指标（x）	原始测量值	计算说明	二级指标现值	三级指标现值
收入不均匀度	基尼系数	0.485	f(x) = 5/3 - (10/3)*x	0.1396	0.0500
	帕尔玛比值	5.66	f(x) = 4/3 - (1/6)*x		0.3900
一次分配系数	劳动收入占 GDP 比重	24.03%	x/60%	0.4005	0.4005
二次分配系数	社会保障和就业支出占 GDP 比重	3.03%	x/5%	0.6244	0.6060
	教育支出占 GDP 比重	3.24%	x/5%		0.6480
	卫生健康支出占 GDP 比重	1.86%	x/3%		0.6200
三次分配系数	人均志愿服务时长	42 小时	x/60	0.4583	0.7000
	年度慈善捐赠额占 GDP 比重	0.15%	x/0.5%		0.3000
城乡平等度	城乡居民人均可支配收入比	40.85%	x	0.4085	0.4085
地区平等度	人均可支配收入最低和最高地区比	62.24%	x	0.6224	0.6224
民众公平感	收入分配公平感	60.23%	x	0.6356	0.6023
	公共服务公平感	67.08%	x		0.6708
			几何平均：0.4269		

（五）驱动力去量纲化

1. 国有和集体经济占比

对于二级指标国有和集体经济占比，本研究以国有六大银行在银行业中的比重三级指标予以衡量。在前面一章的分析中，本研究已论述了可用国有六大银行在银行业中的比重来代理测量国有和集体经济的占比。国有和集体经济占比越高，政府的控制力越强，越易安排财富转移支付，实现共同富裕。同时，民营经济占比越高，市场越活跃，创造的财富越多。所以，本研究认为，并不是国有和集体经济占比越高越有利于共同富裕的实现，共同富裕目标下其占比区间以多少为宜尚未有定论。但可以明确的是，我们国家实行的是社会主义市场经济，党和政府需对核心的、关键的、关系国家命脉的行业掌握主动权。为此，从数据可获得性出发，本研究选取了金融行业为代表行业，并选取国有六大银行在银行业中的比重为衡量指标。

需要说明的是，国家（中央政府和地方政府）并不只是对国有六大银行控股，许多股份制银行，诸如华夏银行、中国光大银行、中信银行等都由国家控股。许多地方商业银行、信用社由省、市政府控股。所以，银行业是国家（公有制）绝对控股的。在此背景下，国有六大银行在银行业中的比重的变化并不反映国家控制度的变化（除非有较激烈的改变），它主要测量市场经济的活跃程度。市场向好之时，会有更多的民营资本进入国有六大银行之外的银行，从而降低国有六大银行在银行业中的比重。

当国有六大银行在银行业中的比重增加的时候，说明金融越集中，越能提高资本经营效率，也越能在推进共同富裕方面发挥作用。当这个比重降低的时候，说明市场活力的增强。由此，我们主观地选择50%为最佳数值，高于此比例或低于此比例都不是最优状态。截至2023年末，国家金融监督管理总局数据显示，银行业金融机构的总资产为417.29万亿元，其中，大型商业银行本外币资产总额176.76万亿元，占比42.40%，不足50%。所以本研究对此数据做归一化处理时，计算公式为x/50%。在共同富裕衡量指标下，国有和集体经济占比指标值为0.8480。

2. 科技创新力

对于二级指标科技创新力，本研究以研发经费投入在GDP中的比重三级指标予以测量。研发经费投入是科技创新和经济发展的重要推动力量之一。越发达的国家在研发方面的投入越大。根据世界银行提供的数据，2021年，美国的研发经费投入在GDP中的比重为3.46%，英国为2.91%，德国为3.14%，法国为2.22%，日本为3.3%，平均为3.01%[①]。目前我国研发经费投入在GDP中的比重为2.54%，已接近发达国家水平。实际上，在研发经费投入方面，超过中国的国家不超过20个，中国是发展中国家中研发经费投入比例最高的国家。由于通常把研发经费投入占比超过2%的国家称为创新型国家，加上考虑到中国的体量，本研究确定以3%为共同富裕状态

---

① 数据来源：https://data.worldbank.org/indicator/GB.XPD.RSDV.GD.ZS?end=2021&name_desc=false&start=1996&view=chart。

下研发经费投入在 GDP 中的比重的参照值，计算公式为 x/3%，即在共同富裕状态下，我国研发经费投入在 GDP 中的比重为 3%，这保障了中国在科技方面的创新。目前我国研发经费投入在 GDP 中的比重为 2.54%，因此该指标值为 2.54%/3% = 0.8467。

3. 政府清廉度

对于二级指标政府清廉度，本研究用清廉指数三级指标予以测量。清廉指数由透明国际进行计算和公布，2022 年中国得分为 45 分（满分为 100 分）。为与共同富裕衡量指标中的其他指标整合统一，对此指标进行转化，公式为 x * 0.01。故我国 2022 年的清廉指数指标值为 0.4500。

4. 民众参与治理观

对于二级指标民众参与治理观，本研究用社区治理参与观、政治治理参与观 2 个三级指标予以测量。基于 CSS2023 数据，可以获得以上 2 个指标的测量值。在 CSS 问卷中，关于社区参与，询问了受访者对"村居/社区事务交给村/居委会就可以了，不用村/居民操心"的观点态度；关于政治参与，询问了受访者对"国家大事有政府来管，老百姓不必过多考虑"的观点态度。数据分析结果见图 5-8。

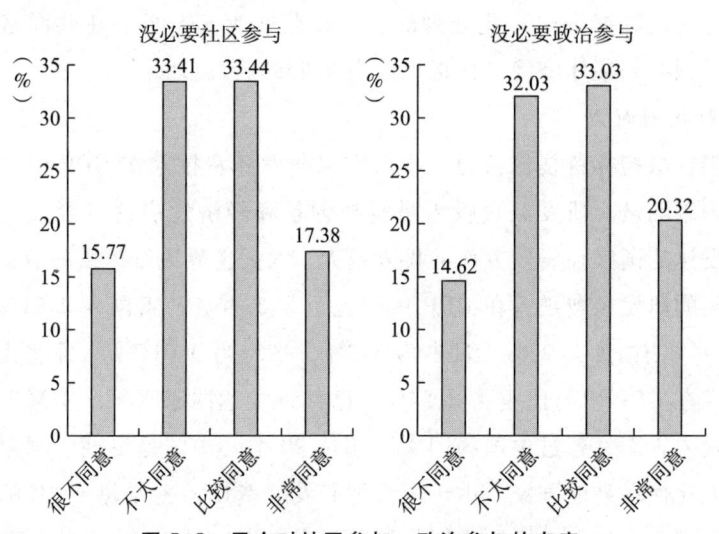

图 5-8 民众对社区参与、政治参与的态度

通过数据分析，我们发现针对社区参与，"很不同意""不太同意"的占比分别为 15.77%、33.41%，合计为 49.18%，这说明持积极社区治理参与观

的居民比例为49.18%。针对政治参与，"很不同意""不太同意"的占比分别为14.62%、32.03%，合计为46.65%，这说明持积极政治治理参与观的居民比例为46.65%。取此两项的几何平均值，为47.92%。故民众参与治理观指标值为0.4792。

5. 利他性价值观占比

对于二级指标利他性价值观占比，本研究用集体主义价值观占比三级指标予以测量。2021年的CSS（CSS2021）调查了中国城乡居民的价值观情况（CSS2023中没有关于价值观的题项）。CSS2021询问了受访者"以下哪方面最能体现一个人的价值？（单选）"。此题可以了解居民持有何种价值观。在对价值观的测量中，CSS2021有11类选项，分别是：1.个人能力很强；2.能和周围大多数人和谐相处；3.比别人更有权或更有钱；4.家庭美满幸福；5.拥有个人美貌和好身材；6.有精神信仰；7.能为社会做出贡献；8.有好人品；9.培养出优秀的孩子；10.拥有健康的身体；11.其他。根据测量的内容，本研究把1、3、5、6、10归为以个人主义为核心的价值观，把2、4、7、8、9归为以集体主义（含家庭主义）为核心的价值观。数据显示，约有30.09%为个人主义价值观持有者，69.91%为集体主义价值观持有者。因此，该指标值为0.6991。

6. 政体支持度

对于二级指标政体支持度，本研究用国家认同度、制度认同度、政府信任度三级指标予以测量。

国家认同度。CSS2023测量了如下指标："即使可以选择世界上任何国家，我也更愿意做中国公民""我为自己是个中国人感到自豪""总的来说，中国比其他大部分国家都好"。这些指标衡量了受访者对国家制度的认可度。结果显示，对第一个问题有96.58%的正面回答（包括"比较同意"和"非常同意"），对第二个问题有98.44%的正面回答，对第三个问题有96.91%的正面回答。取三者的几何平均值，国家认同度指标值为0.9731。

制度认同度。借鉴CSS2023数据，测量对"我国目前的政治制度是最适合中国国情的"的同意程度。结果显示，"比较同意""非常同意"的比例分别为31.20%和64.79%，合计为95.99%。故制度认同度的指标值为0.9599。

政府信任度。CSS2023测量了民众对中央政府、区县政府、乡镇政府的信

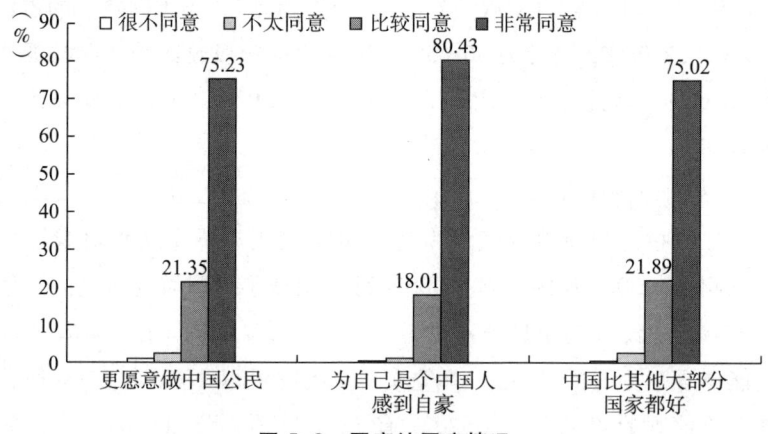

图 5-9 国家认同度情况

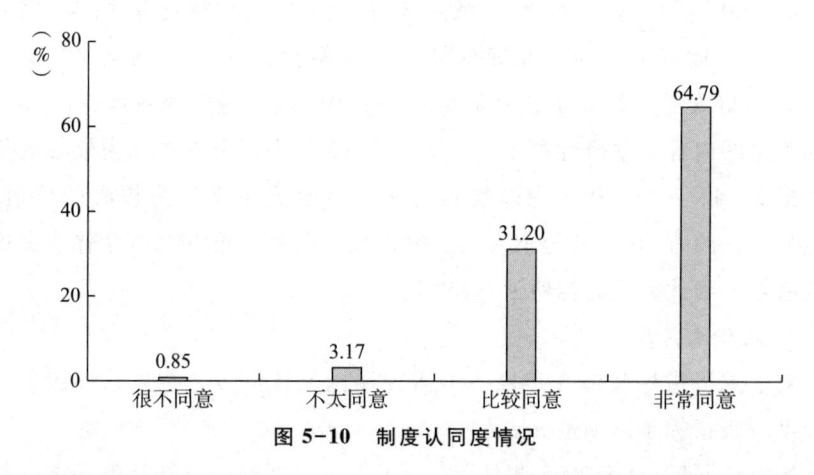

图 5-10 制度认同度情况

任度。结果显示,对中央政府有 95.16% 的信任度,对区县政府有 81.38% 的信任度,对乡镇政府有 76.33% 的信任度。取三者的几何平均值,得到 83.92%。故政府信任度的指标值为 0.8392。

综合国家认同度、制度认同度、政府信任度的几何平均数,得到政体支持度的指标值为 0.9220。

7. 共同富裕素养

对于二级指标共同富裕素养,本研究用共同富裕关联度、共同富裕认知度 2 个三级指标予以测量。这 2 个指标都没有统计数据可参考。本研究仍采用 CSS2023 数据进行分析计算。

共同富裕关联度。CSS2023 对共同富裕关联度做了测量,询问受访者

图 5-11 政府信任度情况

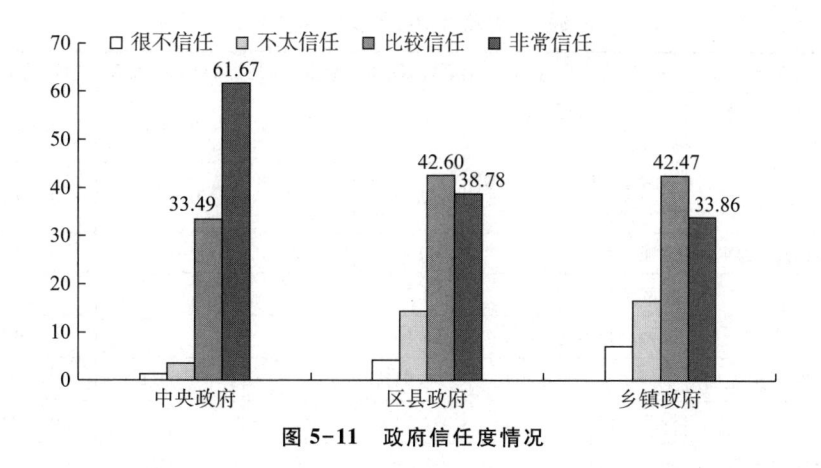

"您觉得'共同富裕'政策和您的生活是否有关联?",有 61.79% 的受访者认为"非常相关"或"比较相关"。这意味着共同富裕关联度的指标值为 0.6179。

共同富裕认知度。CSS2023 询问了受访者对"共同富裕是指大家都过上同等水平的好日子""共同富裕是指大家都过上好日子,有些人过得更好也没关系""共同富裕是'劫富济贫'"的同意程度。结果显示,对于第一个问题,"很不同意""不太同意"的比例分别为 5.21% 和 17.56%,合计为 22.77%。这个比例就是对共同富裕正确理解的比例。对于第二个问题,"比较同意""非常同意"的比例分别为 56.2% 和 27.64%,合计为 83.84%。这个比例就是对共同富裕正确理解的比例。对于第三个问题,"很不同意""不太同意"的比例分别为 27.45% 和 35.51%,合计为 62.96%。这个比例就是对共同富裕正确理解的比例。

共同富裕的内涵很丰富,政府在表述它时,陈述得很明确,共同富裕不是"劫富济贫",也不是过上同等水平的好日子。但调查显示,民众对共同富裕还有许多错误理解。习近平总书记在《扎实推动共同富裕》中强调,"要加强促进共同富裕舆论引导,澄清各种模糊认识"。本研究将上述三个比例取几何平均值,得到共同富裕认知度,指标值为 0.4935。

综合共同富裕关联度、共同富裕认知度,采用几何平均法,我们得到共同富裕素养指标值为 0.5522。

通过对所有子项求几何平均值,得到 2022 年驱动力指标值为 0.6610(见表 5-4)。

表 5-4 驱动力指标测量方法和结果

二级指标	三级指标（x）	原始测量值	计算说明	二级指标现值	三级指标现值
国有和集体经济占比	国有六大银行在银行业中的比重	42.40%	x/50%	0.8480	0.8480
科技创新力	研发经费投入在GDP中的比重	2.54%	x/3%	0.8467	0.8467
政府清廉度	清廉指数	0.45	x	0.4500	0.4500
民众参与治理观	社区治理参与观	49.18%	x	0.4792	0.4918
	政治治理参与观	46.65%	x		0.4665
利他性价值观占比	集体主义价值观占比	69.91%	x	0.6991	0.6991
政体支持度	国家认同度	97.31%	x	0.9220	0.9731
	制度认同度	95.99%	x		0.9599
	政府信任度	83.92%	x		0.8392
共同富裕素养	共同富裕关联度	61.79%	x	0.5522	0.6179
	共同富裕认知度	49.35%	x		0.4935
			几何平均	0.6610	

三　衡量指标的加权

（一）等权重法

在完成所有衡量指标的归一化之后，接下来开始构建关于共同富裕的一个指标值，即共同富裕指数。如果是同性质的数据，指标值的构建通常用代数平均法；如果是存在前后顺序关系，或不同性质的数据，则通常用几何平均法。本研究即采用几何平均法。

如果赋予各指标同等的权重，可以得到共同富裕指数值为0.5121。该值即我们构建共同富裕衡量指标的最终结果（见表5-5）。该值略高于0.5，意味着我国目前共同富裕目标尚未达成，距离目标值1，还有相当大的距离；但是，也意味着我们已经有了实现共同富裕的基础。未来，随着各子项指标数据的更新，比如在人均志愿服务时长、政府清廉度上取得进步，共同富裕指数就会随之增高。如果指标值为1，说明此项指标已足够好，满足共同富裕的要求。

2022年共同富裕指数为0.5121，2049年百年国庆之际，假定我们能实现共同富裕，即指数为 1。依据线性内插法，我们预期 2035 年共同富裕指数应达到 0.7470。如果依据指数增长模型，27 年间平均增速应为 2.5%，此时我们预期 2035 年共同富裕指数应达到 0.7059。我们可以用 2035 年的实际数值来检验我们的共同富裕衡量指标是否合理，以及我国共同富裕是否取得明显实质性的进步。

表 5-5 共同富裕指数

	富裕度	共同度	驱动力
一级指标值	0.4759	0.4269	0.6610
共同富裕指数	0.5121		

我们提出了一套共同富裕衡量指标。该指标主要由 3 个模块构成，即富裕度、共同度、驱动力。上一章的主要内容是论证这些指标取舍的理由，分析它们与推进共同富裕的关系；本章则是基于中国的现状以及共同富裕的内涵，给出了可供参考的指标计算方法。通过当前可获得的最新统计数据和调查数据，本研究模拟了该指标最终的结果，得到了共同富裕指数为 0.5121。其中富裕度指标值为 0.4759，共同度指标值为 0.4269，驱动力指标值为 0.6610。共同富裕指数 0.5121 高于 0.5，低于 0.6，意味着当前我国共同富裕推进之路仍需努力，还未达及格线。我国目前还不是一个发达国家，距离发达国家的标准还很远；同时我国目前也存在着较严重的贫富分化，距离"共同"亦很远。富裕度和共同度都低于 0.5，表示这两项是极需要补课和发力的地方。但是，我国的制度、文化等又告诉我们，中国有实现共同富裕的基础，也有强大的实现共同富裕的动力。驱动力的指标值最大，为 0.6610，这基于我国制度的优势和民众的主观动力，是我们扎实推进共同富裕，并最终实现共同富裕的信心保证。表 5-6 汇总列出了各指标在共同富裕状态下的理想值，以供读者讨论与参考。

表 5-6 各指标在共同富裕状态下的理想值

三级指标	现在状态	理想状态
人均国内生产总值	1.27 万美元	5 万美元
人均可支配收入	3.69 万元人民币	15.5 万元人民币

续表

三级指标	现在状态	理想状态
人均肉类消费量	63.3 千克	85 千克
城镇人均住房面积	44.01 平方米	45 平方米
每百户年末家用汽车拥有量	43.5 辆	206 辆
每百户年末移动电话拥有量	259.4 部	386 部
文化产业增加值占当年国内生产总值的比重	4.46%	10%
人均生活用电量	869 千瓦时	2000 千瓦时
城镇人均公园绿地面积	15.29 平方米	18.75 平方米
恩格尔系数	0.3	0.2
人类发展指数	0.768	1
获得感	0.5785	1
幸福感	0.8651	1
安全感	0.9329	1
基尼系数	0.485	0.2
帕尔玛比值	5.66	2
劳动收入占 GDP 比重	24.03%	60%
社会保障和就业支出占 GDP 比重	3.03%	5%
教育支出占 GDP 比重	3.24%	5%
卫生健康支出占 GDP 比重	1.86%	3%
人均志愿服务时长	42 小时	60 小时
年度慈善捐赠额占 GDP 比重	0.15%	0.50%
城乡居民人均可支配收入比	2.45	1
人均可支配收入最低和最高地区比	0.622	1
收入分配公平感	60.20%	100%
公共服务公平感	67.08%	100%
国有六大银行在银行业中的比重	42.40%	50%
研发经费投入在 GDP 中的比重	2.54%	3%
清廉指数	0.45	1
社区治理参与观	49.18%	100%
政治治理参与观	46.65%	100%
集体主义价值观占比	69.91%	100%
国家认同度	97.31%	100%

续表

三级指标	现在状态	理想状态
制度认同度	95.99%	100%
政府信任度	95.99%	100%
共同富裕关联度	61.79%	100%
共同富裕认知度	49.34%	100%

（二）熵权法

同等权重法虽然简单，但有其被诟病之处。本研究还运用了熵权法进行指标的构建。具体来说，熵权法的操作步骤如下。

第一步，收集数据，即收集每个指标过去 N 年的统计数据。

第二步，由于各指标的量纲不同，需对数据做归一化处理。归一化工作在前文已完成。

第三步，计算每个指标的相对熵值（entropy value），为下一步计算权重做准备。相对熵值用于衡量数据的不确定性或不规律性，熵值越高，表示数据越分散，不确定性越强；熵值越低，表示数据越集中，不确定性越弱。熵是信息论中用来表示信息不确定性或混乱程度的概念。熵值是用来衡量指标数据的不确定性或不规律性的数值。通过计算每个指标的熵值，可以了解该指标的数据分布特征，即数据的离散程度。具体而言，首先计算每个数值在该指标的数据集中的比重，然后使用熵的计算公式，对每个比重进行计算。

假设我们有 m 个指标，每个指标有 n 个取值，即 i=1, 2, …, m；j=1, 2, …, n。

则对于每个指标 X_i，其第 j 个取值占该指标的数据集中的比重的计算公式为：

$$P(x_{ij}) = (x_{ij}) / \sum_{j=1}^{n}(x_{ij})$$

权重是用来衡量不同指标对整体的影响程度的数值。则该指标的熵值的计算公式为：

$$e_i = -\left[\sum_{j=1}^{n} P(x_{ij}) * log_2(P(x_{ij}))\right] / log_2 n$$

n 表示共有 n 年的数据。log_2 是以 2 为底的对数。

在信息论和熵值的计算中，通常使用以 2 为底数的对数，公式中的负号用来确保计算出的熵值是一个正数。熵值越高，信息的不确定性就越强。

第四步，根据熵值得到该指标的权重。在综合指数的计算中，每个指标都有一个相应的权重，反映了其在整体评估中的相对重要性。熵值越小，该指标所携带的信息越多，应有较大的权重；熵值越大，该指标所携带的信息就越少，应有较小的权重。为此，我们用 1 减去熵值，表示有用的信息含量，此时该数值越大，信息含量就越大。计算出来的指标可以被称为信息熵冗余度或者差异性系数，计算公式为：

$$d_i = 1 - e_i$$

根据信息熵冗余度，就可以得到该指标的权重，计算公式为：

$$w_i = d_i / \sum_{i=1}^{m}(d_i)$$

第五步，根据权重计算综合指数，计算公式为：

$$共同富裕指数 = \sum_{i=1}^{m}(x_{in}w_i)$$

本研究在用熵权法进行计算时，有以下注意事项。

（1）我们用 2012~2022 年的数据进行熵值的计算。这样的选择保证了数据量既可以反映出一定的趋势，又不会因为时间跨度太大而导致数据失去参考价值。

（2）我们对每一个指标进行熵值计算，也对所有指标合在一起进行赋权，所以就不能体现指标间的层级关系。如人均肉类消费量、城镇人均住房面积、每百户年末家用汽车拥有量、每百户年末移动电话拥有量这 4 个三级指标原来是合成 1 个二级指标之后再与其他二级指标平均；采用熵权法后，把所有三级指标同等对待，一步到位计算出最后的共同富裕指数。

（3）统计数据如人均可支配收入有 11 年数据，而 CSS 数据如获得感等就只有 5 年数据，甚至更少。有些问题如对共同富裕政策的认知等只在一次调查中询问过，无法自己生成自己的熵值。针对这种情况，我们认为它和其他主观感受的调查数据有同样的权重。

（4）通常熵权法的最后一步是计算共同富裕指数，即给出 2012~2022 年每一年的共同富裕指数。但是我们一方面存在数据不足的问题（一些主观感受的调查数据缺失），另一方面，我们的数据归一化过程是着眼于未来共同富裕状态的。因此我们着重计算最后 1 年的共同富裕指数。

将熵权法应用到衡量指标中，我们得到如下结果，共同富裕指数 2022 年为 0.553。这样的结果与同等权重法的结果 0.5121 相比，有差别但不是很大。差别不大的主要原因是各个指标值都随着时间变化而有一致的趋向，离散程度近似，带来的结果就是熵权法所赋予的权重也近似。这也是本研究没有在熵权法方面大费笔墨的原因。但作为一种客观赋权的方法，其仍值得用来对比参考。总的来说，无论使用哪种方法，当前我国共同富裕指数基本上处于中等水平，要达到目标值 1 还有较大的进步空间。

总的来说，本研究在运用衡量指标进行评估时，设定 2050 年的目标值为 1。这样做，一是可以使用本研究构建的衡量指标测算各个指标在评估当年的水平；二是可以反推各个指标在 2035 年达到什么水平为宜；三是可以根据这两个水平的差距大小对各个指标的推进进展进行评估，对于差距较大的指标要有针对性地调整建设方案。据此，在一定程度上可以完成对两个时间节点的阶段性水平的评估。

四　共同富裕衡量指标的特点、优点和不足

（一）特点

讨论到现在，有关共同富裕衡量指标的构建和测量工作已基本完成。总结来看，这套指标遵循了前文提到的导向性、全面性、简洁性、可比性、可操作性五大构建原则，呈现如下四方面的特点。

内涵丰富。共同富裕是物质富裕与精神富裕双富裕。推进共同富裕需要两个富裕齐抓共建、相互促进、同向发展。衡量共同富裕，我们既要观察物质条件，又要观察精神环境。良好的物质条件是扎实推动共同富裕的坚实基础，良好的精神环境是扎实推动共同富裕的有力保障。因此共同富裕的衡量指标中，在富裕度、共同度这两个模块里，既包括客观的指标内容，也包括主观感受内容。比如，以富裕感来测量"富裕"，以民众公平感来测量"共同"。同样，在驱动力方面，亦是从客观与主观两个角度考察，既有物质条件、制度方面的驱动力，又有精神力量、认知素养方面的驱动力。

共同富裕：衡量指标与实现路径

兼含因果。共同富裕是社会主义的本质要求，是中国式现代化的重要特征。促进共同富裕的原则之一就是"坚持基本经济制度"。基本经济制度的基础是"公有制为主体"。可以说，生产资料公有制是实现共同富裕的前提。离开"公有制为主体"，就不可能提出实现共同富裕的目标并扎实推进共同富裕工作。对当下世界来说，共同富裕是具有完全知识产权的"中国专利"。其原因在于中国是以生产资料公有制为基础的国家。生产资料公有制是现阶段我国经济社会发展中核心的关键要素。离开生产资料公有制，共同富裕就成了奢谈。我国现在实行的是社会主义市场经济，公有制占主体。公有制主体程度越高，在"共同"方面就会得分越高；市场经济越发达，在"富裕"方面就会得分越高。具体而言，一方面，要"毫不动摇巩固和发展公有制经济"；另一方面，要"毫不动摇鼓励、支持、引导非公有制经济发展"，要"优化民营企业发展环境，依法保护民营企业产权和企业家权益，促进民营经济发展壮大"。如何在公有制经济与非公有制经济之间寻找到平衡点，是扎实推进共同富裕的重要工作之一。因此，在构建共同富裕衡量指标时，本研究增加了关于生产资料公有制的指标，以便能对我国共同富裕愿景下的社会生产布局发挥有效的引导和评估作用。

文化特色。共同富裕有着深厚的中华文化的底蕴。经济基础决定上层建筑，价值观决定行动。我们打赢了脱贫攻坚战，全面建成了小康社会，党的领导功不可没，广大民众的支持亦是必要因素，而中华优秀传统文化自始至终贯穿其中，因为人的因素就是文化的因素。换言之，当我们扎实推动共同富裕时，文化对人的影响不可忽略，它在很大程度上意味着我国的共同富裕有其特有的发展动力。换言之，衡量我国的共同富裕水平时要注意识别内在的动力机制。比如，大同社会是中国自古以来就追求的社会目标，共同富裕是大同社会的特征之一。在人类信史记载的历史中，天下为公、天下大同、先天下的社会理想，民惟邦本、为政以德的治理思想，一直在中华优秀传统文化中占有一席之地，并经过不断演变在新时代突出表现为集体主义的价值观。中国有独特的文化传统，导致人们对待共同富裕的态度也不尽相同。因此，共同富裕衡量指标的构建需要从历史、文化的角度予以分析。如果说公有制的经济基础是共同富裕的土壤，那么集体主义的价值观就是共同富裕的种子。本研究在构建衡量指标时，特别重视文化的作用，对中华优秀传统文化元素的测量，体现出共同富裕推进过程中的中国特色。

国际可比。共同富裕是中国式现代化的重要特征。衡量共同富裕实现水平，理应具备鲜明的中国特色。但当我们以之为中国对全球社会治理的贡献时，需要认识到这个世界上还有许多非社会主义国家。共同富裕衡量指标的构建，不仅要能引领我国共同富裕的推进，还应有能够评估世界经济社会建设现状的特点，使得共同富裕与人类命运共同体概念有机结合。比如，相较于只是代表某些利益集团的国外政党，中国共产党是全心全意为人民服务的政党，代表最广大人民的利益。本研究构建的衡量指标，考虑了对政府的信任、对制度的信任、对国家的认同，从而既从侧面实现了对我党执政效果的测量，又可以实现不同国家的比较。所有的指标一方面重视了共同富裕推进过程中的中国特色因素，另一方面又具有世界可比性，在讲述中国故事的同时，也为其他国家提供了共同富裕推进的参考。

（二）优点

本研究构建的共同富裕衡量指标在测算时所采用的基础数据，主要来自各国的统计机构（如国家统计局）、世界大型组织（如世界银行、IMF），以及学术权威调查数据（如中国社会科学院主持的中国社会综合状况调查），主要指标控制在40个以内且都便于计算和统计。这些主要数据是周期性权威数据，确保了共同富裕衡量指标可以在以后连续使用，从而动态地监测中国共同富裕的扎实推进情况。总的来说，在具备以上四方面特点的基础上，共同富裕衡量指标具体体现出以下几方面的优点。

呈现共同富裕基本框架。通过一、二、三级指标的构建，勾勒出了共同富裕的基本框架，能够引导并推动共同富裕从理念走向生产实践。无论是生产水平、物质消费水平、服务消费水平，还是驱动力等，都有参考基准。这个基准或来自当英、法、德、美、日等国家的平均值，或来自我国政策目标和学术研究指导下的理论分析，虽然仍有可探讨改进之处，但基本建成了可供借鉴参考的共同富裕基本框架，大体能够反映出党中央和政府关于共同富裕的精神，比如全国人民的富裕、有差异的富裕、长时间的过程、物质精神双富裕等。基于此衡量指标的测量结果以数字形式呈现，便于对比、沟通、实践。

强调共同富裕驱动力。共同富裕既是过程，也是结果。在构建衡量指

共同富裕：衡量指标与实现路径

标时，本研究思考并探讨了是什么样的因素推动了共同富裕的实现，即本研究特别重视测量实现共同富裕背后的动力因素，如测量了国有和集体经济占比、利他性价值观占比、政体支持度、共同富裕素养等。对共同富裕产生机制的测量，可以把短期目标和长期目标内在统一，形成一个有机的、可持续的建设体。如果忽视对驱动力因素的测量，一方面无法预测共同富裕的发展前景，另一方面也无法助力评估、引导共同富裕的实现。

便于政策和实践参考。本研究中的所有指标值均设为 0 至 1 之间的值，并通过几何平均法、熵权法等最终得到一个共同富裕指数。此举意在通过测量来呈现实现共同富裕实际上需要的步骤：主动实现共同富裕的意愿、实现共同富裕的政治经济基础、发展社会经济促进商品丰富、合理分配保证按劳分配为主体。这样的设计，便于自查和评估实现共同富裕过程中的短板所在，便于攻坚克难、有的放矢，从而解决矛盾。比如，本研究测算评估发现当前共同富裕推进过程中的最大不足是分配环节，此结果引导并督促政策制定者需着重探求改进当今分配制度的路径，真正实现按劳分配为主、多种分配方式并存的分配制度。在此基础上，需要特别重视的是，我们处于社会变革的转折点，现阶段恰是 AI 技术爆发的前夜。当 AI 技术突破性发展时，有可能出现以下几个结果：许多工作将由机器人完成，许多职业人会失业，比如保安、司机、会计、交易员、教师，甚至程序员等。工厂中的工人数量将会大幅减少，写字楼中的职员也将面临失业。那时财富的产生与我们目前阶段财富的产生将极为不同。预期中的"财富极大丰裕"会出现，做大蛋糕将有新的意涵，很可能不再是首要目标，如何分配这些大量的财富将成为一个重要性超过发展生产力的问题。

便于确立分阶段的发展目标。基于本研究的测算，可以初步设立阶段性的共同富裕实现目标。比如，2022 年共同富裕指数为 0.5121，对照两步走的战略目标，可以尝试设定 2035 年共同富裕指数需达到 0.7470，2049 年需达到 1。在阶段性目标的设定下，基于实现的可能性，可以将目标分解到每一个子指标中。比如，前文测算时提到，若以人均 GDP5 万美元作为 21 世纪中叶基本实现共同富裕目标的标准，目前我们达到了这个目标的 25.4%，倒推来看我国人均 GDP 的年增速需保持在 5.1% 左右。同样，对于如何增加教育公共服务上的投入、如何增加研发经费投入等，本研究提供了目标设定的参考框架。

衡量指标具有测量可持续性。随着技术的进步，我们的生产生活会发生很大的变化，比如通信设备的改进、出行方式的改变等。这意味着当下衡量指标中的三级指标会有不适用于未来实际的情况，为此，本研究在构建衡量指标时，考虑到了衡量指标未来不适用的可能性，一方面采用了几何平均法来计算最终的指数，这意味着将来进行三级指标更换时并不会影响指标结构和指数算法；另一方面，选用指标时考虑了与未来发展的衔接，便于新的三级指标可以无缝替换原指标中的过时项。比如，考虑到数字经济和 AI 技术在飞速发展，将来有可能用新指标"机器人拥有量"代替"人均生活用电量"，"每百户年末家用汽车拥有量"将来可被替换成"每百户年末智能汽车拥有量"，"共同富裕素养"可被替换成"人工智能素养"，等等。这些三级指标的调整，既不会影响共同富裕衡量指标的整体结构，又使其衡量功能具有更强的可持续性。

（三）不足

本研究构建的衡量指标尚有许多不足之处，有待笔者和各位同行后续的深入研究及共同推进予以完善。现主要论述三点不足。

第一点是共同富裕的标准仍需细化。东西方历史上都有对共同富裕的探索，当前我国的共同富裕推进在理论内涵上与其他国家有所不同，我们是在学习以往经验和吸取教训的基础上提出的理论内涵更为丰富、实践维度更加多样的共同富裕，历史上、国际上并无可参考的例子。所以，有些指标的选定和值域的设定不可避免地有主观判断的成分。例如，文化产业增加值占当年国内生产总值的比重，本研究设定理想状态下的最大值是 10%，然而，不同学者从不同视角出发可能会对其有不同的设定，如 5% 或 15% 之类。这些含有主观判断的参考值，可以留待后续深入研究与讨论。有些指标如国有和集体经济占比无法给出较为准确直接的测量方法，亦更难判定何种水平为最优。

第二点是关于二级、三级指标的选择问题。本研究遵从构建衡量指标的五大原则，基于以往东西方的探索和面临的挑战，从我国共同富裕的核心理论、内涵外延出发，锚定了共同富裕衡量指标需要覆盖的核心内容，进而构建了一套衡量指标。已有研究对如何测量共同富裕提供了很多极有见地的理论指导和构建原则，也提供了角度各异的具体指标。这些都为本研究的推进奠定了深厚基础。然而，正如本章开篇所言，已有研究在二级指标，尤其是三级指标的选择上，存在差异，尚未达成共识。为此，本研究尝试在此方面做出努力。不过，在构建过程中，本研究也深感三级指标选择工作的不易，要在简约性和全面性、普适性和特有性等之间平衡，而且有些指标的值域尚无现成理论或经验可借鉴，加之有些指标没有统计数据，难免挂一漏万。尤其是对于测量精神富裕方面的多个主观指标，比如富裕感、民众公平感、共同富裕素养等主观性较强的指标，它们的内涵及选择问题都有待进一步研究与完善，还需要额外的调查数据源来进行鲁棒性检测。

第三个是关于指标的权重问题。在本研究衡量指标的构建中，一直试图回答的隐含问题是富裕度、共同度及驱动力是否同等重要、是否需要赋予不同的权重，以及应该如何确定权重。这些问题在本研究中通过采用等权重法和熵权法予以了比较式的回答。但是，除了这两种方法，确定权重的方法还有很多。本研究囿于数据不足和能力有限，没有采用更多的方法予以对比分析。就以上几点不足而言，希冀本研究对于共同富裕衡量指标的构建能对未来的研究和实践起到抛砖引玉的作用，期待能有更多有启发性的研究成果出现。

（四）对阶段性的思考

在本章的最后，需要思考和讨论一个极为重要但未有定论的议题：为了更好地评估共同富裕的发展水平和完善方向，在衡量共同富裕时应如何理解和界定共同富裕阶段性的水平值？

在《扎实推动共同富裕》中，习近平总书记已经确定了分阶段促进共同富裕的目标：第一，到"十四五"末，全体人民共同富裕迈出坚实步伐，居民收入和实际消费水平差距逐步缩小；第二，到2035年，全体人民共同富裕取得更为明显的实质性进展，基本公共服务实现均等化；第三，到21世纪中叶，全体人民共同富裕基本实现，居民收入和实际消费水平差距缩小到合理区间。这意味着需要注意两点：一是，收入差距、消费差距、公共服务均等化在不同阶段是有对应要求的；二是，共同富裕目标应在2050年基本实现。以这两点为核心依据，本研究构建了共同富裕衡量指标并做了相应的衡量测算，但同时也存在两个有关阶段性的疑点，留待读者批评与讨论。

第五章　共同富裕衡量指标的衡量方法

疑点一：本研究构建衡量指标的内容时，特别重视对收入和收入差距、消费和消费差距、公共服务和公共服务均等化等几方面的测量，并采用几何平均法来保留指标的可替换性以实现指标的测量可持续性，但我们仍要考虑的问题是，有哪些指标在不同阶段的适用性是完全不同的。由于数字革命带来了无法预料和想象的变化，量子计算与人工智能的进步和更广泛的应用将极大地加快学习和改进的速度，并带来全球财富和力量的变化。在未来 5 到 20 年里，很可能会发生不同程度的变化，而这些变化叠加起来将带来前所未有的财富和力量的大转移。一些已经出现的发明，比如可穿戴设备中的人工智能和机器人、基因组测序技术和基因编辑技术的发展与实际应用、mRNA（信使核糖核酸）疫苗技术水平的提高等，都将极大改变人类社会经济的发展模式和发展形态。针对未来不可预料的变化，要确定可测量的共同富裕衡量指标变得很难，一些当前被认为很重要的指标，很可能在 10 年后变得不再重要。尽管在指标构建时，本研究预留了指标替换的空间，但很可能会带来指标测算的复杂性增强和历史可比性减弱的风险。

疑点二：本研究采用了最大值归一化法，并主要以人口超过 6000 万人的发达国家的平均值作为共同富裕衡量指标中各个指标的最大值/最优值的参考值，但是鉴于世界历史的发展并非直线上升的，以五国平均值为最大值/最优值参照点的做法可能并非最恰当的。从世界历史发展规律来看，世界历史是存在周期性的。比如，达利欧在《原则：应对变化中的世界秩序》中结合数亿数据提出了大周期模型。这一模型通过计算机技术运行，设定了 18 个决定性因素来评定世界大国的实力水平，并总结了大国兴衰的周期曲线，为理解和预测全球大势提供了一种独特的方法论视角。大周期模型指出，历史的周期像潮水一样起起落落，很难改变或对抗，一旦周期朝另一方向发展，人的生活就会发生巨变，从而驱动着财富和权力发生周期的更迭。在书中，达利欧提出了两个重要预测：一是未来 10 年爆发大规模战争的概率为 35%，中美之间很可能会在未来 5 年左右出现军事战争的风险；二是下一次经济大衰退的时间在 2025±3 年。再比如，按照康波周期理论，全世界的资源商品和金融市场价格会以 50~60 年为周期进行波动，一个大波里面包含 4 个小波：繁荣、衰退、萧条、回升。对照此理论，当前的世界经济很可能进入了萧条阶段。综合来看，在未来 25 年里世界发展存在较大

157

的下行风险，我国实现共同富裕的外部环境面临较大的恶化风险。就此点而言，本研究关于世界经济社会在未来25年是向好发展的预设不一定正确，或许以五国平均水平为阶段性发展的最大值/最优值参照点的设定并不是最佳办法。

下篇
实现路径

第六章
共同富裕目标下的专题之一：
中等收入群体*

在前文关于共同富裕目标实现面临的挑战部分，本研究从发展的不平衡不充分，科技革命、产业变革与人工智能，国际环境的不确定性等几个方面论证了共同富裕目标实现过程中需要重视的大挑战。在面临这些挑战的大背景下，本研究进一步分析了共同富裕的理论基础、内涵外延以及应该引起重视的建设内容，以此为研究参照，探讨了衡量和评估共同富裕推进水平的指标应如何构建，以及用该指标衡量和评估了当前我国共同富裕的推进水平。

至此，本研究基本完成了构建衡量指标的主体工作，为我国共同富裕的衡量和评估工作与具体推进工作提供了较为明确的、系统的参考和指导。接下来，本研究基于前文的分析，以专题研究的形式，聚焦讨论共同富裕的实现路径。本研究尝试通过更有指向性的专题讨论，为识别共同富裕的实现路径提供更精准、更系统的实证参考和政策借鉴。需要说明的是，本研究偏重从社会学理论视角进行相关分析讨论，在一定程度上丰富了当前共同富裕领域以经济学、管理学理论视角为主的研究成果。

一 共同富裕与中等收入群体

自2002年以来，"扩大中等收入者比重""加快构建橄榄型分配格局"

---

* 本章的二、三部分，分别发表于《社会学研究》2023年第2期和《中央社会主义学院学报》2023年第6期。

被多次写入中央相关文件中。尤其党的二十大报告明确指出，扎实推进共同富裕需要"扩大中等收入群体"，到 2035 年基本实现社会主义现代化国家的总目标之一是"中等收入群体比重明显提高"。这一系列政策变化背后有其深刻的学理依据：社会分层领域的众多研究发现，中等收入群体是现代社会主流价值观的基础，起到提高社会消费力、防止各种极端主义、维护社会稳定等作用。① 因此，扩大中等收入群体成为推动共同富裕和高质量发展的重要手段、战略基点与实践路径之一。

从理论上看，中等收入群体比重的扩大，不仅可以提高全体居民的平均收入和整体富裕度，还可以减少群体差异、促进内需、提高共享度，在构建新发展格局、推进中国式现代化、扎实推进共同富裕的道路上发挥着"稳定器"作用。不过，学者们在研究中也发现，以客观收入标准识别的中等收入群体，若在主观认知上尚未形成对中等收入阶层的自我认同，并不必然能发挥其相应的"稳定器"作用。② 就此点而言，要实现扩大中等收入群体的规模并发挥其相应作用的政策目标，除了要促进其物质层面的客观增长，还需形成与客观水平相符的中等阶层的意识。提高客观阶层与主观阶层的一致程度，在很大程度上是实现共同富裕的必经之路。

二　中等收入群体的阶层认同

（一）理性阶层认同是精神富裕的重要内容

与 20 世纪西方社会盛行的"中层认同"趋向不完全相同，学者们发现我国居民对自我阶层的主观认定存在明显向下偏移（下偏）的低位阶层认同现象③，其中中等收入群体主观认定的阶层层级低于其实际所处的层级的

---

① 李培林：《中国跨越"双重中等收入陷阱"的路径选择》，《劳动经济研究》2017 年第 1 期。
② 李培林：《中国跨越"双重中等收入陷阱"的路径选择》，《劳动经济研究》2017 年第 1 期；张海东、刘晓曈：《我国居民阶层地位认同偏移对社会政治态度的影响——基于 CGSS2010 的实证分析》，《福建论坛》（人文社会科学版）2019 年第 9 期。
③ 冯仕政：《中国社会转型期的阶级认同与社会稳定——基于中国综合调查的实证研究》，《黑龙江社会科学》2011 年第 3 期；陈光金：《不仅有"相对剥夺"，还有"生存焦虑"——中国主观认同阶层分布十年变迁的实证分析（2001—2011）》，《黑龙江社会科学》2013 年第 5 期；陈云松、范晓光：《阶层自我定位、收入不平等和主观流动感知（2003—2013）》，《中国社会科学》2016 年第 12 期。

现象比较明显①。学者们因此指出，这种低位阶层认同现象，很可能会让他们产生更强的社会冲突意识、更低的社会公平感和政府信任度②，社会两极对立的可能性也会大大提高③，必须予以重视。遗憾的是，尽管有关阶层认同偏差以及低位阶层认同的研究较为丰富，聚焦中等收入群体低位阶层认同的趋势研究却略显不足。

相比于对单个时点的社会现象的研究，趋势研究提供了动态研究视角，有助于宏观认识和科学研判社会现象的变迁规律。趋势研究从时间维度入手，认为以人为核心的社会现象的变迁趋势大体受到三大类因素的影响：一是宏观上受到包括制度、政策、文化、社会事件等外在社会结构因素的影响；二是微观上受到社会个体的物理年龄增长、生命周期中各种生活经历的影响；三是不同时期出生的人群面对同样的社会变迁时很可能会受到不同的影响，且这种影响会持续存在于他们的后续行为中。④ 它们恰好对应了时间维度的三个面向，表现为时期效应、年龄效应和世代效应，是趋势研究中三个相互联系却又各有不同的解释和预测因素，是需区别对待的引起变迁的三种时间动力机制。⑤

在此视角下，当前有关中等收入群体的低位阶层认同研究存在几个问题有待回答。一是，尽管许多研究发现中等收入群体存在低位阶层认同，但这种低位阶层认同存在何种变化趋势？尤其，随着党的十八大以来宏观环境发展速度加快，中等收入群体的低位阶层认同问题是有所缓解、保持不变还是更加突出？二是，由于社会个体随着年龄的变化而生命周期有所不同，中等收入群体的低位阶层认同是否会随着年龄的增长而发生变化？三是，如把处于相同时间段出生的人定义为同一个世代的人，各世代的中

---

① 赵延东：《"中间阶层认同"缺乏的成因及后果》，《浙江社会科学》2005 年第 2 期；任莉颖：《中等收入群体与中等社会地位认同——基于社会质量理论的探讨》，《华中科技大学学报》（社会科学版）2022 年第 4 期。

② 张海东、刘晓瞳：《我国居民阶层地位认同偏移对社会政治态度的影响——基于 CGSS2010 的实证分析》，《福建论坛》（人文社会科学版）2019 年第 9 期。

③ 李炜：《中间阶层与中等收入群体辨析》，《华中科技大学学报》（社会科学版）2020 年第 6 期。

④ Ryder, N. B. "The Cohort as a Concept in the Study of Social Change." *American Sociological Review*, 1965, 30 (6).

⑤ 吴愈晓、王金水、王旭洋：《中国性别角色观念变迁（1990—2018）：年龄、时期和世代效应及性别差异模式》，《中华女子学院学报》2022 年第 4 期。

等收入群体在低位阶层认同上是否存在差异？若存在，哪些世代的中等收入群体的低位阶层认同现象最需要关注？四是，从社会变迁的动态视角出发，时期、年龄、世代三者对中等收入群体的低位阶层认同的作用力是相近还是有所不同？

为回答以上问题，本研究采用一个不同于传统 APC 趋势分析的新模型——年龄－时期－世代－交互模型（APC-I, age-period-cohort-interaction model），基于对全国概率抽样的 2008～2021 年的多期重复截面调查数据的分析，从年龄、时期、世代三个不同的时间维度，探索我国中等收入群体的低位阶层认同的变化趋势以及内在的时间动力机制，进而为"精准扩大中等收入群体"的相关研究和政策评估提供实证支撑。

（二）中等收入群体与主观认同偏差

1. 中等收入群体的低位阶层认同

在社会分层研究中，阶级结构化视角和阶层分析模式都认同当前中国的社会结构存在经济资源占有差异化现象。[1] 中等收入群体是解析这种差异化现象的重要概念之一。中等收入群体是经济收入处于全社会中等水平的群体，是橄榄型社会的重要组成部分。中等收入群体被认为是具有较为积极、正向、温和的态度和行为的群体，其在社会结构中的占比越大，橄榄型社会越完全，整个社会经济和谐稳定的可能性就越大。为此，学界对中等收入群体的成长寄予厚望，多数研究围绕此群体的来源、现状、影响因素、作用等内容展开，希冀为有效扩大中等收入群体的规模提供理论依据和实证参考。这些研究取得了极为丰富的成果，其中有关我国中等收入群体的中层认同较为缺乏并且存在向下偏移现象的发现，成为社会分层研究中一个极其重要的议题。[2]

---

[1] 李春玲：《我国阶级阶层研究 70 年：反思、突破与创新》，《江苏社会科学》2019 年第 6 期。

[2] 刘欣：《转型期中国大陆城市居民的阶层意识》，《社会学研究》2001 年第 3 期；王春光、李炜：《当代中国社会阶层的主观性建构和客观实在》，《江苏社会科学》2002 年第 4 期；赵延东：《"中间阶层认同"缺乏的成因及后果》，《浙江社会科学》2005 年第 2 期；李春玲：《中等收入群体概念的兴起及其对中国社会发展的意义》，《中共中央党校学报》2017 年第 2 期；陈光金：《不仅有"相对剥夺"，还有"生存焦虑"——中国主观认同阶层分布十年变迁的实证分析（2001—2011）》，《黑龙江社会科学》2013 年第 5 期；高勇：《地位层级认同为何下移：兼论地位层级认同基础的转变》，《社会》2013 年第 4 期；（转下页注）

所谓阶层认同，是指个体对其自身在社会的阶层结构中所处位置的主观感知。目前，对于中等收入群体的低位阶层认同现象的可能性后果，学者们认为，当客观地位居中但在主观上尚未对自我形成清晰、合理的中间阶层认同时，他们应有的阶层作用并不能充分发挥出来。① 尤其是当各阶层都有向下的低位阶层认同倾向时，意味着中层认同缺乏，对社会公平感、社会冲突感和冲突行为倾向都会产生显著的影响，对中国社会的稳定和发展构成一种隐忧。② 相对而言，当前学者在此现象的成因上提供了更加多元的解释，并仍在不断完善，大体包括社会事实论③、相对参照论④、认同碎片论⑤、转型生存焦虑论⑥、传统文化论⑦等理论解释。基于以上研究，低位阶层认同的生成机制综合而言可表述为：微观层面社会个体的过去或当前的人力资本及结构资源（收入、教育、职业、住房、户籍、声望等）与自我预期的错位（主观标定较高的参照标准），宏观层面结构因素和历史文化的事实性压力（如 GNP、收入不平等、社会保障不足、藏拙文化等），单

（接上页注②）陈云松、范晓光：《阶层自我定位、收入不平等和主观流动感知（2003—2013）》，《中国社会科学》2016 年第 12 期；李培林、崔岩：《我国 2008—2019 年间社会阶层结构的变化及其经济社会影响》，《江苏社会科学》2020 年第 4 期；李炜：《中间阶层与中等收入群体辨析》，《华中科技大学学报》（社会科学版）2020 年第 6 期；邹宇春、李建栋、张丹：《主观中间阶层的各级政府信任与主观幸福感的关系研究》，《华中科技大学学报》（社会科学版）2020 年第 6 期；张文宏：《扩大中等收入群体促进共同富裕的政策思考》，《社会科学辑刊》2022 年第 6 期；任莉颖：《中等收入群体与中等社会地位认同——基于社会质量理论的探讨》，《华中科技大学学报》（社会科学版）2022 年第 4 期。

① 张海东、刘晓曈：《我国居民阶层地位认同偏移对社会政治态度的影响——基于 CGSS2010 的实证分析》，《福建论坛》（人文社会科学版）2019 年第 9 期。
② 刘欣：《转型期中国大陆城市居民的阶层意识》，《社会学研究》2001 年第 3 期；赵延东：《"中间阶层认同"缺乏的成因及后果》，《浙江社会科学》2005 年第 2 期。
③ 许琪：《"混合型"主观阶层认同：关于中国民众阶层认同的新解释》，《社会学研究》2018 年第 6 期；李骏：《从收入到资产：中国城市居民的阶层认同及其变迁——以 1991-2013 年的上海为例》，《社会学研究》2021 年第 3 期；范晓光、陈云松：《中国城乡居民的阶层地位认同偏差》，《社会学研究》2015 年第 4 期；张海东、杨城晨：《住房与城市居民的阶层认同——基于北京、上海、广州的研究》，《社会学研究》2017 年第 5 期。
④ 刘欣：《转型期中国大陆城市居民的阶层意识》，《社会学研究》2001 年第 3 期；高勇：《地位层级认同为何下移：兼论地位层级认同基础的转变》，《社会》2013 年第 4 期。
⑤ 王春光、李炜：《当代中国社会阶层的主观性建构和客观实在》，《江苏社会科学》2002 年第 4 期；李培林：《社会冲突与阶级意识当代中国社会矛盾研究》，《社会》2005 年第 1 期。
⑥ 陈光金：《不仅有"相对剥夺"，还有"生存焦虑"——中国主观认同阶层分布十年变迁的实证分析（2001—2011）》，《黑龙江社会科学》2013 年第 5 期。
⑦ 李培林：《中国跨越"双重中等收入陷阱"的路径选择》，《劳动经济研究》2017 年第 1 期。

独地或交互共同地对社会个体的自我阶层认同产生向下偏移的影响。

这些研究成果为理解我国中等收入群体的低位阶层认同提供了极其重要的理论指导，为扩大中等收入群体提供了一系列的理论洞见。不过，由于多数研究基于横截面数据的静态分析，基于纵贯数据以动态视角去分析识别时期、年龄、世代三个时间维度对中等收入群体低位阶层认同的影响机制的研究亟待丰富与补充。同时，在为数不多的论及自我阶层认同下偏的趋势分析中，使用的数据多是2013年及以前的。比如，范晓光和陈云松发现，我国城乡居民主观阶层低于客观阶层的下偏现象在2003~2012年呈增长趋势。① 那么在此之后下偏是保持增长趋势还是有所缓解，有待研究予以补充。本研究在已有研究的基础上，采用全国调查数据，将分析时段延长至2021年，运用APC-I模型聚焦对中等收入群体的低位阶层认同的趋势分析。

在识别低位阶层认同上，有两个概念的测量取向需要明确：一是如何测量主观阶层，二是如何测量客观阶层。相对而言，前者的测量方法较为简单，研究者主要采用多级分层评价法，直接让受访者主观认定自己处于哪个阶层。

对于如何测量"客观中等收入"，学界有多种方法取向。一方面，对以何种计量单位界定中等收入，存在家庭单位和个人单位两种取向。国际上，较常以购买力平价下的日人均收入/支出为计量单位。在我国，因"家本位"传统文化的影响，家庭资源共享的社会事实很大程度上影响了个体在社会结构中的位置②，国内学者较多以家庭的年收入来确定个体的社会经济地位。另一方面，不同于国际贫困线有相对明确的标准，中等收入的值域标准分为两类：绝对标准和相对标准。前者常以世界银行贫困线为参照系，具有相对固定的收入值，以此来测定中等收入群体；后者给出收入的区间范围，收入落入此区间范围的群体为中等收入群体。对于绝对标准，随着一个国家或地区的经济持续发展和人均收入水平不断提高，中等收入群体的比例会不断提高，规模会持续扩大，因而绝对标准更常被用于国际比较

---

① 范晓光、陈云松：《中国城乡居民的阶层地位认同偏差》，《社会学研究》2015年第4期。
② 许琪：《"混合型"主观阶层认同：关于中国民众阶层认同的新解释》，《社会学研究》2018年第6期。

以分析全球中等收入群体的发展趋势；对于相对标准，若收入结构没有发生重大变化，中等收入群体的比重也基本不变，因而相对标准更多地被用于分析国内收入分配结构及社会政策制定。①

本研究以相对标准下的家庭年收入来界定中等收入群体。对于相对标准，学者们多以收入分布的中位数或平均收入为基线，按照一定方法测算并给出上下限区间。各区间虽有差异，但下限基本在50%至75%之间，上限在1.5倍至2.5倍之间。② 众多相对标准中，李培林提出的以收入中位数的76%～200%区间来定义中等收入群体的标准被较多采用③，本研究亦采用此相对标准界定中等收入群体。

2. 中等收入群体低位阶层认同的变迁维度

在趋势分析中，年龄、时期、世代是共生的三个时间维度，它们分别代表了社会现象发展变化的三个时间面向，有着不同的社会学含义。④ 把趋势视为由年龄、时期、世代引起的变化，有助于阐明时间趋势的重要特性，并为理解、比较随时间变化的宏观、微观两方面因素作用及其相互作用提供重要线索。

（1）年龄效应

年龄效应主要反映中等收入群体的低位阶层认同随着社会个体的年龄增长而发生的变化趋势。此效应与个体的成长经历、生命周期相关。社会个体的生命周期可分为六个阶段，分别是探索期（以父母家庭为生活重心，求学深造）、建立期（择偶结婚、生儿育女）、稳定期、维持期、高原期（努力工作、维持家庭、子女上小学直到子女独立）、退休期（子女离家、退休终老）。从不同阶段对应不同的生活内容可见，个人的生命周期在不同阶段有着不同的需求和目标。本研究有理由认为中等收入群体的低位阶层

---

① 李春玲：《中等收入群体概念的兴起及其对中国社会发展的意义》，《中共中央党校学报》2017年第2期；李培林：《中国跨越"双重中等收入陷阱"的路径选择》，《劳动经济研究》2017年第1期。

② 李春玲：《中等收入群体概念的兴起及其对中国社会发展的意义》，《中共中央党校学报》2017年第2期。

③ 李培林：《中国跨越"双重中等收入陷阱"的路径选择》，《劳动经济研究》2017年第1期。

④ 高海燕、王鹏、谭康荣：《中国民众社会价值观的变迁及其影响因素——基于年龄—时期—世代效应的分析》，《社会学研究》2022年第1期；李晓光、郭小弦：《个体社会资本在下降吗？——城市居民社会资本的变迁趋势分析》，《社会学研究》2022年第5期。

认同会随年龄的增长而有所不同。

在生命周期理论的基础上，经济学家莫迪利安尼与布鲁姆伯格进一步提出生命周期消费理论①，认为生命周期与消费水平存在显著相关关系，理性的社会个体为了保证消费水平处于预期的平衡状态在不同阶段需有不同的资产配置。为此，可把六个阶段简化为三个阶段：年轻时期，收入低但消费高，需要贷款消费购买家庭生活品，储蓄很少；中年时期，收入日益增长，且收入大于消费，在偿还前期债务的同时开始储蓄用于养老；老年时期，收入变得很少，但消费支出逐渐大于收入。因此，有理由认为中年人由于收入实实在在，较不容易产生向下的阶层认同。而青年人与老年人的消费较易"入不敷出"，产生低位阶层认同的可能性加大。

当前我国有关中等收入群体的研究较少关注年龄对低位阶层认同的影响。在为数不多的几篇文献中，崔岩和黄有亮分析发现，青年人比中老年人更容易产生低位阶层认同。② 该结果为研究年龄效应提供了有益参考。

为此，本研究提出年龄效应假设，如下：

假设1.1：处于不同的年龄阶段，中等收入群体出现低位阶层认同的可能性会发生变化。

假设1.2：相比处于中年阶段的年龄组，处于青年阶段与老年阶段的年龄组出现低位阶层认同的可能性更大；青年阶段与老年阶段两者之间，青年阶段比老年阶段出现低位阶层认同的可能性更大。

（2）时期效应

时期效应是指某个时期的宏观社会结构环境发生变化会对社会个体的态度和行为产生影响。③ 不同时期的宏观社会变迁，会不同程度地改变社会个体的物质世界和精神世界，很可能会对社会个体的客观阶层和主观阶层

---

① Deaton, A. "Franco Modigliani and the Life Cycle Theory of Consumption." *Banca Nazionale del Lavoro Quarterly Review*, 2005, 58.
② 崔岩、黄永亮：《中等收入群体客观社会地位与主观阶层认同分析——兼议如何构建主观阶层认同上的橄榄型社会》，《社会发展研究》2017年第3期。
③ Yang, Yang, S. Sam Schulhofer-Wohl, Wenjiang W. Jr. Fu & Kenneth CK. C. Land. "The Intrinsic Estimatior for Age-Period-Cohort Analysis: What It Is and How to Use It." *American Journal of Sociology*, 2008, 113 (7).

产生影响。

在过去十多年间，我国发生了很多宏观层面的变化。这些变化显著提升了我国民众的生产生活水平。但同时，基尼系数居高不下，贫富差距有待缩小，各阶层内部流动空间缩小且有固化风险，从熟人社会逐渐转向陌生人社会，社会转型带来了参照系的不断变化以及巨大的生存焦虑。这种物质文明建设和精神文明建设不同步的现象，后果之一是很可能造成社会个体对客观事实在主观上难以形成理性的判断。那么，面对如此多样的制度、政策、文化的宏观变化，如何识别中等收入群体的低位阶层认同的时期效应？在吉登斯看来，是否产生影响以及产生何种程度或方向的影响取决于社会变迁中发生的根本性的制度或结构的变化。[1] 基于此，本研究认为2008年以来有三类宏观变化很可能产生显著影响。

第一，2008年国际金融危机可能会产生消极的时期效应。2008年美国的次贷危机在全球化背景下演变为全球性的金融危机，我国为此实行了积极的财政政策和适度宽松的货币政策。这些政策之下，我国经济运行出现积极变化，总体形势企稳向好，但适度宽松的货币政策也带来一些隐性的负面效果，比如强化了民众的个体化趋势[2]、原子化倾向以及资本膜拜，无序扩张的资本涌入房地产市场、娱乐业，不稳定就业的风险加大[3]，民众（包括中等收入群体）在逐渐上涨的房价[4]下产生巨大的生存焦虑，并被娱乐业展现出的脱离实际的中层生活[5]误导。这些都很可能导致主观阶层与客观阶层脱节的风险加大。

第二，党的全国代表大会召开后可能会产生积极的时期效应。中国特色社会主义最本质的特征是中国共产党领导。在我国，研究任何社会现象都有必要考虑党的因素。2012年党的十八大特别提出24字新核心价值观，

---

[1] 安东尼·吉登斯：《社会学》（第五版），西蒙·格里菲斯协助，李康译，北京大学出版社，2009。
[2] 许琪：《"混合型"主观阶层认同：关于中国民众阶层认同的新解释》，《社会学研究》2018年第6期。
[3] 田志鹏：《中等收入群体家庭就业稳定性与生育计划研究——基于2017年和2019年中国社会状况综合调查数据》，《华中科技大学学报》（社会科学版）2022年第4期。
[4] 张栋：《评析我国2009年以来的房地产调控政策》，西南政法大学硕士学位论文，2011。
[5] 刘相伟：《2009年零售业简报——与经济衰退相比，娱乐业却在良好发展》，《记录媒体技术》2009年第5期。

并首次提出"建设廉洁政治";2017年党的十九大提出我国社会主要矛盾发生变化,要坚持在发展中保障和改善民生,保证全体人民在共建共享发展中有更多获得感。两次党的全国代表大会在很大程度上"聚民心、集民智",以党的自我革命引导并推动全国各领域的精神文明建设,缓解了认识碎片化现象,尤其是消费领域的奢靡享乐风气得到遏制,民众逐渐能够理性认知相应阶层的生活方式和生活品位。本研究认为主观阶层与客观阶层的下偏在很大程度上理应得到遏制。

第三,2020年末全面建成小康社会以及2021年上半年完成脱贫攻坚任务,理应会产生更积极的时期效应。两者都是宏观层面事关民生的重要社会大事,对广大民众的社会心态产生了极为明显的积极作用。尤其是关于我国绝对贫困标准的界定和结对扶贫工作的开展,让广大民众在积极参与社会建设的过程中不断了解真实的社会阶层结构并调整相应的主观认知,这理应会对其对自我阶层的评估起到积极的引导作用。

针对以上分析,本研究提出时期效应假设,如下:

假设2.1:2008年至2021年期间,我国中等收入群体的低位阶层认同现象存在明显的时期效应。

假设2.2:在2008年国际金融危机之后,中等收入群体的向下阶层认同度较高;其中,在2012年党的十八大、2017年党的十九大之后,尤其是打赢脱贫攻坚战和全面建成小康社会之后,中等收入群体的向下阶层认同现象会得到显著改善。

(3)世代效应

出生世代是指出生在同一年份(或时间段)并且经历了相同历史事件的一群人。世代效应是指特定历史时期的宏观变化会对不同世代群体产生差异化且持久的影响。同世代的人因为有着共同的历史经验极易对现实产生相同的感知和理解,这种曼海姆意义上的"经验分层"使得各世代对不同时点的同样问题的理解及所做出的行为很可能不一样,也使得同一时期发生的社会变迁对不同的世代群体可能会产生不一样的影响。

在消费市场研究中,刘世雄和周志民将世代分为:1945年以前,"偏爱传统"的一代;1945~1960年,"失落"的一代;1960~1970年,"幸运"

的一代；1970~1980年，"转型"的一代；1980年及以后为"E"一代。[①] 鉴于有研究发现中高收入群体呈现较明显的边际消费倾向，扩大中等收入群体有助于强化消费对于经济增长的基础性作用[②]，本研究认为从消费维度划分的世代群体对于研究我国中等收入群体低位阶层认同的世代效应同样具有很好的社会学意义。

结合本研究使用之数据所涉及的人群结构，本研究采用前面提到的五世代划分法，分析认为：1945年以前，"偏爱传统"的一代，具有生命周期最长、生命历程最丰富的特点，他们在成长期经历了近代革命战争、新中国成立和人民公社化运动，西方文化对其影响较小，有较强的集体主义，具有较深的传统文化印记，易接受传统的藏拙文化，本研究认为其对自我的阶层定位易被低估；1945~1960年，"失落"的一代，大部分经历了上山下乡、"文化大革命"、下岗等社会变化，受到制度安排的巨大影响，对社会安排有种失落感，对未来的预期较低，容易产生低位阶层认同；1960~1970年，"幸运的一代"，青年时期赶上高考恢复，事业奋斗期又赶上计划经济转向市场经济，对改革开放后传入的西方文化也有较多接触，比前面几个世代更崇尚自由、科学，具有较好的发展机遇，出现低位阶层认同的可能性相对更小；1970~1980年，"转型"的一代，其成长期正好赶上经济转型，经历了物质条件从贫瘠到充裕的巨大转变，进入职场后的向上阶层流动通道畅通，对自由、科学、公正等价值观有更深的认同，出现低位阶层认同的可能性也更小；1980年及以后，"E"一代，在网络电子媒体逐渐发展和物质日益丰富的社会环境下长大，传统观念较之其他世代更淡薄，个人主义意识相对较强，具有强烈的成就动机，注重消费和投资，但不注重储蓄，受教育阶段经历了教育扩招、教育文凭含金量下降，成家立业阶段面临高房价、高养育支出和高职场内卷等压力，加上受西方中产阶层生活方式的影响，这一代人出现低位阶层认同的可能性极大。

为此，本研究提出世代效应假设，如下：

[①] 刘世雄、周志民：《从世代标准谈中国消费者市场细分》，《商业经济文荟》2002年第5期。
[②] 李培林：《中国跨越"双重中等收入陷阱"的路径选择》，《劳动经济研究》2017年第1期；李培林、崔岩：《我国2008—2019年间社会阶层结构的变化及其经济社会影响》，《江苏社会科学》2017年第4期。

假设3.1：中等收入群体的低位阶层认同存在世代效应。

假设3.2：出生于1960年以前的各世代，产生低位阶层认同的可能性会提高；出生于1960年~1980年的各世代，产生低位阶层认同的可能性会下降；出生于1980年及以后的各世代，产生低位阶层认同的可能性会提高。

（三）研究模型、数据与变量

1. 数据

本研究使用的数据来自中国社会科学院社会学研究所主持的"中国社会状况综合调查"（Chinese Social Survey，简称CSS）。此调查始于2006年，采用多阶段概率抽样，覆盖了全国31个省（自治区、直辖市）的151个区市县、604个村居，调查对象为18~69岁的中国城乡居民。此调查每两年开展一次，截至2021年已有8期数据。

由于APC-I模型严格要求时期、年龄、世代的间隔相等，而CSS历次调查中有一期并非间隔年开展，故本研究采用王金水、吴愈晓和许琪提出"粗年法"[①]，将2006年和2008年的数据较粗糙地看作2007年、2009年的数据，进而实现所有数据的时期间隔相等。由于APC-I模型的关键在于时间的变化趋势，这样的处理不会产生较大偏误。同时，为便于阐释分析，本研究根据CSS的数据特点确定以四年为间隔，选取CSS的四期数据合并分析[②]，分别是2008年（视作2009年）、2013年、2017年和2021年。

2. 研究模型：APC-I模型

为验证上文提出的三类研究假设，本研究采用APC-I模型。传统APC模型中，三个时间维度作为自变量同时进入模型后存在"世代=时期-年龄"的线性限定关系，即三个变量中的任何两个都完全决定了第三个变量的值，导致模型存在无法识别的困境。学者们尝试提出各种统计方法以解

[①] 王金水、吴愈晓、许琪：《年龄-时期-世代模型的发展历程与社会科学应用》，《社会研究方法评论》2022年第2期。

[②] 由于CSS每两年开展一次，时期间隔为两年。选取四年作为时间间隔，正好可以同时覆盖两期数据。数据合并过程得到李炜、高海燕、田志鹏等老师的帮助，特此感谢。

第六章　共同富裕目标下的专题之一：中等收入群体

决这种由线性限定关系带来的无法识别问题，参见福斯和温希普的综述①。然而，这些尝试并未对原有的线性限定关系有实质性的突破。② 为此，罗丽莹和霍奇斯提出，传统 APC 模型的问题并不只是统计上因线性限定关系而带来的识别问题，其核心问题需从理论和概念上予以解决。③ 基于社会学、人口学和生物统计学的文献，两位学者对模型中的世代效应提出了新的理论假定：世代效应是时期效应与年龄效应相互作用下产生的差异化影响，即社会事件或社会变化对不同年龄段的人群会产生不同的影响，并且这种影响将持续存在于这群人的一生中。在此基础上，他们提出了年龄-时期-世代-交互模型。

与传统 APC 模型相比，APC-I 模型把世代操作化为时期和年龄的交互项，并否定了传统 APC 模型关于年龄、时期、世代是三个完全独立效应的假设。如此操作后，对世代效应的分析不仅可以识别世代效应的显著性和世代间的差异，还能分析世代内效应的变动趋势。相对而言，APC-I 模型更全面地体现了雷德尔关于世代效应随时期变化的核心观点。④ 因此，本研究尝试使用 APC-I 模型进行验证分析⑤。此模型表述如下。

---

① Fosse, E. than & C. Hristopher Winship. "Analyzing Age-Period-Cohort Data: A Review and Critique." *Annual Review of Sociology*, 2019, 45.
② Lu, Y., L. Luo & M. R. Santos. "Social Change and Race-Specific Homicide Trajectories: An Age-Period- Cohort Analysis." *Journal of Research in Crime and Delinquency*. 2022. Https://doi.org/10.1177/00224278221129886; Luo, L. & J. S. Hodges. "The Age-Period-Cohort-Interaction Model for Describing and Investigating Inter-Cohort Deviations and Intra-Cohort Life-Course Dynamics." *Sociological Methods & Research*, 2022, 51 (3).
③ Luo, L. & J. S. Hodges. "The Age-Period-Cohort-Interaction Model for Describing and Investigating Inter-Cohort Deviations and Intra-Cohort Life-Course Dynamics." *Sociological Methods & Research*, 2022, 51 (3).
④ Ryder, N. B. "The Cohort as a Concept in the Study of Social Change." *American Sociological Review*, 1965, 30 (6).
⑤ 需要说明的是，作为一个最新提出的模型，APC-I 模型的适用性也在逐渐被评估中。比如，王金水等的文章根据解决参数识别问题的策略把各类 APC 模型分成两类，一类是理论驱动的模型，另一类是方法驱动的模型。他们把 IE、HAPC、APC-I 归于后者，并指出 IE、HAPC 两种方法都受到了广泛批评，APC-I 模型在方法驱动的模型中是最少被否定、被攻击的一种方法。不过，王金水等进一步在文中用蒙特卡洛模拟对 IE、HAPC、APC-I 模型进行了评估，并指出这些模型都存在估计有偏的不足。同时，王金水等对已有的理论驱动模型的不足做了充分阐述。在此基础上，他们提出了理论驱动的边界分析模型，供学者们做 APC 模型分析时使用。边界分析模型有助于大大改进 APC 模型的参数识别问题。那么，本研究是否可以转而采用此模型呢？我们认为，目前还不能。原因在于使用（转下页注）

$$g(E(Y_{ij})) = \mu + \alpha_i + \beta_j + \alpha\beta_{ij(k)} + \varepsilon_{ij(k)}$$

其中，$g(E(Y_{ij}))$是联结模型，表示第j个时间段内第i个年龄组的结果Y的期望值；μ为模型截距，表示因变量的整体平均效应；α_i表示第i个年龄组的年龄主效应，即与第i个年龄类别相关的整体平均值μ的差；β_j表示第j个时期的时期主效应，即与第j个时期相关的整体平均值μ的差；$\alpha\beta_{ij(k)}$表示第i个年龄组和第j个时期组的相互作用，对应于第k个世代的效果，请注意，一个世代的效果包括多个时期-年龄交互项；$\varepsilon_{ij(k)}$为误差项。

3. 变量

（1）因变量

因变量是中等收入群体的低位阶层认同。此变量是新生成的二分变量，由受访者的客观阶层和主观阶层的数据构建而成。关于主观阶层，CSS询问了受访者"您认为目前您本人的社会经济地位在本地大体属于哪个层次？"，选项有5个，分别是"上、中上、中、中下、下"；关于客观阶层，基于CSS中受访者的家庭年收入数据，本研究计算出每期家庭年收入的中位值，依据李培林提出的中等收入群体相对标准①，把每期数据中家庭年收入中位值位于76%~200%的定义为中等收入群体，把低于76%的定义为低收入群体，把高于200%的定义为高收入群体，并把中等收入群体按照家庭年收入三等分为中上、中间、中下三层。通过比较受访者主观认为的阶层与其家庭年收入所处的客观阶层，本研究生成低位阶层认同新变量。如果主观阶层低于客观阶层，就认为存在低位阶层认同，赋值为1；如果主观阶层等于

（接上页注⑤）边界分析模型要求"完备的理论"或"明确的机制，从而找到一个代理变量"。王金水等参照福斯和温希普的研究，以老年人认知能力为例来实践其文中提出的理论驱动的边界分析模型，得到了非常有价值的分析发现。他们的案例分析能够顺利完成的重要原因之一在于，关于老年人认知能力与时间效应的关系随着社会的发展进步已经形成了一些较为清晰的理论判断。参见王金水、吴愈晓、许琪《年龄-时期-世代模型的发展历程与社会科学应用》，《社会研究方法评论》2022年第2期。然而，本研究是关于中等收入群体的低位阶层认同的议题，已有文献中有关我国中等收入群体、低位阶层认同的研究，并没有与年龄、时期、世代三个效应有关的被广泛认可或完备的研究理论。正如许琪等所言，"对于一些探索性研究，相关理论比较匮乏，这时就无法使用该方法"。因此，在本研究中，目前尚不具备使用理论驱动的边界分析模型的条件，故而使用APC-I模型，希冀通过APC-I模型的运用以丰富APC模型的应用实践，并探索一些合理的有关中等收入群体低位阶层认同的时间趋势的理论发现，为后人能够更充分地完善APC模型以及更清晰地认识中等收入群体的低位阶层认同的发展趋势提供参考。

① 李培林：《中国跨越"双重中等收入陷阱"的路径选择》，《劳动经济研究》2017年第1期。

或高于客观阶层，就认为不存在低位阶层认同，赋值为 0。

（2）解释变量：三类时间变量

解释变量主要有三类，分别是时期变量、年龄变量和世代变量。作为解释变量，年龄、时期、世代并非真正的解释性变量，起实际作用的是"年龄背后的生物化老化（比如器官功能衰退）和社会性成熟（比如人生阅历丰富）、时期背后的重要社会性事件、世代背后成长的共同环境"[①]。

时期变量是分类变量，取值分别代表 2009 年、2013 年、2017 年、2021 年。年龄变量是 13 个年龄组分类变量。由于 CSS 的受访者处于 18~69 岁年龄段，按照四年间隔的设定，可分为 18~21 岁、22~25 岁、26~29 岁，依此类推到 66~69 岁，共 13 组。世代变量以时期变量与年龄变量的交互项来表示。有 4 × 13 = 52 个交互项，对应了 4 + 13 - 1 = 16 个世代，4 年为一个世代。其中，有 10 个世代是完全世代组。以改革开放后第一代 1980~1983 出生的世代为例，共包括 4 个交互项（2009 年的 26~29 岁、2013 年的 30~33 岁、2017 年的 34~37 岁、2021 年的 38~41 岁）。

需要强调的是，对于时期变量和年龄变量，本研究参照罗丽莹和霍奇斯的做法[②]，采用了效应编码（也称零和编码，effect coding or sum-to-zero coding），而非虚拟编码。两种编码方式的分析效果没有差异，但效应编码的结果相对而言更易于理解和解释。在分析结果中，分类组变量的系数不是相对于某一个基准群组的效应，而是该变量所代表的群组相对于整体效应的偏差，统计上表示为群组平均值与总体平均值之间的差距。当每个群组的效应确定后（称为主要效应），可对交互项进行更加清晰的解释。交互项系数代表主要效应之上的由世代带来的偏差。

（3）控制变量

本研究的控制变量涉及阶层认同文献中经常出现的人口社会经济变量，包括性别、婚姻状况、受教育年限、城乡户籍、是否有工作、是否为中国共产党党员。各变量取值情况及统计结果详见表 6-1。

[①] 王金水、吴愈晓、许琪：《年龄-时期-世代模型的发展历程与社会科学应用》，《社会研究方法评论》2022 年第 2 期。

[②] Luo, L. & J. S. Hodges. "The Age-Period-Cohort-Interaction Model for Describing and Investigating Inter-Cohort Deviations and Intra-Cohort Life-course Dynamics." *Sociological Methods & Research*, 2022, 51 (3).

表 6-1　变量的描述性统计结果

变量	变量编码及说明
因变量	
低位阶层认同	否＝0，是＝1，低位阶层认同占比 36.92%
解释变量	
年龄	受访者调查年年龄，介于 18~69 岁，平均年龄 44.65 岁。按 4 年分成年龄组，共 13 组
时期	调查年分别为 2009 年、2013 年、2017 年、2021 年
世代	受访者出生年，4 年为一世代组，共 16 组，包括 10 个完全世代和 6 个不完全世代。最早世代 1940~1943 年，最晚世代 2000~2003 年
控制变量	
性别	女性＝0，男性＝1，男性比例 49.02%
婚姻状况	其他＝0，已婚＝1，已婚比例 84.10%
受教育年限	把受访者的受教育程度转化为相应的受教育年限，没受过教育 0 年，研究生 20 年，平均年限为 9.22 年
城乡户籍	农业户籍＝0，占比 61.89%；非农业户籍＝1，占比 38.11%
是否为有工作	无＝0，有＝1，有工作占比 63.70%
是否为中国共产党党员	不是＝0，是＝1，中国共产党党员占比 10.06%

（四）结果分析：低位阶层认同呈先升后降趋势

1. 低位阶层认同的基本情况

本研究把 CSS 的四期数据合并后，对比分析主观阶层与客观阶层的差异情况发现，一方面，从总体来看，我国居民的主观阶层认同存在一定程度的中层认同，但阶层认同结构总体上明显呈下偏型。从主观阶层认同情况来看，受访者阶层认同为上层、中上层、中间层、中下层、下层的占比依次为 0.53%、5.57%、39.05%、29.41%、25.44%，中间阶层认同占比最高，中下层阶层认同、下层阶层认同的占比之和远高于上层阶层认同和中上层阶层认同的占比之和。从各个客观阶层的主观阶层认同情况来看（见图 6-1），处于上、中上、中间、中下层的受访者对中间阶层认同的占比均最高，客观阶层越高则中层阶层认同的占比越高；同时，各个客观阶层的主观阶层认同结构呈现下偏的状态。尽管我国居民中间阶层认同的占比最高，但整体上存在明显的认同下偏倾向。这与范晓光和陈云松的发现[①]具有一致性。

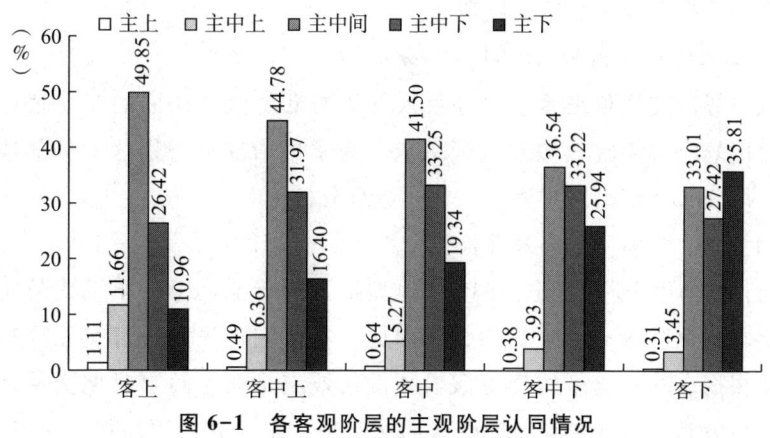

图 6-1 各客观阶层的主观阶层认同情况

另一方面，分时点来看，我国居民（尤其是中等收入群体）的低位阶层认同出现明显的趋势波动。整体的阶层认同偏差情况显示，下偏型的占比在 2013 年为 36.82%，略高于 2009 年（35.57%），但 2017 年显著上升至 42.75%，随后又下降至 2021 年的 41.14%。单看中等收入群体的阶层认同偏差情况（见图 6-2），可以发现低位阶层认同也有明显的波动，且较整体的波动幅度更大，四期的占比分别为 48.24%、51.46%、60.79%、55.25%。可见，就变化趋势而言，我国中等收入群体低位阶层认同存在明显的变化

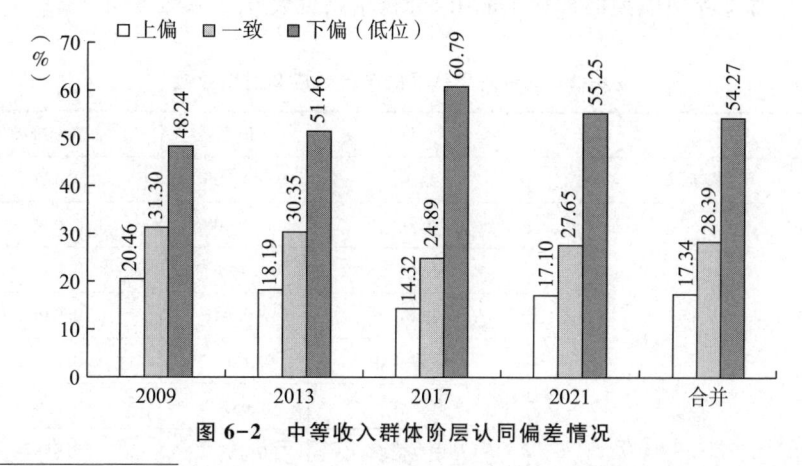

图 6-2 中等收入群体阶层认同偏差情况

---

① 范晓光、陈云松：《中国城乡居民的阶层地位认同偏差》，《社会学研究》2015 年第 4 期。

波动,尤其是党的十八大以来出现下降趋势。加强对中等收入群体的低位阶层认同的变化趋势及时间动力机制研究,可为培育、扩大能实际发挥稳定器作用的中等收入群体提供帮助。

2. 低位阶层认同的 APC-I 模型分析

从趋势研究视角来看,中等收入群体的低位阶层认同的变化很可能包含了时期效应、年龄效应和世代效应。为了更精准地识别这三种效应,本研究采用 APC-I 模型对中等收入群体进行分析。

(1) APC-I 模型的有效性检验

与传统 APC 模型相比,APC-I 模型最大的特征在于关于世代效应是时期与年龄的交互效应的理论假设。因此,本研究首先需进行交互项有效性验证。根据 APC-I 模型的理论假设,世代效应是在年龄与时期变量之上的效应,也就是年龄变量与时期变量的交互项。本研究采用加权 Logistic 回归实现对 APC-I 模型的分析。因变量是低位阶层认同,解释变量包括时期变量、年龄变量、世代变量,控制变量包括性别、婚姻状况、受教育年限、城乡户籍、是否有工作、是否为中国共产党党员等。其中世代变量是一系列年龄变量与时期变量的交互项。通过对不包含交互项模型和包含交互项模型进行比较,结果显示 F 统计值为 2.22,在统计上非常显著 ($p<0.001$)。这表明,在解释低位阶层认同变迁趋势的时间效应时,用交互项表示世代效应的分析模型(APC-I 模型)比只有时期、年龄两类变量的模型更加有效。包含交互项模型的加权 Logistic 分析结果见表 6-2 和表 6-3。

表 6-2 低位阶层认同的年龄效应和时期效应

	变量	估值系数	估值标准差
截距项	截距	-0.009	0.075
控制变量效应	男性	-0.009	0.034
	已婚	-0.154***	0.057
	城镇	-0.046	0.036
	受教育年限	0.031***	0.005
	有工作	0.082**	0.039
	是中共党员	-0.187***	0.059

续表

	变量	估值系数	估值标准差
年龄主效应	年龄组 1：18~21 岁	-0.139*	0.073
	年龄组 2：22~25 岁	-0.096	0.067
	年龄组 3：26~29 岁	0.081	0.056
	年龄组 4：30~33 岁	0.075	0.056
	年龄组 5：34~37 岁	0.074	0.053
	年龄组 6：38~41 岁	-0.052	0.054
	年龄组 7：42~45 岁	0.045	0.052
	年龄组 8：46~49 岁	0.082	0.058
	年龄组 9：50~53 岁	0.078	0.057
	年龄组 10：54~57 岁	0.043	0.062
	年龄组 11：58~61 岁	-0.021	0.072
	年龄组 12：62~65 岁	-0.025	0.080
	年龄组 13：66~69 岁	-0.143	0.216
时期主效应	时期 1：2009 年	-0.252***	0.034
	时期 2：2013 年	-0.133***	0.031
	时期 3：2017 年	0.269***	0.030
	时期 4：2021 年	0.116**	0.055
世代效应（年龄和时期的交互项）		见表 6-4	

注：(1) $^*p<0.05$，$^{**}p<0.01$，$^{***}p<0.001$；(2) 所有 APC-I 模型均使用效应编码（零和编码）进行估计，使用该编码后，主效应被解释为与总体均值的偏差，交互项被解释为与主效应的偏差；(3) 模型中的截距表示总体平均值，斜率表示每个年龄和时期与该总体平均值的偏差。

表 6-3 APC-I 模型中关于低位阶层认同倾向的年龄和时期交互项的系数估计

	时期 1：2009 年	时期 2：2013 年	时期 3：2017 年	时期 4：2021 年
年龄组 1：18~21 岁	0.010	-0.172*	-0.195**	0.357**
年龄组 2：22~25 岁	0.044	0.111	-0.320***	0.165
年龄组 3：26~29 岁	0.107	-0.044	-0.184**	0.121
年龄组 4：30~33 岁	0.063	-0.184**	-0.088	0.209
年龄组 5：34~37 岁	-0.179*	-0.113	0.089	0.203
年龄组 6：38~41 岁	-0.214**	0.123	0.033	0.058
年龄组 7：42~45 岁	-0.203**	0.143	-0.025	0.085
年龄组 8：46~49 岁	0.125	-0.131	0.052	-0.045
年龄组 9：50~53 岁	0.102	-0.055	0.040	-0.088

续表

	时期1：2009年	时期2：2013年	时期3：2017年	时期4：2021年
年龄组10：54~57岁	0.084	0.039	0.117	-0.240
年龄组11：58~61岁	0.123	0.028	0.103	-0.254
年龄组12：62~65岁	0.082	0.023	0.229*	-0.334
年龄组13：66~69岁	-0.144	0.231	0.150	-0.238

注：(1) *$p<0.05$，**$p<0.01$，***$p<0.001$；（2）所有APC-I模型均使用效应编码（零和编码）进行估计，使用该编码后，主效应被解释为与总体均值的偏差，交互项被解释为主效应的偏差。

表6-2报告了APC-I模型估计的年龄和时期对中等收入群体的低位阶层认同的主要影响（主效应）。各个年龄、时期的估值系数表示，相对于总体发生比均值，年龄、时期会多大程度地增加或减少发生比。表6-2中的截距为-0.009，表示中等收入群体存在低位阶层认同的总体发生比均值约为0.991（$e^{-0.009}$）。

为更清楚地理解三类时间效应，本研究基于表6-2做出图6-3，呈现年

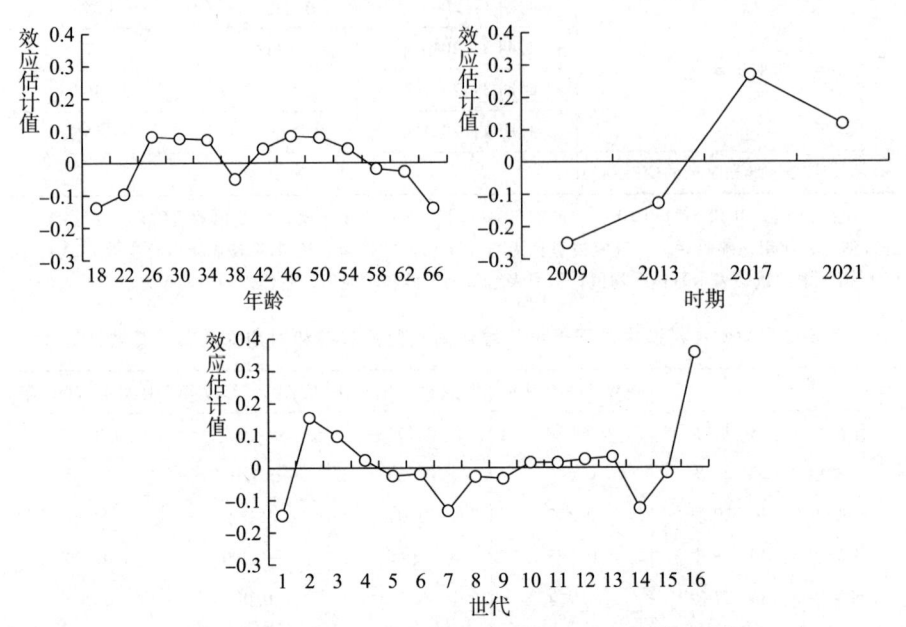

图6-3 年龄、时期、世代对低位阶层认同的影响的偏差估计

注：左上图和右上图是表6-2所示的对低位阶层认同的估计年龄和时期影响，即表6-2中的估值系数；下图描述了世代间偏差，即表6-3中同一世代不同交互项系数的平均值；左上图和右上图中的水平实线是整体平均值的零偏差线；下图中的水平实线是年龄和时期的主效应确定后的零偏差线。

龄、时期和世代对低位阶层认同的影响的偏差估计。接下来，本研究具体陈述三类假设的验证情况。

（2）年龄效应

从各年龄组的估值系数的显著性来看，只有一个年龄组显著，即18~21岁，估值系数是-0.139，表示处于18~21岁的中等收入群体，出现低位阶层认同的发生比比总体发生比均值减少13.0%（$e^{-0.139}-1$）。处于18~21岁年龄组的中等收入群体出现低位阶层认同的可能性会降低。假设1.1得到证实，但年龄效应非常弱。图6-3中的左上图和右上图中的水平实线表示总体平均值的零偏差线。距水平实线的正偏差表示高于平均水平的低位阶层认同倾向，而负偏差表示相反。左上图显示，偏差线整体上呈倒U型的趋势，表现为25岁以下、58岁以上负偏差，其余大部分呈现正偏差，与假设1.2相反。但由于不具备统计显著性，可以说绝大部分年龄组在低位阶层认同的强度和方向上不存在差异。简言之，假设1.2未得到支持。

（3）时期效应

和年龄效应相比，时期效应的波动幅度特别明显。2009年、2013年、2017年、2021年四个时期的估值系数分别为-0.252、-0.133、0.269、0.116。时期3和时期4估值系数为正，意味着它们高于总体发生比均值，分别增加了30.87%（$e^{0.269}-1$）、12.30%（$e^{0.116}-1$）。自2009年至2017年，出现低位阶层认同的可能性不断升高，但2021年出现明显回落。

图6-3中的右上图显示了时期效应的偏差线变化趋势。可以看见，2009~2021年，负偏差和正偏差都非常显著，尤其是2017年中等收入群体出现低位阶层认同的可能性远高过平均水平，而2021年出现回落。可见，不同时期存在不同水平的低位阶层认同，假设2.1得到支持。2008年国际金融危机后中等收入群体出现低位阶层认同的可能性逐年升高，并未在党的十八大之后好转，2017年达到最高。党的十九大之后出现下降趋势，假设2.2得到部分支持。

关于我国中等收入群体出现低位阶层认同的可能性在2021年下降，本研究认为前文提到的完成脱贫攻坚任务、全面建成小康社会等因素在这段时期内发挥了作用。这些因素在帮助社会个体提升经济水平的同时，更有助于社会大众形成积极心态，主动调整对低收入、中等收入、高收入的认知和研判。比如，精准扶贫、精准脱贫过程中贫困线的制定和调整，全面建成小康社会过程中对"小康"的界定,等等,均有助于中等收入群体调整对自身阶层水平的评估标准,形成更加理性的阶层认同。

(4) 世代效应

世代变量由年龄变量与时期变量的交互项构成。参考相关文献①,本研究单独将各交互项列于表 6-3。单个交互项的系数显著说明存在着相对于年龄与时期两个变量的趋势之上的偏差。从表 6-3 可知,在 52 个交互项中,有 10 个统计显著。由于每个世代都由一组交互项组成,单个交互项并不能完整反映这个世代的效应。为了检验各个世代的系数是否显著,本部分将 52 个交互项系数按照所属世代归类,并做世代效应的统计显著检验。统计结果显示(见表 6-4 中的 F 检验列),16 个世代中共有 10 个世代统计显著。可见,中等收入群体的低位阶层认同有着较为明显的世代效应。

表 6-4　世代效应统计显著检验

世代序号 K	自由度 1	自由度 2	F 检验	Z 检验
1(1940~1943 年)	1	14787	1.016	-0.144
2(1944~1947 年)	2	14786	4.452**	0.157
3(1948~1951 年)	3	14785	2.677**	0.099
4(1952~1955 年)	4	14784	5.521***	0.026
5(1956~1959 年)	4	14784	0.231	-0.023
6(1960~1963 年)	4	14784	0.281	-0.017
7(1964~1967 年)	4	14784	1.630	-0.133**
8(1968~1971 年)	4	14784	0.803	-0.027
9(1972~1975 年)	4	14784	1.849	-0.032
10(1976~1979 年)	4	14784	2.404**	0.017
11(1980~1983 年)	4	14784	2.907**	0.018
12(1984~1987 年)	4	14784	3.008**	0.029
13(1988~1991 年)	4	14784	3.090**	0.036

---

① Lu, Y., L. Luo & M. R. Santos. "Social Change and Race-Specific Homicide Trajectories: An Age-Period-Cohort Analysis." *Journal of Research in Crime and Delinquency*. 2022. Https://doi.org/10.1177/00224278221129886; Luo, L. & J. S. Hodges. "The Age-Period-Cohort-Interaction Model for Describing and Investigating Inter-Cohort Deviations and Intra-Cohort Life-Course Dynamics." *Sociological Methods & Research*, 2022, 51 (3).

续表

世代序号 K	自由度 1	自由度 2	F 检验	Z 检验
14（1992~1995 年）	3	14785	6.089***	-0.124*
15（1996~1999 年）	2	14786	5.617***	-0.015
16（2000~2003 年）	1	14787	11.487***	0.357**

注：* $p<0.05$，** $p<0.01$，*** $p<0.001$。

除验证世代效应的统计显著性外，本研究参考 Luo 和 Hodges 的做法[①]，进一步分析世代间平均偏差的强度和显著性，进而发掘各个世代在年龄和时期主效应的基础上对低位阶层认同的差异化影响。根据 APC-I 模型的定义，特定世代效应的大小等于特定世代包含的所有交互项的平均值。表 6-4 中的 Z 检验列给出了各个世代的偏差效应的大小。数值为正，表示此世代的低位阶层认同发生比高于由年龄和时期主效应确定后的预期值，数值为负则相反。世代效应偏差的走势见图 6-2 中的下图，各个世代效应在水平实线附近上下波动，变化非常明显。这意味着各个世代效应存在组间差异（世代间差异），在对低位阶层认同的影响程度和影响方向上有所不同。

本研究使用 Z 检验来检验这些世代间的平均偏差在统计上是否显著不等于零。世代间平均偏差表示世代与由年龄和时期主效应确定的预测值的平均偏差。世代间正偏差表示出现低位阶层认同的可能性高于预期，而世代间偏差为负表示可能性低于预期。与零没有显著差异的较小世代间偏差表明，平均而言，世代不会影响由年龄和时期主效应确定的预测值。从表 6-4 中的 Z 检验列可见，有三个世代统计显著。其中，1964~1967 年、1992~1995 年世代的系数显著为负，意味着这两个世代出生的中等收入群体出现低位阶层认同的可能性会降低；而 2000~2003 年的系数显著为正，出生于这个世代的中等收入群体出现低位阶层认同的可能性会提高。不过，鉴于 2000~2003 年只包括一个交互项，数据结果的稳定性有待更多期的数据验证。至此，假设 3.1 得到了支持，假设 3.2 得到了微弱支持。

---

① Luo, L. & J. S. Hodges. "The Age-Period-Cohort-Interaction Model for Describing and Investigating Inter-Cohort Deviations and Intra-Cohort Life-Course Dynamics." *Sociological Methods & Research*, 2022, 51（3）.

(五) 思考：认识时代之力对中等收入群体阶层认同的作用

党的二十大报告两次提到要扩大中等收入群体比重，此群体在我国扎实推进共同富裕过程中具有极其重要的意义。为此，本研究从社会学视角出发，针对中等收入群体存在的阶层认同偏差现象，重点分析低位阶层认同的时期、年龄、世代变化趋势，希冀为更好地实现此群体的阶层自觉以推动其更积极参与共同富裕推进工作提供实证参考。

首先，本研究对中等收入群体的低位阶层认同现象的发展趋势做了描述分析。此前学界有关此现象的研究发现中等收入群体的低位阶层认同现象有逐渐加剧的趋势，这在当前要努力扩大中等收入群体比重的背景下无疑是令人担忧的。本研究发现，此现象随着时间的推移确实出现了明显的上升趋势，但在2017年之后出现转折，呈现下降的趋势。[①] 此发现是对以往中等收入群体研究的有益补充，为充分评估此群体的阶层认同提供了实证参考。

其次，为更好地细分中等收入群体低位阶层认同现象变化趋势背后的三种时间动力机制，本研究运用APC-I模型做了解剖式分析。结果显示，时期、年龄、世代三个效应各有特点，但时期效应的影响力最突出，远远高于其他两个效应，需要特别关注。在图6-3中，三条曲线显示了三个效应，波动走势并不一致。它们在水平实线附近的波动差异反映了它们对此现象的影响程度存在差异，其中时期效应最明显。由F检验的统计值也可以知道，整体年龄效应的F检验统计值是1.28，整体时期效应是40.37，整体世代效应是2.22，时期效应发挥着决定性作用。可见，在分析中等收入群体低位阶层认同的变化趋势时，本研究通过APC-I模型把三种效应全部分解后发现，应该把焦点放在时期效应上。在中等收入群体的低位阶层认同现象上，是时期效应发挥着关键性的作用，本研究将其称为"时代之力"。这提醒我们在后续的研究中需更深入地探究"时代之力"，分析在我国以往宏观社会经济发展中究竟是哪些积极、健康、稳定的变化降低了中

[①] 为避免此发现来自CSS的调查误差，我们用CFPS的个人调查数据进行了验证分析。本研究有关"我国中等收入群体的低位阶层认同从2017年到2021年呈现下降趋势"的发现，得到了CFPS数据的支持。

等收入群体出现低位阶层认同的可能性,甚至可以进一步分析探讨,年龄效应、世代效应较弱的原因会不会是我国精准施策大背景下的时期因素削弱了年龄效应和世代效应,这些分析能为今后更有针对性地精准施策、更好提炼中国经验提供参考。

最后,本研究采用 APC-I 模型,在分析时期主效应和年龄主效应的基础上,以它们的交互项来实现对世代效应的分析。本研究发现,即便年龄主效应并不如时期主效应那般明显,但在 18~21 岁群体中出现了明显的差异;同时,以时期与年龄交互项呈现的世代效应较为明显,表明低位阶层认同有显著的世代效应。分析结果显示,在单个世代效应的 F 检验中,在 16 个世代中有 10 个世代呈现显著的世代效应;在各世代的世代间差异 Z 检验中,有 3 个世代的效应显著。结合 F 检验和 Z 检验均显著的情况看,1992~1995 年出生的中等收入群体在低位阶层认同上会有与其他世代程度不同的、显著降低低位阶层认同可能性的世代效应。其他几个 F 检验显著但 Z 检验不显著的世代并非不重要,只不过由于复杂的动态性,即世代效应在不同时期有不同的影响方向,所以在四期数据覆盖的时间段内综合起来的效果并没有在统计上显示出来。比如,1952~1955 年的 F 检验显著但 Z 检验不显著,在各时期的交互项系数(见表6-3)分别为 0.084、0.028、0.229、-0.238,虽有正偏差,但也有负偏差。这个世代在 4 期调查中从 50 多岁向 60 多岁转变,他们应是当前老龄化趋势下的重点关注对象之一,他们在生命历程中经历了什么使得出现低位阶层认同的可能性发生转变亟待后续研究进一步探讨。

基于以上发现,本研究得到三点启发供讨论。启发一是关于研究方法的。从 APC-I 模型中世代效应的交互项系数的丰富性可以发现,世代是理解社会变革的重要概念,也是联结个人层面生命历程和宏观层面社会背景的工具。[①] 传统 APC 模型可以解析时期、年龄、世代三种效应,但囿于把世代效应看成在整个生命历程中是不会变化的理论前提,在一定程度上限制了对宏观因素和微观因素在生命历程中动态关系的理解。作为生命历程范

---

① Ryder, N. B. "The Cohort as a Concept in the Study of Social Change." *American Sociological Review*, 1965, 30 (6).

式的一个重要原则①，社会和历史背景在塑造不同群体的生命历程轨迹方面起着不同的作用。这种作用在 APC-I 模型中，以时期和年龄相互调节的方式呈现，使得"APC-I 模型可以在每一世代所处生命历程的不同阶段得到多个不同的世代效应估计值，因此，它使得研究者能够观察到世代效应随生命历程的动态变化过程，这为我们加深对于世代效应形成原因的理解提供了更丰富的信息"②。

但需注意的是，作为不同于传统 APC 模型的创新，APC-I 模型是较新的时期–年龄–世代效应求解模型，在应用范围和结果解释上尚需保持谨慎。一方面，许琪等提到"在对模型参数施加限定后的传统 APC 模型是不可识别的，那为什么不施加任何限定的更加一般化的新模型（APC-I 模型）反而是可以识别的呢？"③ 他们认为 APC-I 模型并不是对年龄、时期、世代效应参数的无偏估计，此观点有待统计学者进一步分析论证。另一方面，此模型的分析结果有可能受到数据结构的制约。由于此模型需要时期间隔相等的纵贯调查数据作为分析的基础，调查数据的调查间隔、受访者的年龄结构在很大程度上会影响分析中的世代组。如此情况很可能导致生成的世代组并不符合理论和经验的预期，进而导致得到无法解释的世代分析结果。

启发二是关于时期效应的。为什么中等收入群体出现低位阶层认同的可能性在 2013 年（小幅上升）和 2017 年（大幅上升）并未如研究假设所预期的那样出现回落？为什么在 2021 年下降？本研究分析认为，在前文提出时期效应是各类宏观因素对社会个体产生作用的综合表现的理论论证基础上，还有必要补充一点供后面的研究参考：各类宏观因素在综合表现上对中等收入群体的低位阶层认同的影响权重会有所不同。比如，2008 年国际金融危机以及我国适度宽松的货币政策带来的最明显的影响就是房地产市场无序扩张、房价收入比的逐年攀升。这一点在 2017 年表现得尤为明显，对中等收入群体的阶层认同产生了较大的负面影响。不过，随着"房子是

---

① Elder, G. H. "Time, Human Agency, and Social Change: Perspectives on the Life Course." *Social Psychology Quarterly*, 1994, 57 (1).
② 王金水、吴愈晓、许琪：《年龄–时期–世代模型的发展历程与社会科学应用》，《社会研究方法评论》2022 年第 2 期。
③ 许琪、王金水、吴愈晓：《理论驱动还是方法驱动？——年龄—时期—世代分析的最新进展》，《社会学研究》2022 年第 6 期。

用来住的，不是用来炒的"等政策的出台，国家加大对房地产市场无序现象的治理力度，"房住不炒"反复出现在政府工作报告中，房地产市场逐渐降温，我国居民对房价的心理预期发生显著变化。基于此，本研究认为，在分析中国情境下的时期效应时，需及时有效地识别出一些能反映中国国情、权重较大的时期因素（比如住房政策），这将有助于更好地评估和预测时期效应。

启发三是关于世代效应的。中等收入群体是研究对象，从研究结果可以发现，这个群体内部正在出现世代分化。也就是说，研究其他社会现象时所用的世代划分方法，也可以运用在分析中等收入群体的阶层意识的研究中。就本研究而言，在对中等收入群体的低位阶层认同的两个检验结果中，只有三个世代都显著。对于这种一致度不高的情况，本研究认为有可能是上文提到的"时代之力"消解了世代间的差异，还可能是本研究对中等收入群体世代的划分标准有待进一步调整。为符合 APC-I 模型要求而设计的"四年一世代"不能完全把握中国的实际情况。随着中国特色社会主义建设步伐的加快，我国日益成为一个社会系统越来越开放、文化取向越来越多元的国家，以相对标准界定的中等收入群体，必定表现出更强的外在多样性和内在丰富性，因而也更可能会有较多的世代单元。就这一点而言，通过出生时间来界定世代的方式是否可以更好地完善以及如何完善，有待今后更深入地研究。

总的来说，本研究运用 APC-I 模型，分析了过去十多年里我国中等收入群体的低位阶层认同偏差情况，有助于我们更好地认识不同时期、不同年龄段、不同世代的中等收入群体的阶层意识下偏的变化趋势。在扩大中等收入群体规模的进程中，除了坚持以经济发展为导向，还要善用"时代之力"，有重点、分权重地精准施策，针对不同的宏观制度环境、特殊的年龄段以及世代，积极引导中等收入群体以客观社会变化为基础形成对中间阶层的理性预期，这有助于降低其出现低位阶层认同的可能性，增强阶层获得感，推动其更好地在扎实推进共同富裕的进程中发挥应有的阶层作用。

三 中等收入群体的消费结构

多数研究认为，在双循环新发展格局下，传统消费升级对产业转型的带动作用将更加凸显，而培育并扩大中等收入群体是实现经济发展模式转变、扩大内需特别是消费需求的重要途径。不过，已有研究发现，中等收入群体内部不是匀质的[1]，中等收入群体在对自身阶层的主观定位上存在阶层认同偏差[2]。这种阶层认同偏差对中等收入群体的一些主观态度和客观行为都产生了负面影响。

因此，为了更好地判断和识别中等收入群体如何在扎实推进共同富裕中发挥基础性作用，有必要分析中等收入群体内在差异是否在消费结构上有所体现，并且，从扩大内需的角度，分析低位阶层认同偏差是否在不同层级的中等收入群体的消费结构上有所体现。这有助于在扩大中等收入群体的进程中发掘构建扩大内需的长效机制与实现共同富裕之间的有效路径，更好地推动他们在经济社会发展中发挥基础性作用。本研究采用"中国社会状况综合调查"2021年（简称CSS2021）的数据，以家庭年收入的中位数的76%~200%来界定中等收入群体。

（一）研究问题：消费结构升级的影响因素分析

无论是以绝对标准还是相对标准来界定的中等收入群体，已有研究均发现其内部存在不匀质性。比如，这种不匀质性会体现在地域差异上，有些地域的中等收入群体主要处于此群体的收入上层，有些地域的中等收入群体则主要处于此群体的收入下层[3]。有研究在把中国家庭按照等分组的方法划分后，发现处于中间收入段的几个层级的家庭消费率占比会随着收入层级的提高而减少，边际消费水平下降[4]。此外，若把中等收入群体分成中上、中间、中下三层，他们在主观阶层认同的分布上也存在明显差异[5]。鉴于此，本研究认为，把家庭年收入处于76%~200%的中等收入群体按照三

---

[1] 李春玲：《中等收入群体的增长趋势与构成变化》，《北京工业大学学报》（社会科学版）2018年第2期。
[2] 邹宇春：《时代之力：我国中等收入群体阶层认同偏差的趋势分析》，《社会学研究》2023年第3期。
[3] 李春玲：《中等收入群体成长的个体因素分析》，《社会科学辑刊》2018年第6期。
[4] 李培林、崔岩：《我国2008—2019年间社会阶层结构的变化及其经济社会影响》，《江苏社会科学》2020年第4期。
[5] 邹宇春：《时代之力：我国中等收入群体阶层认同偏差的趋势分析》，《社会学研究》2023年第3期。

等分组分成中上、中间和中下三层，从内部差异性入手去分析中等收入群体，有助于更加精准地评估中等收入群体相关政策目标的可达性。

进入新发展阶段，受世界经济形势的影响，出口和投资对我国经济增长的拉动力量在减弱。要解决高质量发展需求与不平衡不充分发展之间的矛盾，必须把注意力转移到扩大内需上来，逐步形成以国内大循环为主体、国内国际双循环相互促进的新发展格局。学者们普遍认同，消费是内需的重要组成部分，促进居民消费是实施扩大内需战略的重要抓手。但如何释放我国居民的消费潜能，加快传统消费结构的升级成为当前亟待回答的问题。

从以收入划定的分层结构来看，当前消费模式下我国高收入群体因为消费需求较为饱和而难有较大的消费增长空间，低收入群体因为经济能力有限、生活必需品消费占比过大等同样不具备较大的消费潜能，相比之下中等收入群体的消费弹性更大，是启动消费的重要力量[1]。相关研究发现，现代消费需求（包括交通通信、教育、医疗健康消费）占收入的比重情况是：中等收入群体占比最高，其次是低收入群体，高收入群体排最末。研究者认为这意味着中等收入群体的扩大和消费特征更符合现代消费社会发展的趋势，扩大中等收入群体有助于强化消费对于经济增长的基础性作用[2]。

因此，扩大中等收入群体成为释放内需潜力以拉动中国经济的重要着力点。但同时，有研究也发现，新冠疫情对我国居民的行为和心态造成显著影响[3]，我国的中等收入群体在新冠疫情冲击下不可避免受到了一些负面影响，表现为抗风险的脆弱性凸显、自我认同感缺乏等[4]。有些地区的中等收入群体还存在阶层"滑落"现象[5]。在这样的情形下，我国的中等收入群体的占比状况及其消费支出结构到底如何，是否存在内部差异性，是否存

---

[1] 上海研究院社会调查和数据中心课题组：《扩大中等收入群体，促进消费拉动经济——上海中等收入群体研究报告》，《江苏社会科学》2016年第5期。

[2] 李培林、崔岩：《我国2008—2019年间社会阶层结构的变化及其经济社会影响》，《江苏社会科学》2020年第4期。

[3] 中国社会科学院社会学研究所课题组：《疫灾引发的社会心理冲击及应对之道》，《中央社会主义学院学报》2020年第3期。

[4] 肖若石：《"十四五"期间培育和发展中等收入群体若干问题研究》，《价格理论与实践》2021年第7期。

[5] 蔡宏波、郑涵茜：《中等收入群体"滑落"的特征、影响因素与防范路径》，《人口与经济》2023年第5期。

在消费结构升级的可能性,这是本研究想要回答的第一大问题。

需要注意的是,尽管从理论上看中等收入群体具有正向的主观态度和社会行为使得其在经济社会发展中具有"稳定器"作用,但实际能否如预期般发挥应有的作用需要研究予以评估。上文已提及,不同于国外的"中产趋同",有研究发现我国的城乡居民(包括中等收入群体)在自我阶层定位上存在偏差,尤其是主观认定的阶层层级低于其实际所处的层级的现象(低位阶层认同)比较明显[1]。学者们采用了社会事实论、相对参照论、认同碎片论、转型生存焦虑论、传统文化论等各种不同的理论来解释这种现象[2],并对其可能带来的负面影响表示了不同程度的担忧。他们担心低位阶层认同持有者可能会产生更强的社会冲突意识、更低的社会公平感和政府信任度[3],社会两极对立的可能性也会大大增加[4]。可以说,从认知行为理论来说,已有研究表明低位阶层认同有可能会抑制中等收入群体在消费潜能释放和消费结构升级方面的作用,但事实是否如此有必要通过实证研究予以证实。这是本研究想要回答的第二大问题。

(二) 中等收入群体的收支状况

1. 规模占比状况

本研究把家庭年收入中位数的76%~200%作为标准来定义中等收入群

---

[1] 赵延东:《"中间阶层认同"缺乏的成因及后果》,《浙江社会科学》2005年第2期;任莉颖:《中等收入群体与中等社会地位认同——基于社会质量理论的探讨》,《华中科技大学学报》(社会科学版) 2022年第4期。

[2] 李骏:《从收入到资产:中国城市居民的阶层认同及其变迁——以1991-2013年的上海为例》,《社会学研究》2021年第3期;范晓光、陈云松:《中国城乡居民的阶层地位认同偏差》,《社会学研究》2015年第4期;刘欣:《转型期中国大陆城市居民的阶层意识》,《社会学研究》2001年第3期;高勇:《地位层级认同为何下移:兼论地位层级认同基础的转变》,《社会》2013年第4期;王春光、李炜:《当代中国社会阶层的主观性建构和客观实在》,《江苏社会科学》2002年第4期;陈光金:《不仅有"相对剥夺",还有"生存焦虑"——中国主观认同阶层分布十年变迁的实证分析(2001—2011)》,《黑龙江社会科学》2013年第5期;李培林:《中国跨越"双重中等收入陷阱"的路径选择》,《劳动经济研究》2017年第1期。

[3] 张海东、刘晓瞳:《我国居民阶层地位认同偏移对社会政治态度的影响——基于CGSS2010的实证分析》,《福建论坛》(人文社会科学版) 2019年第9期。

[4] 李炜:《中间阶层与中等收入群体辨析》,《华中科技大学学报》(社会科学版) 2020年第6期。

体，家庭年收入高于中位数的 200% 为高收入人群，家庭年收入低于中位数的 76% 为低收入人群。CSS2021 详细询问了受访者家庭在 2020 年全年的各项收支情况，分析显示我国 18~69 岁城乡居民中，中等收入群体占比达到 37.8%，家庭年收入处于 4.6 万~12 万元之间。将其分成三等分组后，结果显示中下层的家庭年收入为 4.6 万~6.3 万元，中间层为 6.3 万~8.8 万元，中上层在 8.8 万~12 万元之间。

在中等收入群体中，按六大区占比从高到低依次为中南（30.22%）、华东（27.78%）、西南（15.18%）、华北（12.88%）、东北（7.28%）、西北（6.66%）。不过，比较各大区居民中的中等收入群体占比，最高的是东北地区（42.14%），中南、西南次之（均是 37.23%），随后依次是华北（34.72%）、西北（34.35%）、华东（33.99%）。可见，我国中等收入群体规模最大的地区是中南地区，但当地居民里中等收入占比最高的地区是东北地区，中等收入群体存在较为明显的地区分布差异。

表 6-5　我国 18~69 岁城乡居民收入组的地区分布

单位：%

地区	在中等收入群体中的占比	高	中高	中间	中低	低	N
华北	12.88	19.77	13.36	11.62	9.74	45.51	1325
东北	7.28	12.48	14.42	16.86	10.86	45.38	617
华东	27.78	30.73	14.08	10.21	9.70	35.29	2919
中南	30.22	20.08	13.80	12.39	11.04	42.68	2898
西南	15.18	20.95	13.12	11.68	12.43	41.83	1456
西北	6.66	15.73	9.67	14.00	10.68	49.93	693
N	100%	2232	1335	1182	1054	4105	9908

注："高"指家庭年收入高于中位数的 200% 的高收入人群，"低"指家庭年收入低于中位数的 76% 的低收入人群，中等收入人群的家庭年收入在中位数的 76%~200% 之间，三等分成中高、中间、中低三组。

细看各大区的收入分布（见图 6-4）可以发现：(1) 低收入组与高收入组的占比之比，最高的是东北地区（3.64），其次是西北地区（3.17），这两个地区的收入分布结构严重偏向倒丁字型，在努力构建橄榄型收入分布结构的进程中任重道远；(2) 华东地区低收入组占比（35.29%）、中等收入组占比（33.99%）、高收入组占比（30.73%）相近，呈现摩天大楼型结构，在"限高提低扩中"政策下，其收入分布结构相比其他地区具有更早发展成橄榄型的优势。

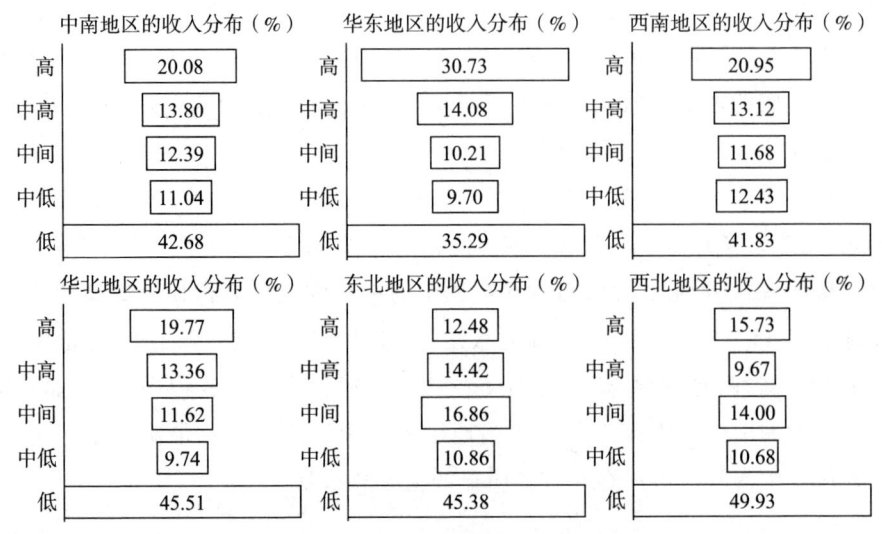

中南地区的收入分布（%）	华东地区的收入分布（%）	西南地区的收入分布（%）
高 20.08	高 30.73	高 20.95
中高 13.80	中高 14.08	中高 13.12
中间 12.39	中间 10.21	中间 11.68
中低 11.04	中低 9.70	中低 12.43
低 42.68	低 35.29	低 41.83

华北地区的收入分布（%）	东北地区的收入分布（%）	西北地区的收入分布（%）
高 19.77	高 12.48	高 15.73
中高 13.36	中高 14.42	中高 9.67
中间 11.62	中间 16.86	中间 14.00
中低 9.74	中低 10.86	中低 10.68
低 45.51	低 45.38	低 49.93

图 6-4 各大区的收入分布

2. 收支量比情况

接下来，本研究将分析中等收入群体的家庭年支出及其与家庭年收入的量比情况。只有当收入足够支撑消费支出时，释放消费潜能的可能性、合理性、可持续性才能兼顾。从表 6-6 可见，与低收入人群的家庭年支出均值相比，中下层、中间层、中上层分别增加了 34.6%、52.7%、84.9%。随着收入层级的升高，家庭年支出均值也在明显上升，就此点而言，扩大中等收入群体在一定程度上能释放我国消费市场的消费潜能。

不过，在计算家庭年收入与家庭年支出的差异时，CSS2021 显示，中等收入群体的家庭年收入比家庭年支出少约 2.5 万元，存在收不抵支的赤字状态。除了中上层是收入大于支出而有余额外，中间层、中下层都是收入小于支出的情况。尤其，中下层的赤字额是中间层的 2 倍之多。收入层级越低，收支失衡的赤字现象越严重，这意味着需要动用往年存款、其他经济支援或欠债才能维持生活。

这种家庭收支不平衡的现象意味着，一方面，中等收入群体存在巨大的消费潜能，但要注意在引导中等收入群体释放消费潜能的同时，也要引导其理性合理地消费，避免非理性的超前消费；另一方面，需要尽快提高中等收入群体的收入，或者说要保持其收入增长的速度快于其支出增长的速度，如此才能实现释放消费潜能的可持续性。当然，需要说明的是，这种不平衡现象有可能是由疫情所致，毕竟CSS2021收集的是受访者家庭2020年全年的收入和支出数据，CSS早期数据并未明显出现这种情况。因此，需要更新的全国随机调查数据予以验证。

表6-6 我国18~69岁城乡居民的收支情况

单位：元

收入层级	样本数	家庭年收入均值	家庭年收入标准差	家庭年支出均值	人均支出均值	收支余额
上	2232	234376	281835	188687	73463	45689
中上	1335	92210	8576	91440	31632	770
中间	1182	67015	5945	75510	25760	-8495
中下	1080	49304	4650	66577	21260	-17273
下	4079	15416	13544	49459	18343	-34043

注：若无特殊说明，均通过差异显著性检验，结果略。

分地区来看，各地区在中等收入群体的家庭年收入和家庭年支出量比上存在差异。2021年除东北、西北出现收支余额为正的情况外，其他各地区均出现收入少于支出的情况。对比CSS2013数据，情况恰好相反，仅有东北、西北出现收入少于支出的情况，其他地区没有出现家庭赤字的情况。东北、西北是CSS2013、CSS2021的各地区中家庭年收入最低的两个地区，没有出现家庭赤字的原因之一可能是，我国中等收入群体的收入主要来自劳动性收入，而疫情对就业产生了巨大冲击，导致华东、西南、中南、华南等地中等收入群体家庭收入的减少量要远高于东北、西北地区。

表6-7 我国中等收入群体家庭两期收支情况对比

单位：元

地区	2013年 家庭年收入	2013年 家庭年支出	2013年 收支余额	2021年 家庭年收入	2021年 家庭年支出	2021年 收支余额
华北	53693	52516	1177	77950	86354	-8404
东北	52466	52529	-63	75808	62765	13043
华东	54455	48140	6315	81800	98640	-16840

续表

地区	2013年			2021年		
	家庭年收入	家庭年支出	收支余额	家庭年收入	家庭年支出	收支余额
中南	53015	45738	7277	78325	81645	-3320
西南	52616	41075	11541	76624	90063	-13439
西北	51686	52046	-360	75592	73049	2543

注：2021年数据反映的是2020年状况。由于疫情，可以看出更多地区中等收入家庭陷入困境。

3. 横向比较情况

与西方发达国家相比，一方面，可以看到我国中等收入群体的占比差距正在明显缩小，中等收入群体的收入增长更明显。皮尤研究中心对美国政府数据的分析显示，以全国居民家庭年收入中位数三分之二至二倍区间界定的中等收入群体规模[1]在美国明显缩小，从1971年占比61%降至2021年50%，同时高收入、低收入的占比都有所上升，分别达到29%、21%[2]。美国收入分配的不平等在加剧。同样，OECD报告指出，欧洲各国的中等收入群体占比呈下降的趋势，大多数OECD国家的中产阶级已经萎缩，年轻一代更难成为中产阶级，各国占比平均达61%。在整个OECD中，除少数几个国家外，2019年中等收入水平仅略高于10年前，每年仅增长0.3%。[3]反观我国中等收入群体的收入水平，我国18~69岁中等收入群体的收入在不断增长，对过去10年（CSS的2021年与2011年数据）数据的对比分析发现年均增长率为6.7%，远高于OECD的增长水平；若放到疫情之前，把CSS2019与10年前数据对比则年均增长率更高，约达到了11.6%。

同时，仍要看到，我国中等收入群体占比还有很大的提升空间，要坚定不移抓紧落实扩大中等收入群体的政策。尽管我国中等收入群体的占比差距在缩小，但仍然存在至少10个百分点的差距。并且，分析CSS过去10

---

[1] 在皮尤研究中心的这项分析中，中等收入群体是指家庭年收入是2020年美国全国收入中位数的三分之二到两倍的美国成年人。

[2] 数据来源：https://www.pewresearch.org/short-reads/2022/04/20/how-the-american-middle-class-has-changed-in-the-past-five-decades/。

[3] Derndorfer, J., & Kranzinger, S. "The Decline of the Middle Class: New Evidence for Europe." *Journal of Economic Issues* 4, 2021, 914-938; https://web-archive.oecd.org/2019-04-17/515008-governments-must-act-to-help-struggling-middle-class.htm; OECD, *Under Pressure: The Squeezed Middle Class*. OECD Publishing, Paris, 2019. https://doi.org/10.1787/689afed1-en.

多年的数据，发现我国18~69岁居民中的中等收入群体占比，自2006年以来略有增长后又略有下降（见图6-5）。这意味着我们的收入分配格局没有明显变化。从这一点来看，在收入增长的同时，适当合理地调整收入分配格局是扩大中等收入群体的重要方式。

自1971年以来美国中产阶级中成年人的比例大幅减少
百分比是指各成年人阶层规模的占比

年份	低收入群体	中等收入群体	高收入群体
2021	29%	50	21
1971	25	61	14

注：成年人基于他们调查前一年调整后的住房收入规模被分配到不同的收入层级。由于四舍五入，占比之和可能不等于100%

资源来源：皮尤研究中心对当前人口调查的分析。年度社会和经济增刊（IPUMS）。

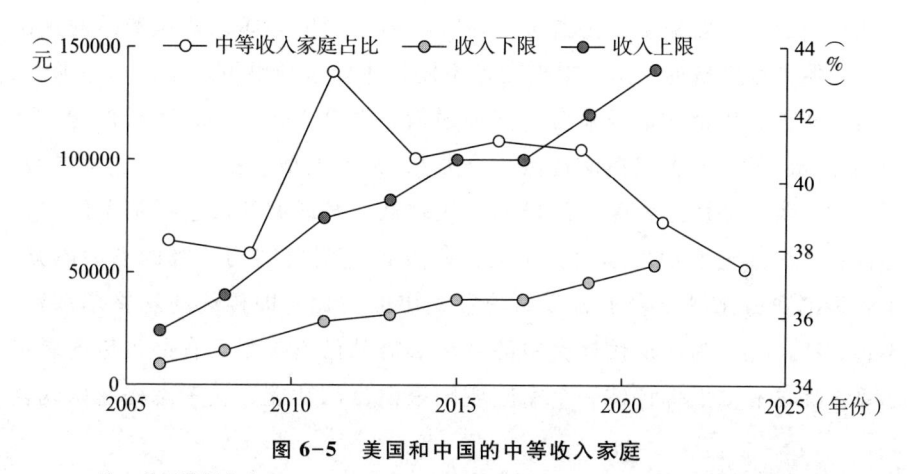

图6-5 美国和中国的中等收入家庭

注：美国数据来自 https://www.statista.com/chart/29889/people-aggregate-income-by-income-class/。

（三）中等收入群体消费结构的状况

通过消费结构升级来扩大内需，再通过扩大内需来拉动经济增长，是消费需求对生产的决定作用的基本体现。所谓消费结构，是指各类消费支出在消费总支出中的占比情况。因此，消费结构升级就是指基础层次消费支出的占比下降而其他高层次消费支出的占比上升，它直接反映了消费水平和发展趋势。消费结构升级的核心是以消费结构优化为代表的消费内容的变动[1]。

有研究认为,中等收入群体的消费潜力巨大,更愿意追求享受型和发展型等消费,该群体的消费结构具备升级的特点[2]同时,预期认为,中等收入群体在家庭日常支出、住房等耐用消费品以及新兴服务业等方面会产生旺盛需求[3]。需要注意的是,当前对中等收入群体的消费行为研究中,大部分都是将其当成一个群体来对待,没有考虑到中等收入群体在消费行为上也可能存在内部差异性。科尔曼认为,社会分层中的中上层注重品位与体验,中间层注重体面,而下层注重实物与即时满足[4],这种消费品位的不同是否会体现在我国中等收入群体的消费支出行为上,需要实证研究予以分析。如果这种内部差异性确实存在,那么随着中等收入群体的逐步扩大,需有针对性地培育和建设符合他们差异化需求的消费市场。

为此,本研究接下来分析中等收入群体整体及三个层级的家庭消费支出构成情况。一般来说,我国居民的家庭消费支出大体包括消费品的支出和用于服务性消费的支出。根据用途不同,主要包括以下八类:食品烟酒、衣着、居住、生活用品及服务、交通通信、教育文化娱乐、医疗保健、其他用品及服务。学者们把消费做了分类[5],常见类型包括生存型、发展型、舒适型三类,并认为生存型消费的占比越低、发展型和舒适型消费的占比越高,居民的消费潜力越大,扩大内需并促进消费结构升级的动力越强。生存型消费占比可以表示为食品消费支出的占比,即传统的恩格尔系数。不过,有研究认为,现代社会中的生活必需品已不仅限于食品,传统恩格尔系数无法有效发挥评估一个家庭或国家财富的功能,应考虑构建以现代

---

[1] 黄隽、李冀恺:《中国消费升级的特征、度量与发展》,《中国流通经济》2018年第4期。

[2] "中国季度宏观经济模型(CQMM)"课题组:《2021—2022年中国宏观经济更新预测——提高中等收入群体收入增速的宏观经济效应分析》,《厦门大学学报》(哲学社会科学版)2021年第6期。

[3] 李实、杨修娜:《中等收入群体与共同富裕》,《经济导刊》2021年第3期。

[4] Jackman, M. R., & Jackman, R. "An Interpretation of the Relation between Objective and Subjective Social Status." *American Sociological Review* 38, 1973, 569-582.

[5] 袁志刚、夏林锋、樊潇彦:《中国城镇居民消费结构变迁及其成因分析》,《世界经济文汇》2009年第4期;张翼:《当前中国社会各阶层的消费倾向——从生存性消费到发展性消费》,《社会学研究》2016年第4期。

社会生活必需品为核心要素的"新恩格尔系数"①。

CSS2021 调查了受访者家庭 2020 年全年在食品、衣着、房租、房贷、首付、电水燃气物业取暖、家电家具汽车、医疗保健、通信、交通、教育、家政服务、文化旅游娱乐、赡养、人情往来、保险、其他等方面的支出情况。本研究参照常见的消费类型三分法，以及兼顾中国传统文化下较明显的本土消费行为，把这些消费分成五大类：一是生存型支出（包括食品、衣着、房租、房贷、首付②、电水燃气物业取暖、家电家具汽车、医疗保健、通信、交通。其中，食品是传统生存型支出，其占比代表了传统恩格尔系数；剩余各项是现代生存型支出）；二是发展型支出（包括教育和保险）；三是舒适型支出（包括文化旅游娱乐、家政服务）；四是本土型支出（包括赡养、人情往来）；五是其他型支出（其他各类无法归类的细项支出）。

表 6-8 列出了中等收入群体的整体以及细分层级后的各项家庭年支出在家庭年总支出中的占比情况。可以发现中上、中间、中下层在各类型的家庭年支出上存在差异，特点如下：①传统生存型支出占比排第二，达到 34.05%，随着层级升高而下降；②现代生存型支出占比最高，达到 41.94%，且在三个层级里的占比稳定；③其他支出占比从高到低依次为其他型、本土型、舒适型。随着层级的升高，发展型支出占比逐渐下降，舒适型、其他型支出占比有所提高，而本土型支出占比稳定。

表 6-8 各类型家庭年支出在家庭年总支出中的占比

单位：%

	生存型		发展型	舒适型	本土型	其他型
	传统：食品	现代：衣住行、通信等	教育、保险	文化旅游娱乐、家政服务	赡养、人情往来	其他
中等收入整体	34.05	41.94	18.15	1.19	2.73	5.85
中上	33.00	42.00	17.00	2.00	3.00	7.00
中间	34.00	42.00	18.00	1.00	3.00	6.00
中下	35.00	42.00	20.00	1.00	3.00	5.00

注：由于缺失值原因，表中的百分比加总不等于100%。

---

① 郭新华、孙俊婷：《扩大中等收入群体规模对消费升级的影响——基于湖南省 14 个地级市面板数据的实证》，《时代经贸》2022 年第 9 期。
② 把首付的数据剔除后，分析结果呈现的消费结构分布与本研究一致。

这些特点表明，①从传统恩格尔系数来看，按照联合国标准，传统恩格尔系数（食品支出占总支出的比例）达60%为贫困，50%~59%为温饱，40%~50%为小康，30%~40%为富裕，低于30%为最富裕，我国中等收入群体已处于富裕阶段。同时，分层级来看，我国中等收入群体的消费结构还有一定的升级空间，表现为随着中等收入群体收入的逐渐提高，其生存型支出占比下降，为其他类型的消费腾出空间。层级越高，对生存以外的消费兴趣更大。②现代生存型支出占比最大，意味着要着重提升这类消费的质量，提供更加个性化的产品和服务，有助于更好地拉动内需。同时，住房在现代生存型支出中的占比最高，在当前住房市场变冷的趋势下，中等收入群体在住房上的消费会分散到其他地方，这会成为消费市场下一个增长点。③舒适型支出占比很低的现象需辩证看待。我国传统文化强调节俭朴素、吃苦耐劳，所以舒适型支出占比较少。但在投资和出口对经济增长贡献率下降的趋势下，我国经济增长需要内需拉动，以文化旅游娱乐、家政服务为主要消费内容的舒适型支出是消费结构升级并提振整体经济的预期着力点。因此，要在增加舒适型支出上做好现代理念与传统理念的平衡。④随着我国人情往来旧风俗的弱化，中等收入群体的本土型支出有所变化，尤其随着老龄社会的到来，有可能赡养支出会持续加多，而人情往来支出会减少，占比变数很大，未来如何不好预测。

（四）低位阶层认同对中等收入群体消费产生负面影响

为助力中等收入群体在畅通国内大循环、扎实推进新发展格局和共同富裕等方面的预期作用能够发挥出来，社会科学领域极为关注哪些因素会影响他们的消费行为，以便提出有针对性的、可操作的对策建议。已有研究从不同学科视角分析了中等收入群体消费行为的影响因素，包括社会人口特征（年龄、教育等）、购买力、金融知识、家庭压力、住房条件、城乡地区、社会地位、自我控制、同伴服从①等。在此基础上，本研究认为有必

---

① Zahra, D. R., & Anoraga, P. "The Influence of Lifestyle, Financial Literacy, and Social Demographics on Consumptive Behavior." *The Journal of Asian Finance, Economics and Business* 8 (2), 2021, 1033-1041; Hayati, A., Yusuf, A. M., & Asnah, M. B. "Contribution of Self Control and Peer Conformity to Consumptive Behavior." *International Journal of Applied Counseling and Social Sciences* 2 (1), 2020, 16-24; Enrico, A., Aron, R., & Oktavia, （转下页注）

要把阶层认同尤其是低位阶层认同作为影响因素加以考虑。

阐释阶层认同与消费行为之间关系的理论极为丰富。马克思、韦伯、布迪厄、齐美尔、凡伯伦、鲍德里亚等都从不同角度论述了消费行为受到阶层地位和阶层结构的影响，消费行为反映了阶层背后的品位、文化、财富等。但正如前文所言，我国的中等收入群体已被发现具有低位阶层认同倾向。这种倾向对他们的社会公平感、合作行为等产生了一定程度的负面影响。当对自己的阶层位置产生向下的偏差感知时，其背后指导消费行为的阶层逻辑会对其消费行为产生什么影响很值得研究。消费心理学的研究认为，自我概念会影响消费决策和行为，而阶层认同是自我概念形成的范式路径之一[①]。也就是说，中等收入群体的自我阶层定位会影响他们的自我概念，进而影响他们的消费决策及行为。倘若中等收入群体对自我阶层的主观定位低于客观层级，其相应的消费决策和行为也将偏离中等收入群体的角色预期。不考虑阶层认同对消费行为的影响，很可能会产生遗漏重要变量的分析误差。

为此，本研究重点关注低位阶层认同会对中等收入群体的消费产生何种影响，尤其关注其是否会抑制他们的消费潜能或消费结构升级。CSS2021询问受访者，"您认为目前您本人的社会经济地位在本地大体属于哪个层次？"，选项有5个，分别是"上、中上、中、中下、下"。通过比较受访者主观认定的阶层与其家庭年收入所处的阶层，新生成了"低位阶层认同"变量。当主观阶层低于客观阶层，就认为存在低位阶层认同，赋值为1；当主观阶层等于或高于客观阶层，就认为不存在低位阶层认同，赋值为0。

分析显示（见图6-6），客观中上、中间、中下中等收入群体有低位阶层认同的占比分别是92.13%、53.72%、25.37%。这意味着，客观阶层越高的中等收入群体有低位阶层认同的比例越高，不同客观阶层的中等收入群体在低位阶层认同上有明显差异。

（接上页注①）W. "The Factors that Influenced Consumptive Behavior: A Survey of University Students in Jakarta." *International Journal of Scientific and Research Publications* 4 (1), 2014, 1-6; 何昀、过天姿：《我国中等收入群体消费的影响因素实证研究——基于CHFS2015数据》，《商学研究》2019年第4期；朱迪：《中等收入群体的消费趋势：2006—2015》，《河北学刊》2017年第2期。

① Reed, A. "Social Identity as a Useful Perspective for Self-Concept-Based Consumer Research." *Psychology & Marketing* 3, 2002, 235-266.

共同富裕：衡量指标与实现路径

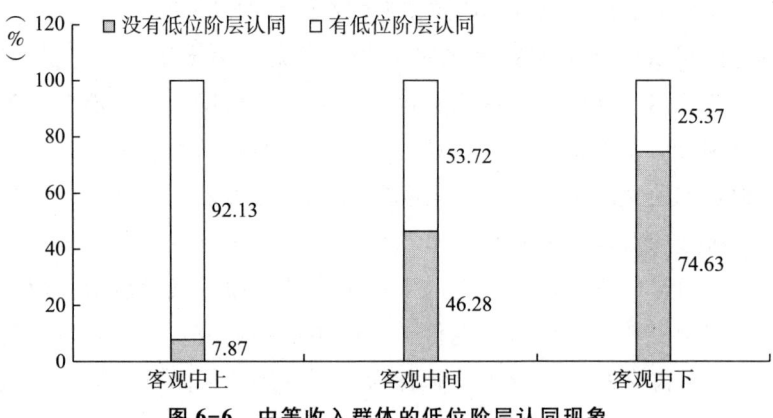

图 6-6 中等收入群体的低位阶层认同现象

为了进一步了解低位阶层认同偏差的负面作用，本研究分析了低位阶层认同与幸福感、满意度、安全感之间的相关关系。结果显示，与没有低位阶层认同的中等收入群体相比，有低位阶层认同的中等收入群体在幸福感、满意度、安全感方面的得分都更低（卡方检验显示三者全部在 99% 置信度上显著）。

表 6-9 低位阶层认同与幸福感、满意度、安全感的相关性

有无低位阶层认同	幸福感	满意度	安全感
无	3.49	7.82	3.2
有	3.29	7.15	3.15
差值	-0.2	-0.67	-0.05

注：幸福感取值范围 1~4，满意度取值范围 1~10，安全感取值范围 1~4；数值越大表示幸福感、满意度和安全感的得分越高。

针对中等收入群体，本研究把低位阶层认同变量与五大类消费支出做相关分析，结果显示，①与无低位阶层认同者相比，有低位阶层认同者生存型支出占比较低，其他支出占比都相对更高。从 T 检验结果来看，有无低位阶层认同，在现代生存型支出、本土型支出两类上差别不大，在其他类型的支出上有显著的差异。②不过，若分三个中等收入组来比较，三个组内的两类群体的消费结构存在一定的差异，呈现与整体中等收入群体不太相似的规律：在三个分组中，虽然低位阶层认同者均有更低的生存型支出占比，但细分传统生存型和现代生存型则呈现不同的差异方向。在中间

层里，低位阶层认同者有更高的传统生存型支出占比。在中下层里，低位阶层认同者有更高的现代生存型支出占比。此外，中间层、中下层中的低位阶层认同者都有着更低的舒适型支出占比。

表 6-10 低位阶层认同与五大类消费支出的相关性

单位：%

	生存型		发展型	舒适型	本土型	其他型
	传统：食品	现代：衣住行、通信等	教育、保险	文化旅游娱乐、家政服务	赡养、人情往来	其他
低位阶层认同						
0	*34.72*	*42.07*	*18.12*	*1.00*	2.64	*5.28*
1	*33.60*	*41.84*	*18.16*	*1.32*	2.79	*6.23*
低位阶层认同 * 中等收入分组						
中上 0	36.48	42.68	*14.29*	1.55	1.62	*4.17*
1	32.80	41.99	*17.64*	1.60	2.85	*6.79*
中间 0	33.91	42.89	17.55	*1.34*	2.74	*5.26*
1	34.94	41.48	18.02	*1.07*	2.43	*6.05*
中下 0	35.05	*41.42*	19.06	*0.69*	2.69	*5.45*
1	34.19	*42.05*	20.97	*0.67*	3.36	*4.13*

注：斜体表示通过 T 检验。

从中等收入群体的整体来看，低位阶层认同偏差并没有如之前我们所担忧的那样会对中等收入群体的消费结构升级产生明显的抑制作用。但若细分，会发现低位阶层认同在一定程度上抑制了中间层、中下层从生存型支出向其他类型支出的升级。因此，在促进中等收入群体的消费时，有两点需要注意。第一，有关中等收入群体的政策不能一刀切，其内部有差异，不同层级消费结构不一样。第二，针对优化消费结构、增加消费支出的政策目标，要看到低位阶层认同现象对中间层、中下层消费结构升级存在一定的抑制影响。

（五）思考：发挥中等收入群体"稳定器"作用

扩大中等收入群体，是畅通经济循环、推进共同富裕的必然要求，也是维护社会和谐稳定、国家长治久安的必然要求。但值得注意的是，随着中等收入群体规模的扩大，此群体内部出现明显的分层，无论在消费结构还是阶层认同上都存在差异，尤其是一定比例的低位阶层认同对中间层、中下层的消费结构升级产生了抑制作用。针对如何消解这种抑制作用、更好地发挥中等收入群体在经济社会发展中的基础性作用，本研究基于以上分析简要提出几点建议供参考。

一是，重视低位阶层认同对精神富裕的消极作用，调整当前中等收入群体的低位阶层认同偏差。在当今社会，精神富裕已成为人们追求的重要目标之一。然而，要实现精神富裕，不仅需要个体的努力，更需要社会的支持和引导。其中，重视低位阶层认同对精神富裕的消极作用，调整当前中等收入群体的低位阶层认同偏差，是至关重要的一环。依照相对参照理论，个体自我阶层评估的结果在很大程度上取决于其所选择的参照群体。然而，很长一段时期以来，娱乐业所展现出的脱离实际的中层生活，对中等收入群体的自我定位评估产生了严重误导。这种偏差倾向不仅会影响其个人的精神状态和生活质量，还会对整个社会的精神富裕水平产生负面影响。因此，我们应该让更多的人认识到这一群体的真实生活状态和价值观，引导其树立正确的生活目标，激发其追求更高层次的精神富裕的动力和信心。只有形成合理、理性的自我阶层认同，中等收入群体才能成为名副其实的"稳定器"，产生较为稳定的精神内核，形成较为积极的社会心态和政治态度，从精神富裕维度助推共同富裕的实现。

二是，坚持发展才是硬道理，只有提升绝对收入才能真正推动中等收入群体积极关注基本生存之外的消费。在当今社会经济背景下，中等收入群体的消费能力提升与消费结构升级已成为推动经济发展的重要力量。而这一进程的核心在于坚持发展才是硬道理的原则，并通过提升绝对收入来激发中等收入群体的消费潜能。马克思主义唯物史观为我们提供了理论支撑。它强调生产力与生产关系的相互作用，以及生产力对社会经济结构的决定性影响。在这个理论框架下，我们可以清晰地看到，只有持续推动生产力的发展，才能实现社会经济结构的优化和升级，进而为中等收入群体创造更多的增收机会和更大的消费空间。中等收入群体作为社会的重要组成部分，其消费能力的提升不仅关乎个体福祉的改善，更对经济增长和社会稳定具有深远影响。然而，要实现这一目标，必须建立在绝对收入提升的基础之上。绝对收入的提升是中等收入群体消费能力增强的物质保障，也是他们追求更高层次、更多元化消费的前提条件。此外，我们还需要认识到，中等收入群体消费能力的提升并非孤立的经济现象，它与社会政策、市场环境、受教育水平等多方面因素密切相关。因此，政府和社会各界应共同努力，构建有利于中等收入群体增收和消费的政策体系与市场环境。这包括提供更多的就业机会、优化创业环境、加强教育和培训、完善社会保障体系等。同时，我们还应倡导理性、绿色、健康的消费观念，引导中等收入群体在追求美好生活的同时，注重消费的质量和效益。通过提高消费者的信息素养和鉴别能力，帮助他们做出更加明智的消费选择，实现消费与生活的和谐统一。

三是，针对现代必需品，加快供给侧结构性改革，释放中等收入群体的消费潜能。中等收入群体仍然具有较大的对传统必需品和现代必需品的消费需求，尤其在现代必需品方面的消费占比最高，这意味着在现阶段通过供给侧结构性改革，大力提高现代必需品的供给量、消费质量，是扩大内需的重要内容。第一，优化现代必需品的生产结构，增加有效供给。通过引导企业加大研发投入力度、引进先进生产技术和管理经验，推动现代必需品的产业升级和产品创新，以满足中等收入群体多样化的消费需求。第二，提高现代必需品的质量标准，保障消费者权益。建立健全现代必需品的质量监管体系，加强质量检测和认证工作，确保产品质量符合国家标准和消费者期望。同时，加大对违法违规行为的打击力度，维护良好的市场秩序和消费者权益。第三，推动现代必需品的个性化定制服务发展。针对中等收入群体对个性化消费的需求，鼓励企业提供定制化、差异化的产品和服务。通过运用大数据、人工智能等先进技术，精准把握消费者需求，提供个性化的购物体验和解决方案。

四是，针对中等收入群体内部分层的特点，有针对性地引导不同层级的中等收入群体形成更加理性、更加高质量的消费行为，助推消费结构升级。消费升级的核心在于消费结构的优化，即消费者在满足基本生活需求的基础上，逐步增加对发展资料和享受资料的消费，从而提升消费层次和消费质量。在这一过程中，恩格尔系数的大小成为衡量消费结构是否合理的重要指标。恩格尔系数过大，意味着食品等生存型消费在总消费中占比过高，这必然会挤压其他消费支出，特别是影响发展资料和享受资料的增加，从而限制消费层次和消费质量的提升。针对我国中等收入群体的消费结构状况，我们可以发现，尽管整体消费水平在提升，但恩格尔系数仍然较高,这在一定程度上制约了消费结构的优化。因此,有针对性地引导不同层级的中等收入群体降低恩格尔系数,成为当前消费结构升级的重要任务。对于较低层级的中等收入群体,他们的消费行为主要集中在满足基本生活需求上。因此,我们可以通过加强消费教育,引导他们逐步增加对发展资料和享受资料的消费。同时,政府和社会各界也应提供更多优质的公共服务和社会保障,降低他们的生活成本和风险预期,从而为他们释放更多的消费潜力创造条件。对于较高层级的中等收入群体,他们已经具备了一定的消费能力和消费品位。因此,我们可以通过推广绿色消费、智能消费等新型消费模式,引导他们形成更加健康、环保、便捷的消费行为。同时,鼓励他们关注个体和家庭的社会资本与人力资本的提升,通过增加教育、文化、旅游等方面的消费支出,提升自身素质和生活品质。

此外,我们还应关注中等收入群体在消费结构升级过程中的差异化需求。不同地域、不同职业、不同年龄的中等收入群体在消费行为上存在差异,因此我们需要制定差异化的消费政策,提供个性化的消费产品和服务,以满足他们的多样化需求。

第七章
共同富裕目标下的专题之二：
志愿服务[*]

一 共同富裕与第三次分配、志愿服务

习近平总书记在《扎实推动共同富裕》中提出了促进共同富裕的总体思路，其中特别强调"构建初次分配、再分配、三次分配协调配套的基础性制度安排"。三种分配形式的理论雏形最早由厉以宁在1991年的《论共同富裕的经济发展道路》中提出。在这篇文章中，他首次提出了"影响收入分配的三种力量"。1994年，他在《股份制与现代市场经济》一书中进一步提出，收入不应只有市场、生产要素的首次分配，以及国家干预、税收调节和贫困补助的二次分配，还需要政府加强调节、引导慈善事业的三次分配（又称第三次分配），通过三次分配可以解决收入分配难题。

三次分配是相对于初次分配、二次分配而言的。初次分配由市场主导，强调效率优先；二次分配由政府主导，通过政府税收和社会保障等手段，注重公平性；三次分配是在前两者的基础上，由公益慈善机构、基金会与志愿服务组织来主导，按自愿原则，政府适当引导，进一步促进社会资源的合理分配。它是缩小收入差距、助力加强市场经济的道德规范建设、促

---

[*] 本章的二、三、四、五部分原载社会科学文献出版社出版的《2024年中国社会形势分析与预测》。

进共同富裕的重要方式，是对再分配的有益补充。三次分配是社会财富在不同主体之间的传递过程，也是社会资源在不同群体之间流动的过程。第三次分配已成为我国基本经济制度的一部分，只有充分发挥三种分配形式各自的优势并形成合力才能推动共同富裕目标的实现。①

志愿服务作为第三次分配中最具有劳动本质和道德意蕴的形式，可以产出物质与精神价值，深入推进志愿服务的高质量发展，对扎实推进共同富裕具有重要意义。志愿服务是社会力量的重要体现，具有非营利性、自愿性和公益性等特点。在第三次分配中，志愿服务扮演着桥梁和纽带的角色，联结着政府、市场和社会个体。志愿服务通过提供公益服务、参与社区建设、推动文化传承等方式，有效地促进了社会资源的合理分配和社会公平的实现。党的二十大报告明确指出"完善志愿服务制度和工作体系"②，为我国志愿服务事业的发展提出了新的要求。习近平总书记重视志愿服务在基层社会治理中的作用，强调"要为志愿服务搭建更多平台，更好发挥志愿服务在社会治理中的积极作用"③，这说明志愿服务的发展是国家治理体系和治理能力现代化的重要内容。

因此，为了在高质量发展中推进共同富裕，发挥好第三次分配的调节作用，有必要用系统和科学的方法及时了解和评估我国志愿服务的主体（活跃志愿者）及其提供的志愿服务之状况和发展趋势。本部分使用2023年中国社会状况综合调查中的志愿服务数据，对2023年我国活跃志愿者的发展状况展开分析。2023年CSS问卷中设置了"志愿服务与公益慈善"模块，较为系统地收集了18~69岁全国城乡居民的志愿服务信息④。

本研究首先分析我国活跃志愿者的总体规模与发展状况，了解我国活跃志愿者数量、其人口特征如何以及志愿服务参与的组织情况和网络化情况，并与2021年和2019年的部分情况进行对比，旨在探析后疫情时代我国

---

① 《发挥第三次分配对促进共同富裕的积极作用》，https://baijiahao.baidu.com/s?id=1711038435255909534&wfr=spider&for=pc。

② 《习近平：高举中国特色社会主义伟大旗帜 为全面建设社会主义现代化国家而团结奋斗——在中国共产党第二十次全国代表大会上的报告》，http://www.news.cn/politics/cpc20/2022-10/25/c_1129079429.htm。

③ 《推动志愿服务有效融入基层社会治理》，https://m.gmw.cn/baijia/2022-05/23/35754457.html。

④ CSS采用了AB卷随机分卷模式，志愿服务随机分配在B卷。

志愿服务参与的发展趋势。其次，主要分析各类志愿服务参与的情况及其地区、部门和行业差异。再次，主要分析活跃志愿者与非活跃志愿者群体在精神富裕水平上的差异。最后则论述志愿者及志愿服务发展的趋势、存在的问题，并提出相应的建议。

二 我国活跃志愿者的总体规模与发展状况

民政部2020年发布的《志愿服务基本术语》将志愿者定义为"以自己的时间、知识、技能、体力等从事志愿服务的自然人"，将志愿服务定义为"志愿者、志愿服务组织和其他组织自愿、无偿向社会或者他人提供的公益服务"[1]。然而，由于部分志愿者受到个人观念和客观环境等方面变化的影响，很可能长时间不参与或难以再次参与志愿服务。为了更准确地评估我国志愿者群体的状况，本研究选择以近一年来[2]是否参与志愿服务为划分标准，区分出活跃志愿者群体[3]。也就是说，在近一年内曾参与志愿服务的志愿者被定义为活跃志愿者。与之相对应的是非活跃志愿者，指的是近一年内没有志愿服务经历的人群。这两个群体分别代表了正在参与和暂未参与志愿服务的人群，通过对他们的志愿服务情况进行分析，有助于更全面地了解和把握我国的志愿服务状况。因此，本研究将重点关注并深入分析活跃志愿者群体的主要特征。

（一）活跃志愿者规模

我国18～69岁居民中，活跃志愿者占比逐年上升，2023年占比超三成。根据CSS2023数据，我国18～69岁的受访对象中近一年内参与志愿服务的

---

[1] 《志愿服务基本术语》，https://xxgk.mca.gov.cn：8445/gdnps/n2445/n2575/n2580/n2582/n2592/c117058/attr/273188.pdf。
[2] 本研究中的时间均以CSS2023实施时的时间为参照。
[3] 本研究中的活跃志愿者并不等于注册志愿者。两者的概念内涵和测量口径不同。注册志愿者是指已在相关志愿服务信息系统/平台/组织注册了个人基本信息的志愿者。注册志愿者包括"活跃注册志愿者"和"非活跃注册志愿者"，后者因长时间未提供志愿服务被称为"僵尸志愿者"或"静默志愿者"。

占比达到 33.24%，这与 2021 年（29.90%[①]）和 2019 年（25.09%[②]）相比，可看出活跃志愿者占比不断上升的趋势。为了把握我国活跃志愿者群体规模，本研究假设人口结构不变，参考第七次全国人口普查结果和 2019 年 1‰人口抽样调查结果进行了简单估算。结果显示，我国 18~69 岁的居民中，活跃志愿者总体规模约为 3.41 亿人（95%的置信度下，推论区间为 3.29 亿~3.53 亿人）。这表明，我国活跃志愿者规模正稳步扩大，志愿服务已经深入人心，这为志愿服务的可持续发展和制度化建设提供了坚实的群众基础和人力保障。

（二）活跃志愿者人口特征

从人口结构上看，党员、"00 后"、较高家庭收入和受教育程度的群体更可能成为活跃志愿者。根据 CSS2021 分析结果，从政治面貌上看，活跃志愿者中，群众身份占比最高，为 66.81%，但群众中的活跃志愿者占比仅为 27.26%，远低于其他政治面貌群体中活跃志愿者的占比。其中，中共党员中的活跃志愿者占比为 62.28%，占比最高，共青团员中的活跃志愿占比为 56.35%，民主党派中的活跃志愿者占比为 39.18%。相较于 2021 年，群众（24.10%）、中共党员（54.36%）和共青团员（53.27%）中的活跃志愿者占比均有提升，民主党派中的活跃志愿者占比（57.14%）则有所下降。

从出生世代来看，被访者越年轻，越可能成为活跃志愿者。"00 后"的活跃志愿者占比最高，达到 53.53%，远高于其他世代；其次是"90 后"（37.59%），再次是"80 后"（36.26%），这些世代的活跃志愿者占比均高于全国平均水平（33.24%）。而 1980 年前出生的世代群体中，活跃志愿者占比普遍较低，其中，"70 后"为 32.75%，"60 后"为 23.97%，"50 后"为 16.74%。这说明，年轻世代更有志愿服务的意识和习惯，而且年轻世代

---

① 参见邹宇春、梁茵岚《2021 年中国活跃志愿者现状调查报告》，载李培林、陈光金、王春光主编《2022 年中国社会形势分析与预测》，社会科学文献出版社，2022。如无特别说明，本研究所作 2021 年活跃志愿者群体状况分析所使用数据来源均与此报告相同，不再赘述。

② 参见邹宇春、张丹、张彬、王翰飞、崔晨洁《2019 年中国活跃志愿者现状调查报告》，载李培林、陈光金、王春光主编《2020 年中国社会形势分析与预测》，社会科学文献出版社，2020。如无特别说明，本研究所作 2019 年活跃志愿者群体状况分析所使用数据来源均与此报告相同，不再赘述。

之间的参与模式差异也较小。

从家庭收入来看，活跃志愿者和非活跃志愿者的家庭年收入均值存在显著[①]差异，活跃志愿者的家庭年收入均值达140824.80元，而非活跃志愿者的家庭年收入均值仅为96586.58元。将受访者的家庭年收入五等分并进行交叉分析表明，成为活跃志愿者的可能性与家庭年收入呈正相关关系。具体来说，低收入家庭群体中，活跃志愿者的占比为23.39%；中低收入家庭群体中，活跃志愿者的占比为26.78%；中等收入家庭群体中，活跃志愿者的占比为32.38%；中高收入家庭群体中，活跃志愿者的占比为37.19%；高收入家庭群体中，活跃志愿者的占比为43.25%。这说明，家庭年收入越高，参与志愿服务的意愿和能力越强。

从受教育程度来看，受教育程度越高，越可能成为活跃志愿者。大学本科及以上学历群体中的活跃志愿者占比最高，为57.47%，其次是大专学历群体（42.86%），再次是高中/中专/技校学历群体，这些学历群体的活跃志愿者占比均高于全国平均水平（33.24%）。而初中学历群体和小学及以下学历群体的活跃志愿者占比则较低，分别为25.26%和17.23%。这说明，接受较高程度教育的群体，更倾向于成为活跃志愿者。

综合来看，无论是非群众身份、年轻的出生世代还是较高家庭收入和受教育程度，都更有可能成为活跃志愿者，显示出较强的志愿服务参与的倾向性。

（三）志愿服务次数、时长与贡献经济效益

近三个月，我国活跃志愿者人均参与志愿服务1.35次，人均志愿服务时长为10.51小时，人均志愿服务次数和人均志愿服务时长、贡献的经济效益均较2021年有明显下降。从参与强度来看，尽管2021年我国活跃志愿者在志愿服务方面取得了显著的经济效益，然而，2023年人均参与时长和次数等各项数据均呈下降趋势。近三个月以来，我国活跃志愿者人均参与志愿服务1.35次（95%置信度下，置信区间为1.12~1.58次），远低于2021年水平（4.22次），略低于2019年水平（2.12次）。近三个月以来，人均志愿服务时长为10.51小时（95%置信度下，置信区间为8.10~12.92小

[①] 如无特别说明，本研究的相关分析均通过卡方检验或T检验。

时），与2021年相比，下降了51.9%（21.87小时），但高于2019年的人均志愿服务时长（6.63小时）。按照全国各省区市的平均最低小时工资20.34元计算①，活跃志愿者近三个月的志愿服务贡献了728.52亿元的经济价值，低于2021年水平（1268.27亿元），高于2019年水平（242.71亿元）。这可能是因为疫情后社会活动逐渐恢复，志愿服务需求有所回落，部分志愿服务需求已得到充分满足，志愿服务也从"量"的增长逐步向"质"的提升转型。

（四）志愿服务的网络化、规范化与专业化

与2021年相比，志愿服务的网络化水平有所提升，但志愿服务的规范化和专业化仍处于较低水平。志愿服务的发展既要重视社会化和大众化的参与，又要着力推进专业化。其中，志愿服务的网络化则有利于以创新形式吸引和激励更多志愿者的广泛参与，还有助于解决志愿服务的地区发展不平衡的问题，填补志愿服务的地区缺口；而志愿服务的规范化和专业化则要求更专业的机构和更专业的志愿者，满足多样化的居民服务需求，促进志愿服务总体质量的提升。根据CSS2023的分析结果，近一年以来通过互联网提供过志愿服务活动的活跃志愿者占18.56%，略高于2021年水平（17.92%），略低于2019年水平（20.5%），志愿服务的网络化程度有所回升。活跃志愿者中，在志愿服务网站登记注册过的占比为24.37%，这表明，活跃志愿者的规范化建设仍有可以提升的空间。从志愿服务的发起组织来看，活跃志愿者参与所在社区居委会或村委会组织的志愿服务占比最高，为37.41%；其次是工作单位/学校/组织/机构组织的志愿服务，占比为34.90%；再次是个人发起的志愿服务，占比为25.33%。相较而言，活跃志愿者参与志愿服务组织、政府部门及其机构和工青妇等群团组织的志愿服务占比偏低，分别为14.54%、12.97%和4.26%，其他组织的占比为4.23%，均不足两成。这说明，居民自治组织和工作单位/学校/组织/机构等居民生活和工作所在的组织吸纳了较多的活跃志愿者，为志愿服务提供

---

① 计算31个省区市小时最低工资标准（第一档）的均值（深圳不单独计算），数据来源为中华人民共和国人力资源和社会保障部发布的《全国各省、自治区、直辖市最低工资标准情况（截至2023年10月1日）》，https://www.mohrss.gov.cn/SYrlzyhshbzb/laodongguanxi_/fwyd/202111/t20211119_428287.html。

了充足的人力资源，但志愿服务组织作为专门性的非营利组织，在招募志愿者、开展志愿服务方面却不够理想，这说明志愿服务的专业化程度还有待提高。

三 我国志愿服务的参与状况

根据志愿服务内容的不同，CSS2023 将志愿服务分为儿童关爱、青少年辅导、老年关怀、妇女维权/保护、扶助残障、支教助教、扶贫济困、医疗护理、法律援助、环境保护、抢险救灾和国际援助 12 个类别。本研究主要考察不同类别志愿服务的参与状况。结果显示，由于发展水平和群众需求等存在差异，各领域志愿服务的发展存在不平衡、不充分的特点。

（一）不同类型志愿服务的参与情况

近一年来，环境保护、老年关怀和儿童关爱三类志愿服务参与率最高，国际援助、法律援助和支教助教三类志愿服务参与率最低。如图 7-1 所示，近一年以来志愿服务参与率最高的三个领域由高到低排序依次为环境保护（13.70%）、老年关怀（11.97%）、儿童关爱（9.50%）；参与率最低的三类由低到高排序依次为国际援助（0.23%）、法律援助（1.18%）、支教助教（1.37%）。志愿服务参与结构与 2021 年基本一致，具体的志愿服务领域之间仍存在发展不充分的现象，反映了社会支持资源的不均衡配置。与 2021 年相比，12 类志愿服务中，除扶贫济困、青少年辅导、支教助教和国际援助四个领域外，其他类别的志愿服务参与率均有所提高。其中，增长幅度最大的三类志愿服务由高到低排序依次为老年关怀（11.97%）、医疗护理（3.64%）和环境保护（12.70%），分别比 2021 年提高 2.07 个、1.31 个和 0.99 个百分点。这可能是因为随着老龄事业的持续发展和养老服务体系的逐步完善，围绕老年群体的多层次多样化服务需求的志愿服务项目应运而生，进一步提高了老年关怀、医疗护理等领域志愿服务的参与率。

（二）志愿服务参与的地区差异

从地区差异来看，地区发展不平衡现象持续加剧和复杂化，华北和东北地区在不同的志愿领域存在明显短板。如表 7-1 所示，将全国划分为六

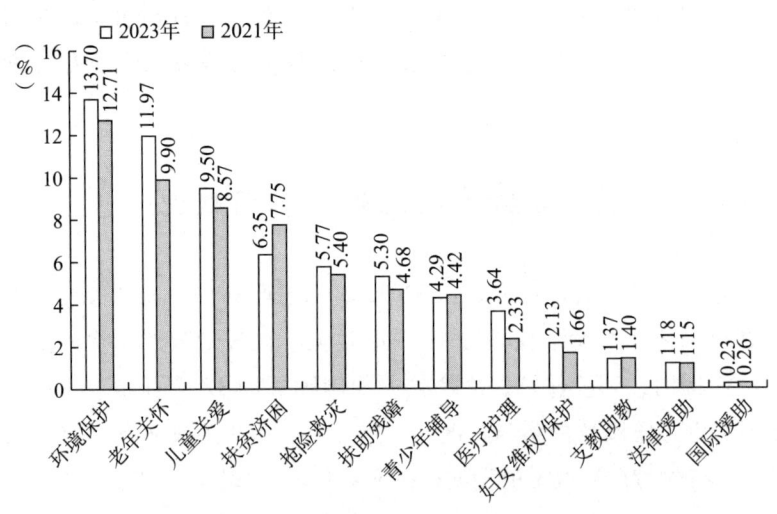

图 7-1 城乡居民对各类志愿服务的参与率（N=6443）

大区并进行交叉分析后发现，从整体上看，与2021年相比，地区间各类志愿服务发展不平衡现象加剧。从活跃志愿者占比来看，西北地区最高，占42.78%；东北和华北地区次之，分别占37.99%和35.05%；西南和华东地区再次，分别占32.72%和32.57%，低于全国平均水平（33.24%）；中南地区最低，占30.11%，比西北地区低12.67个百分点。整体而言，六大区活跃志愿者占比均较2021年有所提高，但地区差异存在逐年扩大趋势，其极差比2021年（9.89个百分点）上升了2.78个百分点，较2019年（5.91个百分点）上升了6.76个百分点。

从具体的志愿服务领域上看，与2021年相比，存在显著地区差异的志愿服务领域从5个增加到8个，妇女维权/保护、扶助残障和扶贫济困是新增的具有显著地区差异的志愿服务领域。与此同时，志愿服务领域地区差异的表现形式复杂化，具体表现如下。其一，环境保护、老年关怀和儿童关爱三个参与率最高的志愿服务领域的地区差异也最为显著。在环境保护类志愿服务方面，西南地区（50.71%）、西北地区（44.93%）和中南地区（41.45%）的参与率高于全国平均水平（41.21%），华北地区的参与率最低，占比仅为36.86%；在老年关怀类志愿服务方面，只有东北地区（42.33%）和西北地区（39.33%）的参与率超过了全国平均水平，华北地区的参与率最低，占比仅为32.89%；在儿童关爱类志愿服务方面，华东地区

（31.18%）、中南地区（32.90%）和西北地区（30.00%）的占比高于其他地区，东北和华北地区参与率较低，分别为19.19%和20.86%。其二，尽管由于经济、文化、社会和自然条件等因素的影响，各地区在不同类别的志愿服务参与率上都有各自的优势和短板，但总的来说，西北地区在不同志愿服务领域的参与率均较高，稳定在全国平均水平之上，西北地区在志愿服务精细化、均衡化发展方面取得了长足进步，而华北地区仅在扶助残障方面实现了超越全国平均水平的参与率，其他各领域的志愿服务参与率均偏低，有待全面提高。其三，东北地区的志愿服务各领域发展最为不均衡，其老年关怀（42.33%）、扶助残障（23.28%）和抢险救灾（29.08%）类志愿服务参与率为六大地区中最高的，但其儿童关爱（19.19%）、青少年辅导（9.53%）和妇女维权/保护（4.05%）类志愿服务参与率则为六大地区中最低的。根据第七次全国人口普查的地区人口年龄构成数据，东北地区为全国老龄化最严重地区[①]，老年关怀类志愿服务可以有效地满足其较大的服务需求，实现社会支持资源的供需匹配。东北地区接近1∶1的男女比例，甚至在吉林和辽宁省实现了女性多于男性的性别结构[②]，在参与妇女维权/保护类志愿服务上具有更好的人力优势和基础，但在该领域志愿服务的参与率上却较低，发展较为滞后。因此，志愿服务事业的发展既要因地制宜，也要注意避免地区发展不平衡和个别领域发展不充分，固长板补短板，充分实现志愿服务与居民需求的精准对接。

表7-1 不同地区活跃志愿者对各类志愿服务的参与率

单位：人，%

地区	①儿童关爱	②青少年辅导	③老年关怀	④妇女维权/保护	⑤扶助残障	⑥扶贫济困	⑦环境保护	⑧抢险救灾	⑨活跃志愿者人数	⑩活跃志愿者占比
全国	28.58	12.90	36.02	6.40	15.93	19.09	41.21	17.34	250	33.24

---

① 根据国家统计局发布的《第七次全国人口普查公报（第五号）》，东北地区各个省份60周岁以上人口占比最高，人口老龄化程度严重，http://www.stats.gov.cn/sj/tjgb/rkpcgb/qgrkpcgb/202302/t20230206_1902005.html。

② 根据国家统计局发布的《第七次全国人口普查公报（第四号）》，东北地区各个省份男女性别比接近100%，辽宁和吉林性别比低于100%，http://www.stats.gov.cn/sj/tjgb/rkpcgb/qgrkpcgb/202302/t20230206_1902004.html。

续表

地区	①儿童关爱	②青少年辅导	③老年关怀	④妇女维权/保护	⑤扶助残障	⑥扶贫济困	⑦环境保护	⑧抢险救灾	⑨活跃志愿者人数	⑩活跃志愿者占比
华北	20.86	10.27	32.89	4.50	16.24	15.64	36.86	14.61	145	35.05
东北	19.19	9.53	42.33	4.05	23.28	23.39	38.04	29.08	601	37.99
华东	31.18	13.68	35.88	6.08	13.28	16.19	37.83	15.41	515	32.57
中南	32.90	13.38	35.91	5.50	15.48	21.10	41.45	17.38	297	30.11
西南	26.11	10.68	33.99	6.81	15.44	17.16	50.71	17.01	173	32.72
西北	30.00	19.10	39.33	14.08	20.48	27.49	44.93	18.43	1981	42.78

注：1. 本表中各项均通过显著性检验。

2. 第⑩列=该地区受访活跃志愿者人数/该地区受访者总数×100%。

3. 第①~⑨列=该地区参与此类志愿服务的受访活跃志愿者人数/该地区受访活跃志愿者总数×100%。

（三）志愿服务参与的行业差异

从行业来看，公共管理和社会保障行业的各类志愿服务参与率均处于较高水平，教育文化和卫生行业与农业的志愿服务参与具有更强的专业性。拥有不同工作背景的人对志愿服务的理解和需求各异，工作深刻地塑造了个体的生活方式、知识构成和价值追求，从而影响着志愿服务参与方式和态度。因此，本研究考察了不同行业的活跃志愿者的志愿服务参与情况。如表7-2所示，从总体上看，活跃志愿者占比最高的三个行业领域由高到低依次为公共管理和社会保障行业（74.56%）、教育文化和卫生行业（60.33%）、采矿与基础设施建设行业（43.38%）；占比最低的三个领域由低到高依次为住宿餐饮业（23.40%）、制造业（29.73%）和建筑业（30.39%）。这说明，与社会服务和公益事业更相关、工作时间更为弹性和灵活的行业，可能更容易培养出愿意参与志愿服务的从业者。与2021年相比，科学技术与金融行业（38.65%）、住宿餐饮业（23.40%）、农业（32.82%）的活跃志愿者占比有所下降，分别下降7.18个、5.91个和0.96个百分点。而其他行业的活跃志愿者占比均实现上升，其中，交通运输和仓储业（39.63%）提高最多，提高10.34个百分点；教育文化和卫生行业（60.33%）次之，提高8.55个百分点；房地产与租赁业（41.97%）再次之，提高7.19个百分点。

第七章 共同富裕目标下的专题之二：志愿服务

表7-2 不同行业活跃志愿者与各类志愿服务参与率的交叉表

行业	①儿童关爱	②青少年辅导	③老年关怀	④妇女维权/保护	⑤扶助残障	⑥支教助教	⑦扶贫济困	⑧医疗护理	⑨法律援助	⑩环境保护	⑪抢险救灾	⑫活跃志愿者人数	⑬活跃志愿者占比
农业	31.26	7.05	41.12	2.59	13.44	3.48	38.99	0.00	0.00	35.82	39.66	28	32.82
采矿与基础设施建设行业	18.95	7.91	38.50	8.28	9.14	2.45	26.02	10.82	3.24	47.03	33.45	51	43.38
制造业	32.77	10.86	37.08	3.74	12.74	1.33	18.59	8.21	1.69	34.76	16.91	195	29.73
建筑业	25.70	4.46	42.51	2.64	14.49	2.13	16.34	8.82	2.10	46.77	20.23	93	30.39
批发零售业	23.17	6.16	31.52	4.57	15.77	0.76	26.10	6.91	3.41	44.89	17.18	127	31.70
交通运输和仓储业	25.44	4.14	40.77	3.63	12.24	1.45	17.84	4.81	1.47	31.48	27.05	60	39.63
住宿餐饮业	21.03	5.57	34.25	4.98	20.56	4.26	12.14	11.56	0.00	30.78	12.42	42	23.40
科学技术与金融业	30.78	10.58	25.29	6.84	18.57	0.00	23.15	15.91	2.17	28.71	12.83	52	38.65
房地产与租赁业	31.63	6.88	24.84	9.68	15.66	2.88	20.89	11.95	9.19	31.83	20.00	40	41.97
居民服务业	19.81	2.35	36.24	10.02	23.05	1.20	15.44	3.71	4.12	40.54	21.32	72	37.35
教育文化和卫生行业	39.69	28.96	31.53	4.27	11.74	10.99	20.53	24.08	2.16	33.40	8.85	231	60.33
公共管理和社会保障行业	45.63	16.42	56.80	19.64	40.18	4.36	38.27	9.87	15.22	52.05	34.35	165	74.56

注：1. 本表中各项均通过显著性检验。
2. 第⑬列＝受访的从事该行业的活跃志愿者人数／从事该行业的受访者总数×100%。
3. 第①~⑪列＝受访的参与该类志愿服务且从事该行业的活跃志愿者人数／从事该行业的活跃志愿者总数×100%。

与此同时，受到不同行业性质和价值文化等方面因素的综合影响，不同行业从业者在各类志愿服务领域表现出不同的特点，具体表现如下。其一，公共管理和社会保障行业从业者在儿童关爱（45.63%）、老年关怀（56.80%）、妇女维权/保护（19.64%）、扶助残障（40.18%）、法律援助（15.22%）和环境保护（52.05%）六个志愿服务领域都拥有高于其他行业从业者的参与率，这说明公共管理和社会保障行业从业者是各类志愿服务参与的主力军，公共管理和社会保障行业对促进广覆盖、多层次、宽领域的志愿服务具有重要的意义。其二，教育文化和卫生行业从业者在青少年辅导（28.96%）、支教助教（10.99%）和医疗护理（24.08%）类志愿服务方面有着高于其他行业从业者的参与率，而农业从业者在扶贫济困（38.99%）和抢险救灾（39.66%）类志愿服务方面有着高于其他行业从业者的参与率。一方面，行业背景与志愿服务领域的契合度可能会激发从业者更积极地参与相应领域的志愿服务；另一方面，各行各业为各类志愿服务领域注入更多专业知识和技能丰富的志愿者，为志愿服务的精细化和专业化发展提供了更为有力的支持。

（四）志愿服务参与的单位/公司类型

从单位/公司来看，非经济部门的活跃志愿者占比更高，自治组织志愿者是多个志愿服务领域的重要参与主体。由于单位文化、经济状况、工作灵活性、社会责任感和组织支持等多种因素不同，不同类型单位/公司从业者在志愿服务参与上也呈现不同的特征。本研究进一步分析了活跃志愿者所在单位/公司类型与志愿服务参与的关系。如表7-3所示，在活跃志愿者的占比方面，占比最高的三类单位/公司由高到低依次为以社区居委会和村委会为代表的自治组织（79.01%）、政府部门（70.34%）和事业单位（66.19%），占比最低的三类单位/公司由低到高依次为三资企业（23.86%）、私营企业（31.14%）和个体工商户（31.45%）。可见，公有部门的活跃志愿者占比普遍高于私有部门，私有部门中政治动员能力越强的单位/公司的志愿服务参与热情越高，这与我国志愿服务以行政动员、政治动员为主导的特点有关。

第七章 共同富裕目标下的专题之二：志愿服务

表 7-3 不同类型单位/公司活跃志愿者各类志愿服务参与率的交叉表

单位/公司	①儿童关爱	②青少年辅导	③老年关怀	④妇女维权/保护	⑤扶助残障	⑥支教助教	⑦扶贫济困	⑧医疗护理	⑨法律援助	⑩环境保护	⑪抢险救灾	⑫国际援助	⑬活跃志愿者人数	⑭活跃志愿者占比
政府部门	23.81	12.94	33.67	8.98	23.65	3.12	34.58	5.90	14.83	37.13	28.93	0.00	69	70.34
国有企业	23.49	14.94	38.57	3.07	11.19	1.26	24.53	7.20	2.07	30.78	23.84	4.49	86	44.10
事业单位	35.61	25.03	24.06	3.20	11.36	10.58	21.58	23.35	0.99	38.20	12.48	0.40	189	66.19
集体企业	31.72	0.00	29.92	0.00	11.20	0.00	18.20	12.04	5.75	43.23	0.00	0.00	19	60.03
私营企业	34.40	9.41	36.76	4.74	14.31	2.25	15.24	9.84	3.01	38.29	16.61	0.91	306	31.14
三资企业	15.21	11.61	19.75	0.00	8.55	0.00	25.97	16.71	0.00	10.75	0.00	0.00	8	23.86
个体工商户	25.67	5.49	34.66	5.51	13.66	1.93	22.32	8.43	2.98	31.54	19.46	0.45	206	31.45
民办非企业	24.90	39.31	35.96	7.82	19.33	8.69	22.97	13.43	3.32	19.40	5.69	3.46	25	53.83
自治组织	58.72	16.81	72.34	27.04	49.48	5.15	44.20	14.46	13.51	58.54	35.78	0.75	120	79.01
没有单位	21.43	8.48	41.72	6.66	18.21	1.85	20.87	7.29	2.54	51.15	23.16	0.59	105	32.24

注：1. 本表中各项均通过显著性检验。
2. 第⑭列＝受访的该类单位/公司的活跃志愿者人数/该类单位/公司的受访者总数×100%。
3. 第①~⑫列＝受访的参与该类志愿服务的该类单位/公司的活跃志愿者人数/该类单位/公司的活跃志愿者人数×100%。

217

在具体的志愿服务领域方面，自治组织在儿童关爱（58.72%）、老年关怀（72.34%）、妇女维权/保护（27.04%）、扶助残障（49.48%）、扶贫济困（44.20%）、环境保护（58.54%）和抢险救灾（35.78%）七个志愿服务领域都拥有远高于其他单位/公司的参与率。志愿服务作为社区治理的重要抓手，是凝聚社会各界力量、激发居民主体意识、实现自我服务和自我管理的有效方式，自治组织在各类志愿服务上的高参与率体现了社区治理现代化的推进。相对而言，政府部门仅在法律援助类志愿服务领域参与率（14.83%）最高，国有企业在国际援助（4.49%）类志愿服务领域参与率最高，事业单位在支教助教（10.58%）和医疗护理（23.35%）类志愿服务领域参与率最高，民办非企业在青少年辅导（39.31%）类志愿服务领域参与率最高。

四　活跃志愿者群体的社会心态

（一）社会信任

在社会信任方面，与非活跃志愿者相比，活跃志愿者有着普遍更高的人际信任和制度信任。良好的社会信任可以减少不确定性，降低社会交往的风险，缓和社会矛盾，是精神富裕的重要内容。社会信任包括人际信任和制度信任。随着现代化的推进，制度信任越来越重要，它不仅意味着个体对制度的肯定和认同，有利于规范性社会关系的形成和维持，还在一定程度上调节了日益充满张力的人际信任。本研究考察了活跃志愿者与非活跃志愿者的人际信任和制度信任水平。在人际信任方面，CSS2023采用10分制测量"对现在人与人之间的信任水平的评价"。结果显示，活跃志愿者平均得分为6.92分，显著高于非活跃志愿者（6.60分）。在制度信任方面，CSS2023采用"请问，您信任下列机构（全国人民代表大会、中央政府、区县政府、乡镇政府、工青妇等群团组织、单位/公司、慈善机构、官方新闻媒体、医院、法院、公安部门、村/居/社区委员会）吗？"来测量受访者对12类制度机构的信任水平。本研究将"非常信任"和"比较信任"合并为"信任"，"非常不信任"和"比较不信任"合并为"不信任"。结果发现，活跃志愿者在12类制度机构的信任度上都要显著高于非活跃志愿者。

具体而言，活跃志愿者最信任的三个制度机构由高到低排序依次是中央政府（96.26%）、全国人民代表大会（93.65%）和单位/公司（90.62%），分别比非活跃志愿者高1.45个、3.16个和4.19个百分点；信任水平相对较低的三个制度机构由低到高排序依次是慈善机构（66.59%）、医院（80.02%）和官方新闻媒体（80.21%），分别比非活跃志愿者高3.72个、4.00个和3.69个百分点。总的来说，无论是人际信任还是制度信任，与非活跃志愿者相比，活跃志愿者都有着普遍更高的信任水平。

（二）主观幸福感

在主观幸福感方面，与非活跃志愿者相比，活跃志愿者在多个方面持有相对更高的积极预期和评价。主观幸福感不仅涉及个体心理健康和生活质量，还是发展成果由人民共享的重要体现，是衡量中国式现代化和共同富裕的关键指标。CSS2023采用了6个题项测量受访者不同维度的主观幸福感，并测量了受访者对幸福感的总体评价。整体上看，活跃志愿者赞同"总的来说，我是一个幸福的人"这一说法的比例为92.46%，显著高于非活跃志愿者赞同的比例（88.84%），高3.62个百分点。具体而言，活跃志愿者赞同"社会上做好事的人并不图回报"这一说法的比例为76.80%，比非活跃志愿者赞同的比例（71.16%）高5.64个百分点；活跃志愿者赞同"我相信社会上大部分人是善良的"这一说法的比例为92.32%，比非活跃志愿者赞同的比例（90.22%）高2.10个百分点；活跃志愿者赞同"我对这个社会是有贡献的"这一说法的比例为92.14%，比非活跃志愿者赞同的比例（85.18%）高6.96个百分点；活跃志愿者赞同"这个世界正在越变越好"这一说法的比例为89.37%，比非活跃志愿者赞同的比例（86.79%）高2.58个百分点。此外，在"我感觉周围人的关系非常好"和"我周围的人让我感到安全踏实"这两个维度的幸福感方面则无显著差异。可见，活跃志愿者更能感知人与人之间的善意，也更能对社会和生活持有积极正面的评价，拥有更高的主观幸福感。

（三）公益慈善参与

在公益慈善参与方面，与非活跃志愿者相比，活跃志愿者的参与率更高，特别是捐款、捐物类公益慈善活动。与志愿服务是自愿、无偿地为家庭成员以外的人或事物提供劳动服务不同，公益慈善活动是通过资金筹集、捐赠、项目实施等方式来支持社会上的弱势群体，但两者都是基于利他性的价值观，为社会公共利益和社会福利做出贡献。公益慈善活动与志愿服务相辅相成，共同促成个体与社会的良性互动，推进社会福祉。CSS2023询问了受访者最近两年中参与公益慈善活动的情况。从公益慈善参与率上看，相比于非活跃志愿者，活跃志愿者更可能参与公益慈善活动，73.28%的活跃志愿者在最近两年参与过公益慈善活动，而仅有40.37%的非活跃志愿者在最近两年参与过公益慈善活动。从公益慈善的类型上看，活跃志愿者在捐款、捐物（如参加众筹、捐赠二手衣物等）上的参与率最高，占比为57.60%，比非活跃志愿者的参与率（31.49%）高26.11个百分点；活跃志愿者在优先购买贫困地区农产品、手工品等方面的参与率次之，占比为27.43%，比非活跃志愿者的参与率（12.22%）高15.21个百分点；活跃志愿者在无偿献血方面的参与率最低，占比为13.37%，比非活跃志愿者的参与率（5.98%）高7.39个百分点。

（四）其他社会心态

在其他社会心态方面，与非活跃志愿者相比，活跃志愿者的积极感知普遍更高。本研究对活跃志愿者和非活跃志愿者在社会包容、社会公平、社会道德水平、遵纪守法水平、生活满意度等社会心态指标上的差异进行了分析，这些指标分别从不同角度反映了个体对社会凝聚力和社会融合水平的主观感受。结果显示，在社会包容感受上，活跃志愿者群体的平均得分为7.22分[①]，比非活跃志愿者（7.02分）高0.20；在社会公平感受上，活跃志愿者的平均得分为6.94分，比非活跃志愿者（6.60分）高0.34分；在社会道德水平感受上，活跃志愿者的平均得分为6.93分，比非活跃志愿者（6.71分）高0.22分；在遵纪守法水平感受上，活跃志愿者的平均得分为7.67分，比非活跃志愿者（7.50分）高0.17分；在生活满意度的感知评价上，活跃志愿者的平均得分为7.36分，比非活跃志愿者（6.87分）高0.49分。由此可见，相比于非活跃志愿者群体，活跃志愿者普遍拥有更积极的社会心态。

---

① 在本题目下，各项社会心态得分的满分均为10分，10分表示非常好，1分表示非常不好。

五　思考：志愿者与志愿服务的发展趋势和建议

综上所述，我国志愿服务事业稳步发展，取得了长足进步，在共同富裕推进中发挥了重要作用。总的来说，活跃志愿者具有年轻化、受教育程度较高、家庭经济水平较高和社会心态更积极等群体特征。但由于历史和现实因素的制约，我国志愿服务在项目优化、体系建设和社区动员等方面还存在有待完善和进步的空间。

（一）发展趋势与提升空间

1. 我国活跃志愿者规模稳步上升，志愿服务有待实现从"量"到"质"的飞跃

如前所述，2023年我国活跃志愿者的占比在18～69岁居民中超三成，自2019年、2021年逐步上升。在近三个月，人均参与志愿服务1.35次，人均参与时长为10.51小时，贡献了728.52亿元的经济价值，高于2019年水平，但与2021年相比有所回落，这说明志愿服务逐步走向常态化，应逐步实现从"量"到"质"的转变。志愿服务的网络化水平得到了一定程度的提高，但志愿服务的规范化和专业化仍处于较低水平。疫情后社会活动逐渐恢复正常，志愿服务应逐步从"量"的增长向"质"的提升转型。此外，活跃志愿者作为社会福祉的建设者和正能量的传播者，在社会信任、主观幸福感和公益慈善参与热情等方面都表现出积极正面的态度，有助于营造人人互相帮助、人人共享发展的和谐氛围。可以预见，随着志愿服务的深入推进和持续发展，志愿服务将在实现社会物质富裕和精神富裕"双富裕"方面做出更加突出的贡献。

2. 各类志愿服务持续发展，助老志愿服务体系有望进一步健全和完善

如前所述，在12个类别的志愿服务中，环境保护（13.70%）、老年关怀（11.97%）、儿童关爱（9.50%）不仅是参与率最高的三个志愿服务领域，也是地区差异最为突出的三个领域，这与2021年的情形基本一致。但与2021年相比，老年关怀（11.97%）和医疗护理（3.64%）参与率的增长幅度最大，分别提高2.07个和1.31个百分点。这可能与老龄事业的进步和养老服务体系的发展有关，这些因素推动了针对老年群体的多层次多样化

服务需求的志愿服务项目的产生，也对相关助老志愿服务提出了更高标准的要求。在党委、政府和社会各界的支持与鼓励下，可以预见各类志愿服务领域还有较大的发展空间，还将持续不断地向前发展，特别是助老志愿服务体系有望进一步健全和完善。

3. 志愿服务的地区和行业差异进一步扩大，应根据实际情况理解这种不平衡发展的复杂性

如前所述，与2021年相比，各类志愿服务发展的地区和行业差异进一步扩大，在志愿服务参与率整体提升的前提下，应结合地方和行业实际来理解这种不平衡的复杂性。在地区差异方面，一方面，一些地区在各个志愿服务领域参与率整体偏高或偏低，比如西北地区在多个志愿服务领域的参与率均稳定在全国平均水平之上，表明西北地区在志愿服务精细化、均衡化发展方面取得了长足进步，需要继续保持；而华北地区则在各志愿服务领域参与率均偏低，有待全面提高。另一方面，一些地区因地制宜，实现志愿服务与居民需求的有效对接，比如老龄化严重的东北地区的老年关怀（42.33%）、扶助残障（23.28%）类志愿服务领域是其长板，但儿童关爱（19.19%）、青少年辅导（9.53%）和妇女维权/保护（4.05%）类志愿服务领域则为短板，需要固长板补短板。在行业差异方面，各行各业为各类志愿服务领域注入了专业知识和技能丰富的志愿者，将为志愿服务的精细化和专业化发展提供更为有力的支持。

4. 社区志愿服务长足发展，但也存在明显的行政化倾向，独立性和自主性不足

如前所述，无论是在对志愿服务发起组织的分析中，还是对活跃志愿者的行业和单位/公司的分析中，可以发现活跃志愿者主要参与所在社区居（村）委会和单位/公司发起的志愿服务，而活跃志愿者来自社区居委会、村委会等自治组织、政府部门、事业单位的占比较高，公共管理和社会保障行业的从业者偏多。从志愿服务的内容和类型上看，这些单位/公司和行业承担了大部分社会治理重要领域的志愿服务，如老年关怀、扶贫济困、扶助残障等。这意味着，一方面，社区志愿服务取得了长足发展，已经成为我国志愿服务的主要形式，为志愿服务输送了充足的人力资源，在保障社会民生、增强社区治理活力方面具有重要意义。另一方面，政治动员仍然是志愿服务的重要动员方式之一，志愿服务存在明显的行政化倾向，独

立性不足，而一些专业志愿服务组织在招募志愿者，开展志愿服务方面不够理想，社区在加强与专业组织合作、激发志愿服务的内驱力和提高志愿服务的专业度等方面还有较大的进步空间。

(二) 提升志愿服务水平，助力共同富裕推进

1. 常态化和精细化并举进一步优化志愿服务供给，实现志愿服务高质量发展

志愿服务的高质量发展需要志愿服务需求端和供给端的共同发力与有效匹配。一方面，常态化和精细化并举优化志愿服务的供给，要优化精简已有的志愿服务项目，选择一批有特色、发展好、人民群众满意的志愿服务品牌着力打造，推动其走向常态化和长期化，充分扩大志愿服务影响力，使志愿服务吸纳更多人、惠及更多人。与此同时，淘汰一批效果差、重复多、人民群众反响不佳的志愿服务项目，避免志愿服务项目落入"多而不精"的形式主义困境，消耗社会互助资源和参与热情。另一方面，应推进志愿服务供需的精准对接，坚持问题导向、需求导向和效果导向，可以建立志愿服务需求信息库和志愿服务项目"菜单"，采取"点单式"的志愿服务参与模式，从而实现志愿服务资源的有效调度和志愿服务供需的精准匹配，使得志愿服务真正地融入社会治理的各个环节，真正地实现志愿服务的第三次分配作用，充分发挥志愿服务的社会效益。

2. 因人制宜整合不同行业的志愿者资源，推动志愿服务向纵深发展

发挥不同行业志愿人才的特色优势，是推动志愿服务日益专业化、促进志愿服务纵深发展的重要方式。在志愿服务项目的设计上，应既综合考虑广大群众参与的普遍性日常服务项目，也要包含专业知识技能人员参与的针对性服务项目，以建立一个全面而有深度的志愿服务体系。以助老志愿服务体系为例，项目的设计可以包括普通的探访服务、清洁和陪伴服务，也应该涵盖专业化的老年义务体检、心理辅导等服务。为了实现这一多层次的设计，可以有计划地组织来自不同行业的志愿者，分组分类组建多元化的志愿服务队伍，使其参与到相应的服务项目中。通过这样的策略，不仅能够满足大众化的参与需求，还能够促使志愿者在服务中发挥各自不同行业的专业能力。这种多元化的参与模式有助于整合不同行业和层次的志愿者资源，是实现志愿服务多层次、立体化、专业化发展的关键一步。

3. 厘清社区和志愿服务组织的互动关系，促进社区志愿服务提质增效

为实现志愿服务有效衔接并融入社区服务和治理体系中，需要厘清社区和志愿服务组织的互动关系，推动建设以社区为平台、社会工作者为支撑、社区社会组织为载体、社区志愿者为辅助、社区公益慈善资源为补充的"五社联动"的新型社区治理机制。一方面，志愿精神是志愿服务的核心要义和内在动力，社区志愿服务要找到志愿精神和社区共同体意识的最大公约数，进一步激发社区居民参与志愿服务的自主性和积极性。与此同时，充分调动社区社会组织和专业社会工作者等社区治理主体参与志愿服务活动，凝聚整合社区各方资源，更好地将广泛的社会互助力量转化为治理效能。另一方面，创新社区志愿服务发展模式，如"时间银行""大数据+网格"等，对社区志愿服务项目、需求和志愿者队伍进行实时管理和在线更新，推动社区志愿服务与社区智慧治理相结合，促进社区志愿服务提质增效，助力共同富裕推进。

第八章
共同富裕目标下的专题之三：
城市社区治理及其区域差异[*]

一 共同富裕与城市社区治理

党的二十大报告提出，到2035年要基本实现国家治理体系和治理能力现代化。推进基层治理体系和治理能力现代化，是推进共同富裕、实现中国式现代化的基础工程。尤其，加强和推进城市社区治理、提高社区的公共服务能力、增进社区关系、激发社区活力，成为共同富裕的内在需求和重要路径。

在共同富裕的道路上，之所以如此强调城市社区治理，原因有三。第一，从提高富裕度的角度来看，加强城市社区治理是实现共同富裕的重要手段之一。因为通过优化社区资源配置，可以提升社区服务质量和水平，进而增强社区居民的获得感和幸福感，最终提高整个社区的富裕度。可以说，有效的城市社区治理可以促进社区经济、文化等各方面的繁荣发展，为居民创造更多的就业机会和收入来源。第二，从提高共享度的角度来看，实现共同富裕需要构建共建共治共享的社会治理格局。而城市社区作为社会治理的基础单元，其治理水平和效果直接影响居民的共享度和社会的和

---

[*] 本章原载李培林、戈尔什科夫等《中俄现代化中的城市发展：变迁与治理》，社会科学文献出版社，2023。

谐稳定。因此，加强城市社区治理，通过推动社区服务均等化、普惠化，可以促进不同群体间的公平共享，提高社会的共享度。第三，从增强驱动力的角度来看，共同富裕的实现过程也是推动社会治理现代化的过程。在这个过程中，需要加强城市社区治理的创新和探索，推动社区治理体系和治理能力现代化。例如，运用数字化、智能化等技术手段提升社区治理效能，探索智慧治理新平台、新机制和新模式。这些创新举措可以激发社区居民的参与热情和管理活力，从而形成推动共同富裕的强大驱动力。

为此，鉴于前文提到的发展不平衡不充分是推进共同富裕进程中需要认真应对的挑战，本研究聚焦系统科学地分析当前中国城市社区治理的状况和区域差异，这将有助于更好地了解中国城市社区的治理经验和治理特色，提升中国城市社区治理的效能，尤其对于评估和推进我国的共同富裕具有重大意义。本研究采用2021年中国社会状况综合调查中的居民问卷、社区问卷数据和部分案例、文献资料，对我国城市社区治理的发展状况和区域差异展开分析。CSS2021有效样本为10136份，城市居民样本数量为5695份。有效回收的社区自填问卷数量为505份，其中城市社区样本数量为231份。CSS2021居民问卷和社区问卷中设置了多项关于社区治理的测量题目，可为中国城市社区治理研究提供翔实的实证数据支撑。

二 中国城市社区治理的基本分析范式

社区这一概念源自德国学者滕尼斯的学说，滕尼斯在其名著《共同体与社会：纯粹社会学的基本概念》一书中对社区与社会进行区分，认为社区是一种有别于"社会"的传统的、富有情谊的社会团体[1]，在团体内部人们对社会关系、生产方式、生活习惯等方面产生归属与认同。自此以后，社区及其治理的重要性便逐渐进入西方学者的研究视野。例如，美国政治学家帕特南在其著作《独自打保龄：美国社区的衰落与复兴》中对美国社区的衰落和公民结社情况进行了分析。[2] 反观中国，社区治理的重

---

[1] 斐迪南·滕尼斯：《共同体与社会》，林荣远译，商务印书馆，1999。
[2] 罗伯特·帕特南：《独自打保龄：美国社区的衰落与复兴》，刘波等译，燕继荣审校，北京大学出版社，2011。

要性是随着经济社会体制改革的不断深入而逐渐显现的，城市社区治理作为转型期间社会经济结构调整在城市社区发展中的一种反映，它代表着中国城市社区发展的方向，其基本含义是在一定区域范围内政府与社区组织、社区公民共同管理社区公共事务的活动。梳理近年来的研究，学者们主要在"国家与社会关系"的视角下对城市社区治理的内涵进行分析论述。

（一）政府主导下的治理模式：行政型社区

在行政型社区的分析范式下，社区治理的特点主要表现为：首先是政府的社区管理职能下移，通过对街道办的赋权，突出街道办对本辖区内社区事务管理的职能；其次是在政府的管理之下，通过上级指挥和下级服从的一体化链条维系整个基层社会的协调与运转；再者是市、区两级政府对社区建设和社区发展的政策制定进行宏观指导；最后是高效运行的网格化管理，通过对社区的功能（单元）分区，运用信息化手段，实现对社区公共事务的快速、高效、有序管理。[①]

行政型社区本质上是政府主导下的社区治理实践，它通过强化街道的中心职能，不仅实现政府依托科层机制管理社区的意图，还能有效集中资源推动社区建设与发展。但这种模式在现实推行中，往往出现社区居委会被行政套牢，街道办无限的行政扩张与社区居委会的角色冲突，甚至使社区居委会沦为社区治理的"附属品"。[②] 因此，行政主导下的社区治理，是以政府为主体，依靠行政化的动员命令，吸纳社区内各方力量进行社区参与，协商社区公共事务并达成一致，且由街道派出机构或人员负责推行，社区居委会处于被动的地位，呈现"强国家、弱社会"的特点。

（二）国家与社会合作的治理模式：自治型社区

在自治型社区的分析范式下，社区治理的特点主要表现为：首先，社区治理的主体是社区自组织，即参与社区公共事务管理与决策的社区组织

---

① 尹广文：《多元主体参与社区场域中的协同治理实践——基于四种典型的社区治理创新模式的比较研》，《云南行政学院学报》2016年第5期。
② 刘娴静：《城市社区治理模式的比较及中国的选择》，《社会主义研究》2006年第2期。

以自治型组织为主，政府从法律、制度上为社区组织提供保障、监督和管理；其次，通过原有的社区区划和组织体系的调整，突出社区居委会的职责和权能，形成以社区为本位的自治型治理实践；最后，明确社区内各主体的关系与职责，详细规定社区各治理主体之间的权利义务关系，明确社区自组织与街道办之间的协助与指导、服务与监督，把社区事务交还给社区自组织，突出社区的自治性。

自治型社区本质上属于以社区自组织为主的社区居民自治型治理实践，社区逐渐承担起对社会整合的功能，成为基层社会治理的中坚力量。社区组织成为社区治理的主体，呈现"强国家、强社会"的特点。

（三）多元复合型自治模式：共同体社区

值得注意的是，以上两种分析模式，均是在"政府和社会关系"的视角下展开的，其背后的理论预设是政府和社会之间存在一定冲突，这在一定程度上使治理内涵的有效性和全面性受到挑战，也制约了治理政策思路的创新。相对而言，多元复合型自治模式下的共同体社区的理论构想更有助于理解和分析目前中国社区自治的实践方向。

当前，在共同体社区的研究中，存在着这样的争论，即"共同体社区消失论"和"共同体社区保存论"。其中，"共同体社区消失论"认为，随着城市化进程的加快，传统意义上的社区共同体将逐渐消失，社会中的个体将日益原子化。[1] 与之相对，"共同体社区保存论"认为，过分强调个人的原子化状态是不恰当的，即使是在大都市，共同体社区依然能保存下来。[2] 本研究沿用"共同体社区保存论"的观点，认为共同体社区依然在当代中国城市中发挥着重要作用，甚至欣欣向荣。[3] 就如滕尼斯所言："共同体的力量在社会的时代中，尽管日益缩小，但依然保留着，并构成社会生活的现实……"[4]。

---

[1] Wirth, L. "Urbanism as a Way of Life." *American Journal of Sociology*, 1938, 44 (1).

[2] Bell, W. & Boat, M. D. "Urban Neighborhoods and Informal Social Relations." *American Journal of Sociology*, 1957, 62 (4).

[3] 桂勇、黄荣贵：《城市社区：共同体还是"互不相关的邻里"》，《华中师范大学学报》（人文社会科学版）2006年第6期。

[4] 斐迪南·滕尼斯：《共同体与社会：纯粹社会学的基本概念》，林荣远译，商务印书馆，1999。

第八章 共同富裕目标下的专题之三：城市社区治理及其区域差异

在共同体社区中，人们通过日常生活实践来构建共同体路径，并反向将其嵌入自身的生活实践，从而带动社区中多元主体的参与。在多元主体参与过程中，强烈的集体意识会将同质性的个体结合在一起，实现"共同体化"[1]，塑造形成共同的生活方式、社会信仰、文化价值观等，最终集结为社区治理的强大力量，并构成社会秩序的坚实基础。共同体社区中社区治理主要包括三个方面内容。[2] 第一是完善社区治理结构，凝聚社区内部各方力量，推动社区多元主体共同解决社区问题。本研究将其重新操作化为"社区各主体参与情况"。第二是建立社区服务体系，提升社区服务能力，满足社区居民的多层次、多样化服务需求。本研究将其重新操作化为"社区服务能力"。第三是培育社区共同体精神，提升居民参与社区事务的意识与能力，增强居民对社区的认同感和归属感，营造和谐温馨的社区氛围。本研究将其重新操作化为"社区共同体精神"。

在社区各主体参与情况方面，当前学界主要将社区参与主体划分为"社区党委""政府部门""社会组织""物业""业委会""居民"等[3]，本研究参照此类研究，将社区主体参与情况划分为社区"两委"的参与情况、政府部门的参与情况、社会组织的参与情况、业主委员会的参与情况、物业公司的参与情况、社区居民的参与情况。在社区服务能力方面，杨团利用服务经济理论，将社区服务能力划分为自治型服务、保护型服务、专业型服务以及运营型服务。[4] 本研究参照此类研究并根据《中共中央 国务院关于加强和完善城乡社区治理的意见》[5]，将社区服务能力划分为社区基础性服务能力、社区福利性服务能力和社区发展性服务能力。在社区共同体精神方面，纵观滕尼斯已降的社区共同体思想[6]，可以发现社区共同体精神的内涵日渐丰富。概而言之，社区共同体精神大致包括以下含义。一是人

---

[1] 王春光：《社会治理"共同体化"的日常生活实践机制和路径》，《社会科学研究》2021年第4期。
[2] 向德平：《推动新时代社区治理创新发展》，《中国社会科学报》2020年7月14日第1版。
[3] 袁方成：《增能居民：社区参与的主体性逻辑与行动路径》，《行政论坛》2019年第1期。
[4] 杨团：《社区公共服务论析》，华夏出版社，2002。
[5] 《中共中央 国务院关于加强和完善城乡社区治理的意见》，https://baike.baidu.com/item/中共中央国务院关于加强和完善城乡社区治理的意见/20849403? fr=Aladdin，2017年6月12日。
[6] 黄杰：《"共同体"，还是"社区"？——对"Gemeinschaft"语词历程的文本解读》，《学海》2019年第5期。

们在长期共同生活基础之上形成的共同生活方式，彼此之间有强烈的归属感和认同感。本研究将其操作化并重新命名为"本地认同感"。二是共同体成员具有清晰的集体意识，对于同一类事物具有相似的清晰感知或理性态度。本研究将其操作化并重新命名为"基层政府信任"。三是共同体成员之间亲密信任，追求共同的价值目标。本研究将其操作化并重新命名为"人际信任水平"。

综上，本研究尝试以多元复合型视角展开讨论，以社区自身治理结构为落脚点，围绕社区内各治理主体的参与情况、社区服务能力、社区共同体精神三个维度进行社区治理内涵的探讨。此三个维度的优势在于能够有效弥补以往分析范式中出现的过于强调"行政性"因素或"自治性"因素的不足，代之以重塑社区的公共性为目标，充分发挥各方优势，系统客观地呈现中国城市社区治理的状况。本研究的分析指标框架如表8-1所示。

表8-1　中国城市社区治理基本状况的分析指标

一级指标	二级指标	三级指标
城市社区治理	社区各主体参与情况	社区"两委"的参与情况
		政府部门的参与情况
		社会组织的参与情况
		业主委员会的参与情况
		物业公司的参与情况
		社区居民的参与情况
	社区服务能力	社区基础性服务能力
		社区福利性服务能力
		社区发展性服务能力
	社区共同体精神	本地认同感
		基层政府信任
		人际信任水平

三 中国城市社区治理的基本状况与区域差异

（一）社区治理主体参与情况及区域差异

1. 社区"两委"在共治中逐步发挥效能，基本筑成"一核多元"的城市社区治理架构

在新时代基层社会治理重心下移和打造共建共治共享社会治理格局的背景和要求之下，中国的城市社区"两委"有效动员社区内各治理主体，使其参与到基层社会治理之中，取得了重大成效。特别在当下的治理场域中，社区"两委"不仅作为城市社区治理的积极行动者，而且大力推动党建的引领作用，调处社区内多元主体参与社区治理。诸如居民、物业公司、社区社会组织、业主委员会等力量在社区"两委"的推动下成长起来，形成合力，通过协商、互动方式发挥各自的力量。在这一过程中，社区"两委"逐渐成为社区共同利益的发现者、黏合者以及共同价值的确认者和提供者。

总之，中国的城市社区"两委"通过发挥"同心圆"的政治引领功能和"连心桥"的服务群众功能[①]，基本在全国范围内形成了"一核多元"或"一核多能"的城市社区治理新架构，且不存在区域差异。以北京市通州区和山东省滕州市为例，两地坚持党建引领城市基层社区治理，强化党组织的领导核心地位，注重发挥党组织的引导、协调和服务作用，把各方力量团结凝聚在基层党组织周围，做到基层党组织"一呼百应"，群众呼声"有求必应"，极大提升了城市社区精细化治理能力和服务群众水平。

2. 政府部门以行政推动为主要力量，以提供民生公共服务为主要目标，通过社会政策的传递和管理服务的指导，提高社区治理水平

社区是人民群众日常生活的重要依托，是党和政府联系服务群众的"最后一公里"。政府部门的社区治理是通过社会工作行政手段将社会政策转化为政策服务的过程，是在社区中直接面对社会成员执行和推动社会政策的行为。其中既包括行政领导，也包括政策指导和管理服务，具有较强

[①] 曹海军：《党建引领下的社区治理和服务创新》，《政治学研究》2018年第1期。

的实用性。如，北京市为推动政府服务绩效改革，将坚持人民群众主体地位的治理理念与问题导向有机结合，搭建起群众向政府反映民意的"直通车"，不断深化推动"接诉即办"政策机制发展。相关数据显示，2019年1月1日至2021年11月20日，北京12345热线共受理并解决群众反映问题3134万件[1]，内容覆盖劳动和社会保障、社会秩序、环境保护、市场管理、疫情防控等多个民生服务保障领域，切实破解了民生难题，畅通服务群众的"最后一公里"。山东省济南市历下区政府通过加大财政投入力度，积极打造社区治理服务平台，将社区服务设施建设达标列入区民生工程，大力推动社区为民服务中心建设，切实增强居民群众生活便利性。

不难看出，在当前中国各地的城市社区治理实践中，政府部门以行政推动为主要力量，助力城市民生服务建设和社区发展，已成为一种可观、可认的事实，且区域差异不明显。有研究指出，中国政府通过"行政发包制""治理竞赛""规范化管理"等行政举措推动社区治理，以期实现社区治理现代化，已经构成理解中国城市社区治理的重要线索之一。其隐含的逻辑就在于政府通过自身的不断改革来推动和引导社区治理改革，以便进一步强化社区治理中行政力量的发挥，形成一种行政吸纳的特色治理现象。[2]

3. 中国社会组织参与城市社区治理的总体势头较好，但当前中国社会组织数量的增长态势放缓，且区域之间存在显著差异

当前，中国社会组织参与社会治理的总体势头良好，态度积极。[3] 在城市社区治理的实践中，通过以各类公益服务为手段，团结和动员居民，进行再组织化，营造共享意识。同时，整合社区资源，关注各方社会利益，进行合作共治。以一个协同者的身份，参与社区共治平台建设，最终形成一条党建引领下社会组织合作协同参与社区治理的新道路。以江苏省昆山市某社会组织为例，其在参与城市社区治理的过程中，围绕"做服务、育

---

[1] 《最新成绩单来了！12345热线3年受理群众反映3134万件》，https://baijiahao.baidu.com/s?id=1719555020494036233&wfr=spider&for=pc，2022年8月15日。

[2] 彭宗峰：《政府、社会与居民良性互动的社区治理何以可能——一个基于内卷理论重释的理解框架》，《求实》2022年第4期。

[3] 王伟进、王雄军：《我国社会组织参与社会治理的进展与问题》，《国家治理》2018年第35期。

队伍、聚治理、建平台"理念，整合社区治理各主体资源，团结组织居民，促进了社区内"人人有责、人人尽责、人人享有"治理氛围的形成。

需要指出的是，截至2020年底，中国登记注册的社会组织数量已达到89.4万个，但其增长呈放缓态势。[①] 从区域分布来看，CSS2021数据分析结果显示[②]，华东和西北地区社会组织数量较多，中南和东北地区社会组织数量较少。如图8-1所示，各区域社会组织数量占比由高到低依次为西北地区（87.50%）、华东地区（87.30%）、西南地区（79.41%）、华北地区（70.27%）、中南地区（66.67%）、东北地区（61.54%）。由于社会组织的区域发展差异会影响社会组织的协同发展，而各区域社会组织协调共进发展对于促进中国社会组织发展、强化市民社会建设、推进社区治理又具有重要意义。因此，如何实现社会组织在中国区域之间协调共生发展，进一步强化社会组织在城市社区治理中的作用，仍需进一步探索。

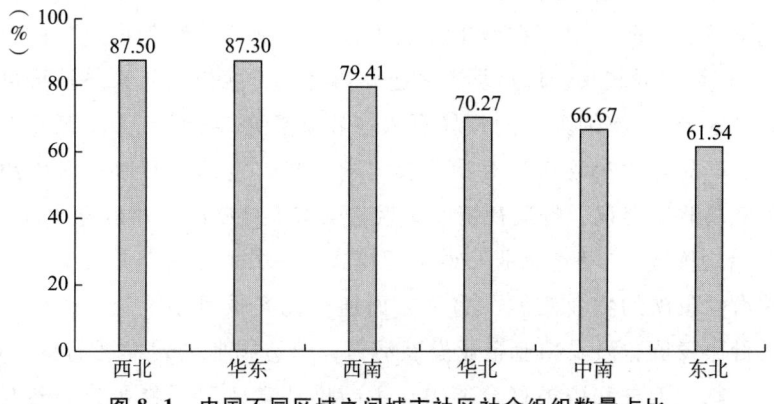

图8-1 中国不同区域之间城市社区社会组织数量占比

4. 中国城市社区中业主委员会参与社区治理基本保持社区治理导向和业主维权导向，且区域差异较小，有效促进了共建共治共享社区治理格局的形成

相对于社区居委会来说，业主委员会嵌入在社区之中，更具"在场性"，对社区事务的感受更真实。同时，对业主来说，业主委员会是社区的内生组织，相对于居委会更具有"我们感"，业主对其信任感更强。因此，

---

① 张翼：《全面建成小康社会视野下的社区转型与社区治理效能改进》，《社会学研究》2020年第6期。
② 如无特别说明，本研究的相关统计分析均通过卡方检验或T检验。

业主委员会在中国城市社区治理中发挥着不可替代的作用。

当前，中国城市社区中业主委员会参与社区治理的基本逻辑表现为社区治理导向和业主维权导向①，且区域差异较小。以苏州市相城区和荆州市沙市区的业主参与社区治理的做法经验为例，其社区治理导向表现为，一方面小区业主委员会成立以后，对物业公司形成制衡作用，业主和物业公司之间的纠纷得到有效解决，社区治理环境得到改善；另一方面，业主委员会也被社区"两委"纳入社区治理网格，并利用业主委员会，让社区骨干加入社区建设队伍，壮大社区治理的力量。业主维权导向表现为，通过追讨物业公司在小区内的公共收益，利用沟通协商等方式，使物业公司和业主委员会的权力格局发生变换，最终实现公共收益在社区内各主体之间公平分配。

5. 通过坚持党建引领，中国在城市社区中基本形成了"红色物业"的治理模式，不断推动物业公司参与基层治理取得新发展、新成效

物业公司作为基层治理的重要力量之一，可以为城市社区治理提供强有力的支持。当前，中国在城市社区中基本形成了"红色物业"的治理模式②，且区域差异较小。以深圳市和杭州市为例，两市近年来坚持推进"支部建在社区上"，将加强党的领导写入《物业管理条例》，为小区党组织赋能增效，同时强化党政部门对物业公司的引导，定期召开以小区党组织为主导的党群联席会议，畅通社情民意表达渠道，打造出"小区党支部+物业公司"治理模式。"红色物业"的治理模式，一方面通过坚持党建引领，着力解决群众反映的物业难题；另一方面通过扎实推进物业监管，促进物业公司的健康发展，激发物业企业发展活力，营造物业公司发展的良好环境，全面提升物业治理和服务群众能力，不断推动党建引领物业公司参与基层治理取得新发展、新成效。

6. 中国城市居民的社区参与效能感较高，志愿服务参与的积极性不断增强

人民群众作为中国国家权力的主体，是决定党和国家前途命运的根本力量，这种内在规定性便决定了社区居民在社区治理中的主体地位。坚持

---

① 赵祥云：《业主委员会参与社区治理的多重合法性及运行逻辑——基于对苏州市相城区R小区的分析》，《深圳社会科学》2019年第4期。

② 容志、孙蒙：《党建引领社区公共价值生产的机制与路径：基于上海"红色物业"的实证研究》，《理论与改革》2020年第2期。

第八章 共同富裕目标下的专题之三：城市社区治理及其区域差异

以人民为中心的社区治理，就是要"充分激发蕴藏在人民群众中的创造伟力"[①]，从而产生出推动社区治理的不竭动力。

从城市居民的社区参与效能感来看，CSS2021 以量表形式测量了居民的社区参与效能感，如"我关注村（居）委会的选举""在村（居）委会选举中，选民的投票对最后的选举结果没有影响""村（居）委会根本不在乎和我一样的普通村（居）民的想法"。每个问题的选项均是"很不同意""不太同意""比较同意""非常同意"，第二、第三个问题的选项转向后与第一个问题的选项分别计 1、2、3、4 分，将其加总后取均值，最终分数越高，表明居民的社区参与效能感越高。结果显示，当前中国居民的社区参与效能感平均得分为 7.41 分，处于较高水平。因此，充分尊重社区居民的社区选举意愿和表达权利，提升社区居民的参与效能感，对于凝聚社区居民力量，增强居民在社区内的主人翁意识具有重要意义。

同时，社区居民也是社区治理具体实践的主体，社区治理的每一项活动都离不开居民的参与，没有社区居民的积极参与，各项工作将难以开展，社区治理就会变为"无源之水，无本之木"。CSS2021 结果显示，近一年以来[②]，中国城市社区居民有过至少一次志愿服务经历的占比为 32.93%，与 CSS2019 结果相比[③]，增长将近 3 个百分点。可以看出，近年来，中国城市社区居民参与志愿服务的比例不断上升，志愿服务参与的积极性不断增强。

从志愿服务领域来看，参与率最高的三个领域由高到低依次排序为环境保护（13.38%）、老年关怀（10.14%）、儿童关爱（10.05%）；参与率最低的三类由低到高依次排序为国际援助（0.27%）、法律援助（1.27%）、妇女维权/保护（1.59%）。此外，从表 8-2 可以看出，一方面，儿童关爱和抢险救灾两个志愿服务领域参与率存在显著的区域差异。其中，华东地区（10.70%）和中南地区（10.18%）儿童关爱类志愿服务领域参与率显著高于其他地区。另一方面，可能是受到自然灾害的影响[④]，近一年以来，西南地区（7.02%）、华东地区（5.91%）和西北地区（5.33%）的抢险救

[①] 习近平：《在庆祝改革开放 40 周年大会上的讲话》，《人民日报》2018 年 12 月 19 日第 2 版。
[②] 近一年以来指调查时点往前推一年。
[③] CSS2019 中中国城市社区居民近一年以来有过至少一次志愿服务经历的占比为 30.22%。
[④] 《应急管理部发布 2020 年全国自然灾害基本情况》，https://www.mem.gov.cn/xw/yjglbgzdt/202101/t20210108_376745.shtml，2021 年 1 月 8 日。

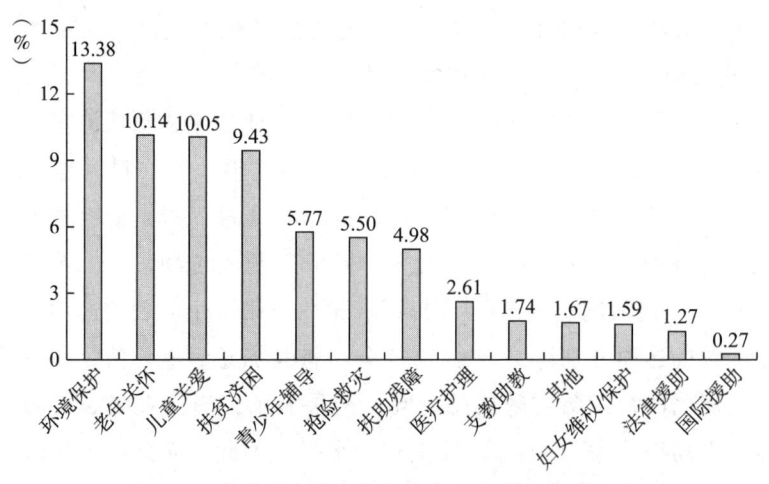

图 8-2　中国城市社区居民参与志愿服务领域占比

灾类志愿服务领域参与率要显著高于华北地区（2.57%）、东北地区（3.49%）和中南地区（4.34%）。由此可见，城市社区居民参与志愿服务领域的情况受到所在地区的经济、文化、社会和自然条件等因素的影响，存在区域差异。因此，推动志愿服务事业的发展需要因地制宜，具体考虑不同区域的实际情况。

表 8-2　城市社区居民志愿服务领域参与率的区域差异情况

单位：%

志愿服务领域	华东地区	中南地区	华北地区	西南地区	东北地区	西北地区
儿童关爱	10.70	10.18	7.01	9.94	7.42	4.14
抢险救灾	5.91	4.34	2.57	7.02	3.49	5.33

注：本表中只列出了存在区域差异且统计检验显著的志愿服务领域。

（二）社区服务能力情况及区域差异

城市社区作为城市居民生活的基础单元，是中国社会民生建设的最基层平台。社区的服务能力和服务质量直接关系到城市居民生活质量和水平，更是实现社区居民利益表达、增进民生福祉、落实共建共治共享理念的出发点和落脚点。①

---

① 张来明、刘理晖：《新中国社会治理的理论与实践》，《管理世界》2022 年第 1 期。

第八章 共同富裕目标下的专题之三：城市社区治理及其区域差异

1. 在社区基础性服务能力方面，当前中国城市社区的基础性服务可以满足居民的生活、购物、医疗等需求；从区域差异来看，中西部地区的基础性服务建设率要低于华东地区，在推进城市社区基本服务均等化方面还需进一步努力

在社区基础性服务能力方面，CSS2021 社区问卷调查了城市社区中 14 项基础性服务/设施的建设情况。数据分析结果显示，按照社区提供基础性服务/设施的数量来看，中国城市社区平均提供了约 10 项基础性服务/设施，其中提供了 10 项及以上基础性服务/设施的社区占多数。按照具体的基础性服务/设施类型的建设率来看，建设率占比最高的三个类型由高到低排序依次为便利店（99.13%）、社区医院（86.90%）、物流/快递公司运营点（84.72%）；建设率占比最低的三个类型由低到高排序依次为百货商场（44.54%）、公园（48.91%）、超级市场（49.34%）。可以看出，当前中国城市的社区基础性服务已覆盖了居民的生活、医疗、购物等方面的基本需求。

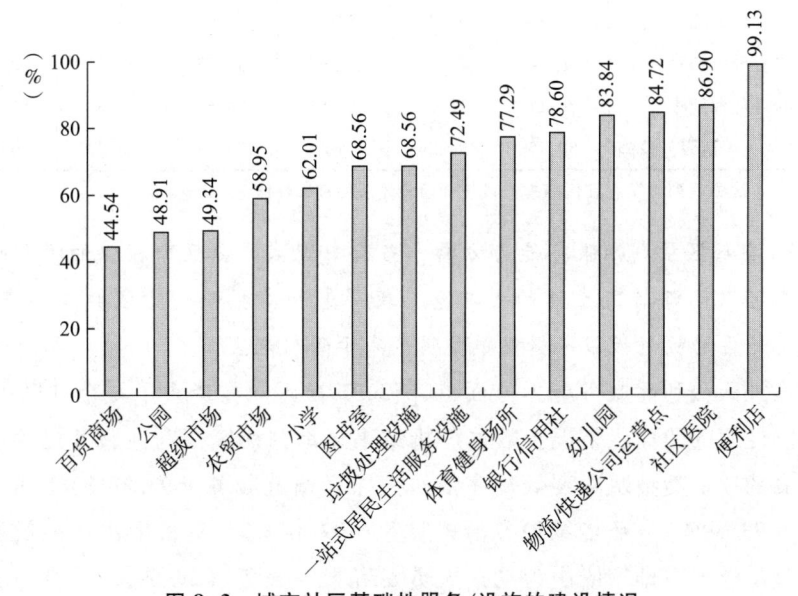

图 8-3 城市社区基础性服务/设施的建设情况

从社区基础性服务的区域差异来看，如表 8-3 所示，中南地区的农贸市场建设率（69.70%）要显著高于西南地区（67.65%）、华东地区（62.90%）、西北地区（50.00%）、东北地区（40.00%）、华北地区（35.14%）。原因

可能就在于中国中南地区人口较为密集,消费潜力巨大,农贸市场的价格亲民,更能满足一般居民的消费需求,因此建设率较高。在社区医院建设方面,除东北地区以外,其他地区的社区医院建设率均超过八成,这和以往研究结果基本一致[1],说明中国基层医疗的服务力量不断壮大,在供给侧方面,着力提升了基层医疗服务能力。此外,华东地区在垃圾处理设施、体育健身场所、一站式居民生活服务设施的建设率方面,显著高于中西部地区。这说明中国中西部地区在提升城市的精细化管理水平,打造干净整洁、环境优美、人人享有的城市人居环境方面还需进一步努力。因此,必须深刻认识到当前中国社区的基础性服务仍存在一定的区域发展差距,在增加基础性服务数量和提升质量方面还需进一步努力。

表 8-3 城市社区基础性服务/设施建设率的区域差异情况

单位:%

基础性服务/设施	华东地区	中南地区	华北地区	西南地区	东北地区	西北地区
农贸市场	62.90	69.70	35.14	67.65	40.00	50.00
社区医院	87.30	89.39	83.78	97.06	53.33	93.75
体育健身场所	84.14	77.27	75.68	82.35	46.67	62.50
垃圾处理设施	76.19	72.73	64.86	70.59	33.33	56.25
一站式居民生活服务设施	80.95	74.24	75.68	70.59	33.33	56.25

注:本表中只列出了存在区域差异且统计检验显著的基础性服务/设施。

2. 在社区福利性服务能力方面,当前中国城市社区所提供的福利性服务基本可以保证居民生活的安全感、获得感和幸福感;从区域差异来看,中东部地区的福利性服务提供率要明显高于西部地区

在社区福利性服务能力方面,CSS2021 社区问卷调查了城市社区中 17 项福利性服务的提供情况。数据分析结果显示,社区福利性服务提供率占比最高的三个类型从高到低排序依次为邻里调解服务(93.89%)、残疾人服务(93.89%)、环境维护及治理服务(92.14%)。提供率占比最低的三个类型从低到高排序依次为动迁人员安置帮扶服务(29.69%)、机构养老服务(36.68%)、家政中介服务(37.99%)。可以看出,当前中国城市社

---

[1] 林春梅、秦江梅、张丽芳等:《2020 年全国社区医院建设追踪监测分析》,《中国全科医学》2021 年第 31 期。

第八章 共同富裕目标下的专题之三：城市社区治理及其区域差异

区所提供的福利性服务紧紧围绕着人民群众最关心的"小事"，保证人民群众社区生活的舒适、便捷与安定。

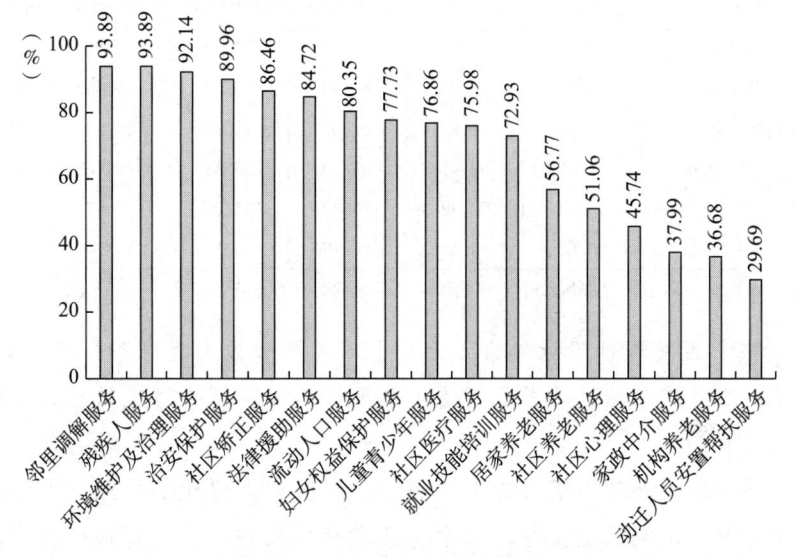

图 8-4 城市社区中福利性服务的提供情况

各类福利性服务提供率（%）：邻里调解服务 93.89、残疾人服务 93.89、环境维护及治理服务 92.14、治安保护服务 89.96、社区矫正服务 86.46、法律援助服务 84.72、流动人口服务 80.35、妇女权益保护服务 77.73、儿童青少年服务 76.86、社区医疗服务 75.98、就业技能培训服务 72.93、居家养老服务 56.77、社区心理服务 51.06、家政中介服务 45.74、机构养老服务 37.99、动迁人员安置帮扶服务 36.68、29.69。

从社区福利性服务的区域差异来看，在养老服务方面，华东地区和西北地区的养老服务类提供率要显著高于其他地区。一个可能的原因就在于，差异化的公共财政投入造成区域之间福利性服务提供差异化[①]。在社区心理服务方面，华东地区、中南地区、华北地区、西北地区的福利性服务提供率高于西南地区和东北地区。其社区心理服务提供率占比从高到低排序依次为华东地区（65.00%）、华北地区（63.16%）、西北地区（50.00%）、中南地区（38.46%）、西南地区（23.81%）、东北地区（0.00%）。值得指出的是，在环境维护及治理服务、治安保护服务方面，西部地区，尤其是西南地区服务提供率明显偏高，且提供比例高于或大致与华东地区和华北地区持平。究其原因，政府的政策支持[②]是推动西部地区针对环境治理、治安保护等内容的福利性服务得以有效落实的关键因素。

---

① "十三五"规划期间，中央对西部、中部、东部地区社会服务建设项目平均总投资的 80%、60%、30% 予以了补助。

② 如针对环境保护的《西部地区重点生态区综合治理规划纲要（2012—2020 年）》《西部民族地区环境与资源保护法》等，以及针对治安保护的《社会治安综合治理条例》《中共中央 国务院关于新时代推进西部大开发形成新格局的指导意见》等。

表 8-4 城市社区福利性服务提供率的区域差异情况

单位：%

福利性服务	华东地区	中南地区	华北地区	西南地区	东北地区	西北地区
居家养老服务	69.84	46.97	43.24	50.00	60.00	87.50
社区养老服务	75.00	30.77	57.89	38.10	25.00	83.33
机构养老服务	36.51	31.82	27.03	41.18	26.67	75.00
社区心理服务	65.00	38.46	63.16	23.81	0.00	50.00
环境维护及治理服务	96.83	92.42	86.49	97.06	66.67	93.75
治安保护服务	90.62	92.65	89.19	94.12	61.54	93.75

注：本表中只列出了存在区域差异且统计检验显著的福利性服务。

3. 在社区发展性服务能力方面，中国疫情防控志愿服务提供率最高；从发展性服务需求的区域差异来看，各区域内城市社区居民较为关注的仍是民生保障领域

人的全面发展就是指人的多方面、多层次和多样化的发展。人的全面发展离不开一定的社会关系、社会生活和社会实践，人只有在社会实践的过程中，才能获得成长与发展的机会。志愿服务作为一种社会实践活动，能够使志愿者在奉献社会的同时，使自身获得学习与成长的机会，获得身心上的愉悦、精神上的满足和心灵上的充实。[①] 因此，社区所提供的志愿服务活动是衡量社区发展性服务能力的重要指标。

CSS2021 数据分析结果显示，当前中国城市社区发展性服务提供率占比最高的三个类型从高到低排序依次为疫情防控（96.94%）、老年关怀（95.63%）、扶助残障（94.32%）；提供率占比最低的三个类型从低到高排序依次为抢险救灾（64.19%）、心理咨询（70.31%）、教育助学（75.98%）。可以看出，中国城市社区发展性服务的提供，以现实观照为主，重点满足居民的生存发展需求。

从社区发展性服务的区域差异来看，如表 8-5 所示，一方面，青少年辅导、教育助学、扶贫济困、医疗护理和心理咨询五个发展性服务建设率存在显著的区域差异。另一方面，中东部地区和西北地区的城市社区对于五个类型的发展性服务建设率均显著高于其他地区。可以看出，中国城市社区仍较为关注居民的基本民生保障需求，如青少年辅导、弱势群体帮扶、

---

① 党秀云：《论志愿服务可持续发展的价值与基础》，《中国行政管理》2019 年第 11 期。

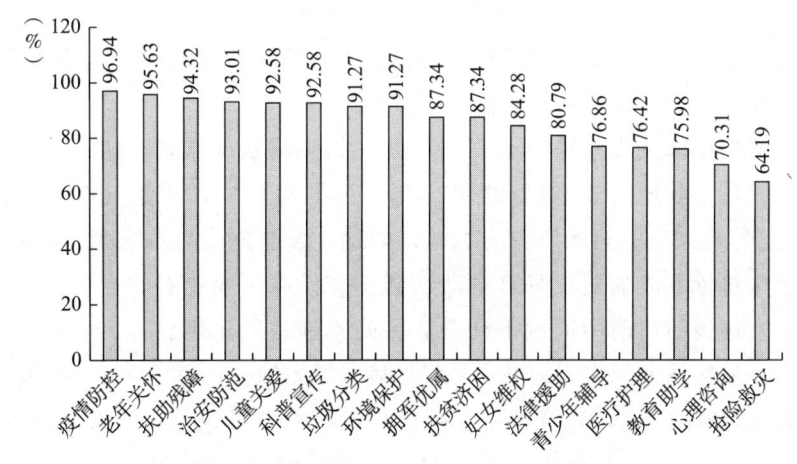

图 8-5 城市社区中发展性服务的提供情况

教育医疗、心理健康等。因此，社区不仅要着重面对民生保障领域，提供相关志愿服务，切实提高居民的获得感，还要因地制宜，以更具针对性地满足居民的生存需要和发展需要。

表 8-5 城市社区发展性服务建设率的区域差异情况

单位：%

发展性服务	华东区域	中南地区	华北地区	西南地区	东北地区	西北地区
青少年辅导	88.89	77.27	78.38	58.82	53.33	81.25
教育助学	92.06	65.15	83.78	61.76	73.33	68.75
扶贫济困	95.24	86.36	91.89	70.59	73.33	93.75
医疗护理	92.06	71.21	75.68	64.71	53.33	81.25
心理咨询	84.13	71.21	67.57	47.06	53.33	81.25

注：本表中只列出了存在区域差异且统计检验显著的发展性服务。

（三）中国城市社区的共同体精神及区域差异

社区共同体是一种特殊的社会关系模式，能为个体提供健康的社区生活，是实现高质量社区治理的重要基础。社区共同体精神对于构建社区公共精神、塑造价值理念、达成社区治理共识具有重要意义。

1. 中国城市社区居民具有本地认同感的比例较高，居民的社区归属感和认同感较强

根据社会身份理论，个体在人际交往和生活世界中获得特定的社会角

色并据此形成自我观念与社会联结，最终形成本地认同感。本地认同感可让人们获取一种安全感、归属感与心灵慰藉，诱发人们的合作与奉献意识，实现多元化、原子化个体的有机聚合。

在CSS2021问卷中采用了"就您目前的生活状况来说，您认为自己是本地人，还是外地人？"进行测量，将"是本地人"处理为具有本地认同感，"是外地人"处理为不具有本地认同感。数据分析结果显示，在城市社区居民中将近九成的居民具有本地认同感，仅有一成左右的居民没有本地认同感。这说明当前中国城市社会居民的本地认同比例较高，社区融入度也较高。从区域差异来看，城市社区居民具有本地认同感比例从高到低排序依次为东北地区（92.81%）、西北地区（90.27%）、华北地区（88.48%）、华东地区（86.37%）、中南地区（86.31%）、西南地区（84.07%）。与CSS2017结果相比[1]，除华东地区、华北地区、中南地区、西南地区以外，东北地区和西北地区的城市社区居民具有本地认同感的比例出现一定增长。

2. 中国城市社区居民持有较为一致的集体意识，居民的基层政府信任水平较高

政府信任尤其是基层政府信任，历来是直接关乎民生、关乎社会和谐的重要砝码。同时基层政府信任作为一种制度信任存在，更具有天然的"道德合理性"。[2] 一方面，民众对于基层政府的信任是影响政府能否有效提供社会服务的重要因素；另一方面，基层政府通过价值理念塑造对群众的未来预期发挥作用，促进居民形成一致的社会行为和社会态度，其对于社区凝聚力的增强、社区参与困境的破解具有重要价值。本研究采用了在CSS2021问卷中的"请问，您信任下列机构吗？"来测量居民的基层政府信任，其中包括区县政府信任和乡镇政府信任。将"很不信任"和"不太信任"重新编码为"不信任"，"比较信任"和"非常信任"重新编码为"信任"，其他处理为缺失值。根据数据分析结果，如图8-6所示，中国城市社区居民的基层政府信任情况为：超七成的居民对乡镇政府以及超八成的居民对区县政府持"信任"态度，可以看出中国城市社区居民对基层政府的

---

[1] CSS2017中中国各区域城市社区居民具有本地认同感的比例分别为华东地区（87.37%）、中南地区（87.88%）、华北地区（89.37%）、西南地区（90.77%）、东北地区（90.24%）、西北地区（83.87%）。

[2] 克劳斯·奥菲：《福利国家的矛盾》，郭忠华等译，吉林人民出版社，2006。

信任度较高，且存在学界一致认为的信任极差现象，即"差序政府信任"。[1]

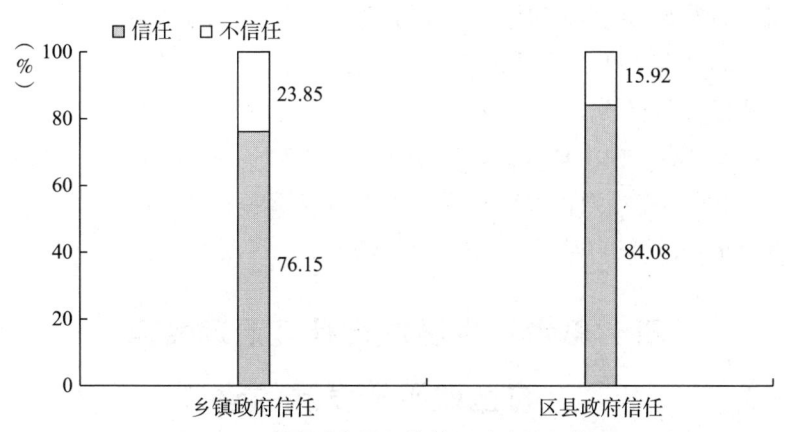

图 8-6 中国城市居民的基层政府信任情况

从区域差异来看，中国城市社区居民的区县政府信任比例从高到低排序依次为华东地区（86.37%）、华北地区（84.80%）、中南地区（82.21%）、东北地区（82.18%）、西北地区（81.29%）、西南地区（80.89%），大致呈现"东高西低"的态势。就乡镇政府信任而言，城市社区居民的信任占比从高到低排序依次为华北地区（79.52%）、华东地区（78.54%）、东北地区（76.33%）、中南地区（74.30%）、西南地区（73.34%）、西北地区（69.02%），大致呈现"东中西"递减的态势。此外，与CSS2019的结果相比[2]，我国东北地区、华北地区、华东地区、中南地区、西南地区和西北地区城市社区居民的区县政府信任和乡镇政府信任比例均趋于上升态势。

3. 中国城市社区居民的人际信任水平较高，且与2019年相比出现显著增长

人际信任作为社区生活的重要黏合剂，对于塑造社区共同体精神具有不可忽略的作用。CSS2021问卷中主要采用了"请用1~10分，来表达您对现在人与人之间的信任水平的评价"进行测量。1分表示非常不信任，10

---

[1] 李连江：《差序政府信任》，《二十一世纪》2012年第3期。
[2] 2019年中国各区域内城市社区居民的区县政府信任比例为中南地区（72.99%）、华东地区（79.46%）、西南地区（69.94%）、华北地区（77.13%）、西北地区（65.23%）、东北地区（72.08%）；乡镇政府的信任比例为中南地区（64.75%）、华东地区（72.12%）、西南地区（62.58%）、华北地区（69.77%）、西北地区（59.19%）、东北地区（65.93%）。

分表示非常信任。数据分析结果显示,中国城市社区居民的人际信任水平平均得分为 6.64 分。与 2019 年调查结果相比①,增长了 0.43 分。从区域差异来看,2021 年城市社区居民的人际信任水平平均得分从高到低排序依次为华东地区(6.81 分)、西南地区(6.62 分)、东北地区(6.62 分)、华北地区(6.59 分)、中南地区(6.58 分)、西北地区(6.09 分),并显著高于 CSS2019 中我国东中西部城市社区居民人际信任水平的调查结果②。可以看出,近年来我国城市社区居民的人际信任水平在逐渐提高。

四 思考:中国城市社区治理特点与区域平衡发展的建议

(一) 中国城市社区治理的特点

从本研究的研究结果来看,我国城市社区治理有如下特点。首先,在社区治理中各主体的参与情况方面,已基本形成以党建为引领,"社区两委"为领导统筹核心,政府、居民、物业公司、社会组织、业主委员会等多方力量进行共建共治共享的城市社区治理格局,城市社区治理体制愈加完善;其次,在社区服务能力方面,无论是在基础性服务,还是福利性服务和发展性服务方面,都已基本满足居民对于生活、文化、娱乐、消费、医疗、安全等方面的公共服务需求,社区服务能力显著提升;最后,在社区共同体精神方面,我国城市社区居民的社区归属感、社区集体意识和人际信任水平都较高,社区共同体精神水平显著提升。

总的来说,我国城市社区治理经历了"行政型社区"到"自治型社区"的变革,到现在形成的"一核多元共治"的新型社区治理模式,构成了实现基层社会治理现代化、国家治理现代化乃至中国式现代化的现实注解。其中"一核"即党委领导,"多元"即党委、政府、社会组织、社区民众等多元主体,"共治"既有各个主体共同治理的内涵又体现着民主治理、依法

---

① 2019 年中国城市社区居民人际信任水平的平均得分为 6.21 分。
② 2019 年中国各区域内城市社区居民人际信任水平的平均得分分别为华东地区(6.38 分)、西南地区(6.20 分)、华北地区(6.19 分)、中南地区(6.08 分)、西北地区(6.06 分)、东北地区(6.05 分)。

治理、科学治理等多种治理方式并举。"一核多元共治"的社区治理模式是用中国实践创建的具有中国特色、中国风格、中国气派的城市基层社会治理样式，对于本土现实观照和国际经验推广都具有重要参考价值。"一核多元共治"的城市社区治理模式，如图8-7所示。

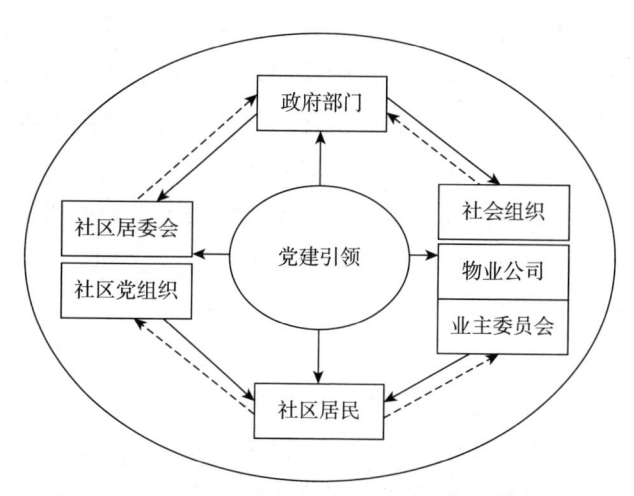

图8-7 中国"一核多元共治"的城市社区治理模式

（二）中国城市社区治理及区域平衡发展的建议

1. 促进社会组织协调发展，增强社区治理的合力

如前文所述，当前中国社会组织发展还存在区域差异，而社会组织的协调发展将进一步增强城市社区治理的力量，并增强城市社区治理的合力。因此，提出如下建议。第一，坚持和加强党的全面领导，确保社会组织沿着正确方向发展。第二，加大对社会组织发展的引导和支持力度，尤其要重点加大对中西部地区和东北地区社会组织事业发展的扶持力度，优化社会组织的孵化和成长环境，鼓励建立社区自组织。第三，拓展社会组织参与城市社区治理的发展空间。加快政府职能转变步伐，正确处理好与市场、社会之间的关系。简化社会组织行政审批程序，为社会组织提供良好的成长环境。将培育社会组织相关资金纳入政府预算，鼓励社会组织参与区域社会发展和社会治理，提升社会组织在基层社区治理中的影响力。

2. 促进基本公共服务均等化，提高社区治理的水平

尽管中国经济社会发展取得诸多可喜的成就，基本公共服务的质量与

水平稳步提升，社区服务能力也显著提高，但基本公共服务非均等化问题依然突出，区域发展不均衡等问题影响着公共物品的提供效率以及人民群众的获得感。因此，提出如下建议。第一，以经济高质量转型为契机，调整政府间财政关系，夯实地方基本公共服务财政基础，尤其要加大对于中西部地区的财政投入力度。第二，鼓励探索建立横向援助及补偿机制，促进区域间均衡发展。一方面，要总结长期对口支援的实践经验，增强横向援助制度的适用性；另一方面，要结合功能区建设，围绕基本公共服务建立区域间横向补偿机制。第三，要在党和政府的支持与鼓励下，帮助社区提供更加多元化的服务。同时，重点扶植存在较大缺位的服务领域，进一步缩小供需差距并逐步实现社区服务的精准供给。

3. 整合社区社会资本，提高社区人际信任水平

在现代治理语境下，社区社会资本的培育能够显著提升社区自治的整合度，也能对居民的社会参与产生积极影响，同时促进居民之间的沟通合作以及达成信任共识。如前文所述，中国城市社区居民的人际信任水平还有一定提升空间。因此，提出如下建议。一方面，打造以人为本的"第三空间"，促进居民自发的日常互动。根据社区的社会结构来安排公共空间的物质结构，增强社区空间的沟通性，促进居民及其活动在空间上一定程度的聚集。另一方面，培育社区信任网络和体系，形成良好的社区规范。组织形式多样的社区活动，并使某些活动经常化和制度化，丰富人们的业余精神生活，促进社区成员间的交流和了解，增强社区成员的归属感，使社区成员从中获得鼓励、同情、理解和认可。同时，可通过社区成员之间长期、频繁、密切的交流和沟通，唤起一些有助于互助合作的价值观和创造一种群体的身份与意识。

综上所述，城市社区治理的区域差异，是共同富裕推进进程中发展不平衡不充分的表现之一。本研究通过分析全国抽样调查数据，呈现城市社会治理状况及其区域不平衡情况，可为解决此问题提供更加切实的实证参考。城市社区治理水平的提升，意味着城市基层治理体系的完善和治理能力的提高，能为缩小区域差距提供机制和动力，有助于更扎实地推进共同富裕。

第九章
共同富裕目标下的其他专题

共同富裕不仅是一项规模宏大且细节繁复的系统性工程，更是一次无前例可循、需要创新思维的伟大实践。在推进共同富裕的道路上，我们没有现成的经验和模板可以简单地复制。基于本研究构建的衡量指标，在前文深入探讨了因收入差距、群体差异和区域差异等而需注意的中等收入群体、志愿者与志愿服务，以及城市社区治理等议题外，仍有众多议题有待深入剖析，如此方能从更加专业、更加系统的角度推进共同富裕。

在推动共同富裕的进程中，我们既要紧密结合中国的实际国情，还要敏锐把握时代发展的脉搏和国际形势的变化。这就要求我们必须在不断摸索与实践的过程中，总结提炼并借鉴实践中的经验和做法，同时也要勇于自我革新、不断提高生产力水平、缩小城乡差距、释放消费潜能、构建治理体系，在发展与互构中认识个体、家庭、国家和世界的关系，理性从容地面对前进道路上的各种挑战和困难。

一 借鉴先进经验：浙江高质量发展建设共同富裕示范区[①]

当前我国面临着发展不平衡不充分的问题，表现为城乡与地区间的发展差距、收入分配的不均衡等，导致各地在推进共同富裕的起点和条件上

[①] 本部分内容参考了孟刚关于《浙江扎实推动共同富裕的探索实践》的发言内容，发言时间为2023年6月29日。

存在明显的差异。因此，促进全体民众走向共同富裕是一项分阶段、分步骤、需要时间和持续努力的任务。因此有必要选择一些具有代表性的先进地区进行试验，以形成示范效应。为此，2021年5月20日，中共中央、国务院发布《关于支持浙江高质量发展建设共同富裕示范区的意见》（以下简称《支持意见》），支持浙江先行探索高质量发展建设共同富裕示范区，为全国推动共同富裕提供省域实践范例。《支持意见》聚焦共同富裕示范区建设亟待突破和创新的重要方向与关键领域，按照"一二四五六"[①]的总体框架制定出台。同年6月，浙江出台了《浙江高质量发展建设共同富裕示范区实施方案（2021—2025年）》。

支持浙江省作为共同富裕示范区试点，是因为浙江在20年来一以贯之地推进"八八战略"的过程中，已在应对发展不平衡不充分问题方面取得了显著成就，具有开展共同富裕示范区建设的坚实基础和明显优势。统计数据显示，浙江全省生产总值从2002年的8004亿元跃升至2022年的77715亿元，连续27年稳居全国第4位。按年平均汇率计算，2022年浙江经济总量约合1.15万亿美元，人均地区生产总值从2002年的1.69万元（约0.2万美元）提升至2022年的11.85万元（约1.76万美元），成为全国最接近中等发达国家水平[②]的省份之一。当然，浙江还存在一些需要改进和加强的领域，但这些短板也恰为其提供了广阔的改进空间和发展潜力。支持浙江进行高质量发展，建设共同富裕示范区，不仅能够通过实践进一步丰富我们对共同富裕的理解，还能为解决新时代的社会主要矛盾探索有效路径。

可以说，作为我国实现共同富裕的先行先试地区，浙江的共同富裕示范区承担着重要的探索和示范任务，其以下四方面的做法，对于我国探索共同富裕的实践路径和未来发展具有重要的参考价值。

（一）全省一盘棋的制度储备

2003年7月，时任浙江省委书记习近平在深入调研的基础上，做出了

---

① 一是指一个核心任务；二是指在2025年、2035年两个时间节点分两阶段走，基本实现共同富裕；四是指四个战略定位；五是指五大工作原则；六是指六方面主要任务。

② 学界对何为中等发达国家水平并未有定论。从世界银行标准来看，发达国家人均国民收入的门槛值为2万美元，平均水平高达4.8万美元，剔除体量偏小的经济体，发达国家人均GDP平均水平大致在3.5万~4万美元，可将中等发达国家的人均GDP标准定为3万~4万美元。此外，还有一种观点认为，中等发达国家水平对应的人均GDP是25000美元。

发挥八个方面的优势、推进八个方面的举措的重大决策部署,被称作浙江省域发展总体方略。该方略简称"八八战略",内容包括:①进一步发挥浙江的体制机制优势,大力推动以公有制为主体的多种所有制经济共同发展,不断完善社会主义市场经济体制;②进一步发挥浙江的区位优势,主动接轨上海、积极参与长江三角洲地区合作与交流,不断提高对内对外开放水平;③进一步发挥浙江的块状特色产业优势,加快先进制造业基地建设,走新型工业化道路;④进一步发挥浙江的城乡协调发展优势,加快推进城乡一体化;⑤进一步发挥浙江的生态优势,创建生态省,打造"绿色浙江";⑥进一步发挥浙江的山海资源优势,大力发展海洋经济,推动欠发达地区跨越式发展,努力使海洋经济和欠发达地区的发展成为浙江经济新的增长点;⑦进一步发挥浙江的环境优势,积极推进以"五大百亿"工程为主要内容的重点建设,切实加强法治建设、信用建设和机关效能建设;⑧进一步发挥浙江的人文优势,积极推进科教兴省、人才强省,加快建设文化大省。此后,浙江省委的每一届领导都坚定地贯彻实施"八八战略"。浙江省第十二次党代会明确提出深入实施"八八战略",坚定不移走创业富民、创新强省之路;浙江省第十三次党代会再次提出深入实施"八八战略"和"创业富民、创新强省"总战略,促进经济社会全面协调可持续发展;浙江省第十四次党代会进一步提出,坚定不移沿着"八八战略"指引的路子走下去,高水平谱写实现"两个一百年"奋斗目标的浙江篇章;浙江省第十五次党代会接续提出忠实践行"八八战略",坚决做到"两个维护",在高质量发展中奋力推进中国特色社会主义共同富裕先行和省域现代化先行。

"八八战略"与习近平新时代中国特色社会主义思想在精神要旨上高度契合、战略指向上高度一致、实践要求上高度一贯。这一战略的实践过程,实质上就是浙江人民不断奋斗、加快实现共同富裕的过程。它不仅为浙江的共同富裕奠定了坚实的基础,也展现了浙江在这方面的优势和信心。可以说,作为浙江发展的全面规划和顶层设计,"八八战略"为浙江转型发展和长远发展奠定了基础,推动浙江省实现了多方面、多维度的发展跃升,是推动浙江走向共同富裕的坚实基石。

(二)稳打稳扎贯彻落实中央文件精神

面对共同富裕这一创新性的社会发展目标,浙江省在推进过程中展现了高度的责任感和使命感。为了全面落实《支持意见》，浙江省出台《浙江高质量发展建设共同富裕示范区实施方案（2021—2025年）》，明确了"十四五"时期示范区"四率先三美"工作目标和"七个方面先行示范"实施路径，成为推进示范区建设的路线图、任务书，并构建了共同富裕示范区建设的60个指标目标。2021年7月，浙江省成立由省委主要领导任组长的高质量发展建设共同富裕示范区领导小组。2021年10月，成立省委社会建设委员会，此后省市县三级都成立了社会建设委员会，突出统筹抓总、谋划推动，重点推进跨部门跨地区跨系统的多跨事项、单个领域的重大事项、"没人管"的薄弱事项。并且，制定了一套包括专班落实、清单管理、最佳实践机制、评估监测机制等在内的严抓落实的工作推进机制。与此同时，按照中央要求和省委部署，聚焦共同富裕示范区重点任务，创新编制以"四横"（数字化支撑、突破性抓手、标志性成果、可感知图景）、"四纵"（理论创新、实践创新、制度创新、文化创新）为核心的高质量发展建设共同富裕示范区系统架构，按照"重大改革支撑重点工作、重点工作支撑标志性成果"的逻辑主线，形成"1+7+N"重点工作体系和"1+5+N"重大改革体系。

可以说，浙江省坚持党的全面领导，在严格遵循《支持意见》的战略指导下，稳打稳扎地贯彻落实相关要求，不打任何折扣，确保政策的准确性和有效性；同时，紧密结合本地实际情况，紧扣本省的发展优势，有针对性地攻克存在的短板，力求在共同富裕事业中取得实质性进展。正是基于这样的工作态度和方法，浙江省在构建共同富裕的体制机制方面取得了初步成效，逐步建立了包括目标体系、工作体系、政策体系和评价体系在内的综合框架，既注重贯彻落实中央政策，又紧密结合本地实际，充分发挥自身优势，攻克短板，展现出了科学、系统、务实的工作作风，为共同富裕示范区的建设提供了有力支撑。

（三）着力探索可供借鉴的创新模型

为了迅速积累并推广在全国具有影响力、深受群众欢迎且可复制的经验，浙江省专门创建了共同富裕机制性制度性创新模式培育认定工作机制。该机制明确了创新模式的核心标准和基本构成要件，旨在将浙江的先行先试成果提炼升华为全国性的普遍实践。在认定创新模式时，该机制着重强调几个标准：必须显著促进共同富裕、实现体系性的重构、跨部门跨领域的协同合作、易于复制推广以及能让群众有切实的获得感。同时，创新模式的基本要件也十分明确，包括明确的名称、量化的指标、清晰的组织架构、成文的规范文件、实际的成果展示以及广泛的应用场景。

在这一机制的推动下，浙江省已经成功培育出多项创新模式，如"惠民保"有效防范因病致贫返贫的风险、医学检查检验结果互认共享提升医疗服务效率、山区26县高质量发展山海互济促进区域均衡、重点群体精准画像统计模式实现精准施策以及志愿服务精准触达机制创新模式等。其中，医学检查检验结果互认共享破解了群众就医多头检查、重复检查的问题，通过"浙医互认"数字化平台，打破了不同区域/医院之间检查结果无法互通的"数据围墙"，实现了医学检查检验结果的互认共享。总之，这些创新模式不仅在浙江省范围内取得了显著成效，也为全国各地共同富裕推进提供了宝贵的范例和参考。

（四）推进重大改革先行先试，形成六方面十典型先进做法

浙江省聚焦"扩中""提低"改革、经济高质量发展、公共服务共享、缩小城乡差距、缩小地区差距、文化生态和社会治理6个方面，推动一批重大改革先行先试。2022年，确定了34项重点改革事项。2023年根据推进实际对改革事项做了调整完善，确定了54项重大改革事项，其中23项是延续推进的，31项为新谋划推进。2023年3月3日，国家发展改革委发布《关于印发浙江高质量发展建设共同富裕示范区第一批典型经验的通知》，总结提炼了六个方面十条典型经验做法，包括共富工坊、亩均论英雄、数字经济"一号工程"、"两进两回"行动、农村科技特派员制度、山海协作等。为了让这些经验做法可以尽快落地、实施、推广，浙江省通过不同层级不同形式的简报进行宣传推广，将其总结提炼成可复制的案例模型，并通过各种渠道、会议进行经验交流分享。

总的来说，浙江省的一系列改革取得了显著的成效，不仅在全国率先推行，并已在全国多地进行复制推广。这些成果不仅体现了浙江省在共同富裕事业上的积极探索和有效实践，也为全国乃至全球范围的社会发展提供了有益的参考和借鉴。

二 提高先进生产力:"人工智能+"与新质生产力

《中国数字经济发展研究报告(2023)》显示,2022年我国数字经济规模达到50.2万亿元,占GDP的41.5%。数字经济的飞速发展俨然成为推进共同富裕的强大动力。其中,"人工智能+"与新质生产力是共同富裕的重要力量,需要积极稳妥、谨慎有效地对待和应用。

(一)新质生产力的特征与发展目标

要实现共同富裕,就必须高质量发展,而高质量发展离不开高质量的生产力。2023年9月,习近平总书记在黑龙江考察调研时首次提出了新质生产力。此后,新质生产力被正式写入中央文件,成为国内外高度关注的中国推进高质量发展的重要着力点。它是马克思主义生产力理论的中国创新和实践,是科技创新交叉融合突破所产生的根本性成果,凝聚了党领导推动经济社会发展的深邃理论洞见和丰富实践经验。

新质生产力不同于传统生产力。后者主要是指在人类社会历史发展过程中,基于传统的生产方式和技术水平形成的生产力形态。在传统生产力的概念中,生产力被看作人类改造、控制自然的客观物质力量,这种力量体现在生产过程中,并通过劳动者、劳动资料和劳动对象等要素的结合而发挥作用。传统生产力主要关注生产的规模和数量,以追求经济增长为目标。与之不同,新质生产力则强调以科技创新为核心,推动生产方式和管理模式的深刻变革,实现经济的高质量发展。它注重创新、协调、绿色、开放、共享的新发展理念,追求经济效益和社会效益的有机统一。它的提出,旨在适应新时代我国经济发展的新形势和新要求,加快转变经济发展方式,推动产业结构优化升级,增强经济发展的动力和活力。新质生产力通过提高生产效率、降低成本、改善产品品质等方式,增加社会财富,促进就业机会的增加和劳动力素质的提升。可以说,新质生产力是一个在特定历史时期下,由先进的科学技术、管理理念和生产方式等多种因素共同作用而形成的新的生产力形态,是推进共同富裕的重要手段之一。

由上可见,新质生产力和传统生产力在内涵、特点、驱动要素以及发展目标等方面存在显著的差异。从内涵来看,传统生产力概念主要强调生产过程中的物质要素和劳动力要素的结合，侧重于生产的规模和数量；而新质生产力则是一个更加宽泛和综合的概念，它不仅包括物质和劳动力的要素，还强调科技、创新、管理等多种要素的结合，更加注重生产的质量、效率和可持续性。从特点来看，传统生产力通常以传统的生产方式和技术为基础，发展相对缓慢，受到物理条件和技术水平的限制较大；而新质生产力则以高新技术和先进的管理理念为支撑，具有高效、智能、绿色等显著特点，能够快速适应市场变化并满足多样化的需求。从驱动要素来看，传统生产力主要依赖资源、能源和劳动力等传统要素的投入，增长方式相对粗放；而新质生产力则更加注重创新、知识和技术等新兴要素的驱动作用，强调全要素生产率的提升和资源配置的优化。从发展目标来看，传统生产力的发展目标主要是提高生产效率和产量，追求经济的快速增长；而新质生产力的发展目标则更加多元化和综合化，它不仅追求经济的增长，还注重生态环境的保护、社会福祉的增进以及可持续发展等多个方面。

（二）"人工智能+"的特征与发展目标

"人工智能+"是指通过利用人工智能的先进技术来推动各行业的创新与发展。"人工智能+"就是人工智能技术在其他行业和领域的深度融合，是未来数字经济时代的重要趋势。在人工智能与不同行业、领域或技术结合后，可以提高生产效率，优化用户体验，推动产业升级和经济增长，为实现共同富裕提供了新的路径。

"人工智能+"的特点有三。其一，它是一种基于人工智能技术的应用模式。通过利用机器学习、深度学习等算法模型对数据进行挖掘和分析，实现自我学习、自我优化和自我更新等目标。这些技术可以应用于各个行业和领域，如智能制造、智慧金融、智能交通等，推动行业的智能化升级。其二，它着重于人工智能与各个行业、领域的融合。这种融合可以带来新的商业机会和竞争优势，也可以提高行业的生产效率，优化用户体验。例如，在医疗领域，"人工智能+"可以帮助医生进行更准确的诊断，提供个性化的治疗方案；在金融领域，"人工智能+"能够帮助开展更智能的风险评估和投资等。其三，它是一种创新性的应用和发展趋势，它将人工智能技术与各个行业、领域和技术紧密结合，推动社会生产力的提升和创新能力的增强。通过"人工智能+"的应用，可以创造出更多的新产品、新服务和新业态，为社会带来更多的便利和价值。

驱动实现"人工智能+"的要素有很多，主要包括六方面。一是，数据量的增加。人工智能技术的核心是算法，而算法的效果却取决于数据的质量和数量。随着互联网的普及和数字化转型的推进，大量的数据可以被采集和被存储，这无疑为人工智能技术的发展提供了充足的数据支持，促进了"人工智能+"的发展。二是，计算能力（简称算力）的提高。人工智能技术需要大量的计算资源来支持其算法的运行。随着计算机技术的进步，处理速度加快，存储容量增大，人工智能能够处理更加复杂的任务和问题，进而推动"人工智能+"的应用场景不断拓展。三是，算法的优化与改进。算法是人工智能技术的核心，它不断的优化和改进让人工智能技术在图像识别、自然语言处理等方面表现得越来越好，进一步促进了"人工智能+"在各行业的应用。四是，多学科的交叉融合。人工智能技术的发展离不开计算机科学、数学、统计学、心理学等多个学科的交叉融合。这些学科的交叉融合为"人工智能+"的发展提供了更多可能性和创新思路。五是，创新的商业模式。"人工智能+"的应用需要创新的商业模式来支撑，如智能家居、智能医疗等领域的商业模式的创新，为"人工智能+"的应用提供了更多的可能性和市场需求。六是，政策和人才的支持。政策为"人工智能+"的研发和应用提供了良好的环境与条件，而优秀的人才则是"人工智能+"发展的核心动力。随着共同富裕的不断推进，政府对"人工智能+"的政策支持陆续出台，大量的相关人才也在大力的培养中不断涌现出来，这些都对"人工智能+"的发展起到了重要的推动作用。

随着"人工智能+"的不断发展，有四方面的发展目标：其一，可以通过关联各行业、各领域促使其生产效率不断提高，表现为通过应用人工智能技术，优化生产流程，提高生产效率，降低成本，提升企业竞争力；其二，可以创新商业模式，表现为结合人工智能技术，创新商业模式和服务模式，开拓新的市场空间，创造更高的商业价值；其三，可以满足民众的个性化需求，表现为利用人工智能技术，提供更加个性化、智能化的产品和服务，满足用户日益多样化的需求，优化用户体验；其四，可以推动可持续性的发展，表现为在应用人工智能技术的过程中，注重生态环境保护、社会公平、经济可持续等方面的问题，实现经济、社会和环境的协调发展。

（三）新质生产力与"人工智能+"互为动力，助推共同富裕

从新质生产力和"人工智能+"的概念、特点、驱动要素和发展目标不难发现，两者相互促进，存在极为密切的关系。新质生产力是科技创新发挥主导作用的生产力，具有高科技、高效能、高质量等特征。而"人工智能+"作为人工智能技术在各行业的深度应用，正是科技创新的重要体现。因此，"人工智能+"的发展可以推动新质生产力的提升，而新质生产力的提升又可以为"人工智能+"的应用提供更广阔的空间，从而进一步促进"人工智能+"的发展。这种相互促进的关系，使得新质生产力和"人工智能+"在推动经济社会发展中呈现一种良性的互动状态，形成合力作用于共同富裕的推进。

一方面，新质生产力和"人工智能+"可以提高生产效率、降低成本、改善产品品质，从而增加社会财富。随着这些技术的应用，可以帮助企业实现智能化、自动化生产，提高生产效率和产品质量，降低劳动力成本和减少生产过程中的浪费，并会产生新的就业岗位和职业需求，为劳动者提供更多的就业机会。同时，这些技术的应用，一方面要求劳动者具备更高的技能水平，促使劳动者不断提升自身技能水平，提高就业质量；另一方面，通过提供个性化教育和职业培训，提升劳动者的技能水平，使他们更好地适应市场需求，从而获得更高的收入。此外，随着互联网和移动通信技术的快速发展，偏远地区也能享受到技术发展带来的便利。比如，在医疗领域，"人工智能+"远程医疗技术可以让城市居民和农村居民都能获得高质量的医疗服务。再比如，在农业领域，智能农业管理系统可以根据土壤、气候等条件，为不同地区提供精准的种植建议和管理方案，从而提高农产品的产量和质量，增加农民的收入。2022年，我国电子商务交易额达43.83万亿元，网上零售额达13.79万亿元，其中农村网络销售额达2.17万亿元，同比增长3.6%。总的来说，这有助于打破地域限制，缩小区域差距、城乡差距。"人工智能+"和新质生产力的发展有助于做大"蛋糕"，为实现共同富裕奠定物质基础。

然而，需要注意的是，"人工智能+"和新质生产力的发展也带来了一些挑战，如技术替代劳动力、算法鸿沟引发新的群体差距等问题；又如技术升级带来部分人群的工资增长，反而扩大了收入差距。因此，在应对这

些挑战时，需要采取一系列措施，如加强机会均等的职业教育培训、完善数字社会下的社会保障制度、推进新质生产力下的劳动力市场的改革等，以保障劳动者的权益和利益。因此，若想要最大化"人工智能+"和新质生产力带来的积极效应，需要政府、企业和社会各方面的共同努力。政府需要制定相关政策，引导和规范这些技术的发展和应用；企业需要积极探索和应用这些技术，提高自身竞争力和创新能力；社会各方面需要积极参与和支持这些技术的应用与推广，营造良好的社会氛围和发展环境。在做大"蛋糕"的同时，也要更好地分好"蛋糕"。

三　缩小城乡差距：城乡差距、乡村振兴、城乡一体化

正如前文在分析推进共同富裕面临的挑战中所提到的，城乡差距是当前急需解决的问题之一。自改革开放以来，我国经济呈现持续且快速的增长态势，国民生活水平也随之稳步提升。特别是近年来，随着脱贫攻坚战的全面胜利和乡村振兴战略的深入实施，农村农民的收入得到了进一步增加，城乡差距在很大程度上得到了缩小。其中，脱贫攻坚战的全面胜利为农村农民带来了前所未有的福祉。通过精准扶贫、产业扶贫、教育扶贫等一系列政策措施的实施，贫困地区的基础设施得到了完善，公共服务水平得到了显著提升。农民不仅享受到了更好的教育、医疗和社会保障服务，还通过参与产业发展和乡村旅游等新兴产业获得了更多的收入。这些举措不仅提高了农民的生活水平，更为他们实现可持续发展奠定了坚实的基础。

据统计，近些年我国农村居民人均可支配收入增速持续快于城镇居民。2021年全国居民人均可支配收入35128元，比2012年增加18618元，年均名义增长8.8%，扣除价格因素，年均实际增长6.6%。其中，2021年城乡居民人均可支配收入之比为2.50（农村居民收入=1），比2012年下降0.38，城乡居民收入相对差距持续缩小。总的来说，2013年至2021年，农村居民年均收入增速比城镇居民快1.7个百分点。[①]《中华人民共和国2023年国民经济和社会发展统计公报》显示，城乡居民人均可支配收入比值为

---

① 数据来源：https://www.gov.cn/xinwen/2022-10/11/content_5717714.htm。

2.39，比上年缩小 0.06。① 脱贫县农村居民人均可支配收入 16396 元，比上年增长 8.5%，扣除价格因素，实际增长 8.4%。②

可以说，我国农村经历了翻天覆地的变化，农民的生活水平和收入有了显著的提升。然而，受历史遗留问题、地理条件限制以及政策导向等多重因素影响，城乡之间在经济、社会、文化等多个维度仍存在显著的差距。这种差距并非简单的数量级差距，而是涉及深层次的结构性问题和发展理念的偏差。城乡间的差距不仅阻碍了农村地区的经济活力释放，也制约了农村追赶城市发展的步伐。

（一）形成城乡差距的原因

从历史维度来看，我国城乡差距的形成具有深刻的历史根源，与我国特定的历史进程密切相关。长期以来的农耕文明与工业文明的碰撞，使得资源、机会在城乡之间的分配出现了严重的不平衡。在快速工业化和城市化的进程中，农村地区往往被边缘化，成为发展的"短板"和"薄弱环节"。这种边缘化不仅体现在经济发展上，更体现在社会结构、文化传承和生态环境等多个方面。从地理条件来看，自然资源禀赋差异也不容忽视。我国地域辽阔，自然条件差异巨大，这使得一些农村地区由于地理环境的限制而难以接触到现代文明，不能充分享受改革开放带来的红利，导致其发展滞后，与发达地区的差距越拉越大。部分地区还交通不便，导致资源无法有效流动，限制了农村居民获取外部信息和市场机会的能力，制约了农村经济的发展和社会进步。此外，政策层面的不均衡也是导致城乡差距的重要原因之一。虽然近年来我国政府在推动农村发展、缩小城乡差距方面做出了巨大努力，但历史遗留的政策偏向和制度障碍仍然存在，难以在短期内得到根本解决。一些政策在执行过程中也出现了偏差和异化，进一步加剧了城乡之间的不平等。这些政策因素在一定程度上制约了农村地区的创新活力和发展潜力，使得农村居民在市场竞争中处于不利地位。

（二）乡村振兴是缩小城乡差距的重要路径

通过乡村振兴，缩小城乡差距，不仅是一个经济问题，更是一个涉及

---

① 数据来源：https://www.gov.cn/lianbo/bumen/202402/content_6934935.htm。
② 数据来源：https://www.gov.cn/lianbo/bumen/202401/content_6926492.htm。

社会公平、正义和稳定的深层次问题。乡村振兴是推动农村发展的重要战略，对于实现共同富裕具有不可或缺的作用。乡村振兴旨在通过加强农村基础设施建设、提高农业产业化水平、促进农村经济社会全面发展，进而提升农村居民的生活质量和幸福感。实施乡村振兴战略，不仅有助于解决农村发展不平衡不充分的问题，还能有效促进城乡融合发展，为实现共同富裕奠定坚实基础。这需要我们在政策制定和执行中更加注重城乡协调发展，加大对农村地区的投入和支持力度，推动资源在城乡间的均衡配置。同时，还需要通过制度创新和市场机制改革，打破制约农村发展的制度障碍，激发农村地区的内生动力。此外，通过乡村振兴，推动农村优秀传统文化的传承和发展，在守正创新中激发农村发展的文化动力。只有这样，我们才能实现城乡共同繁荣和共同富裕的战略目标。

具体来说，本研究认为，在乡村振兴战略下，当前推进农村共同富裕进程中有几点困难还需重视并予以解决。第一是资金问题。政府需加大对农村发展的财政支持力度，同时理性引导社会资本投向农村领域。通过设立专项基金、发行政府债券等方式筹集资金，支持农村基础设施建设、农业产业化和农村公共服务体系建设。第二是技术瓶颈。加强农业科技研发和推广，提高农业生产的科技含量和附加值。推动现代信息技术、生物技术等在农业领域的应用，提升农业产业化和现代化水平。第三是自然资源禀赋差异问题。根据不同地区的自然资源禀赋条件，制定差异化的农村发展策略。对于资源丰富的地区，重点发展特色农业和生态农业；对于资源相对匮乏的地区，则通过技术创新和模式创新来弥补资源不足。第四是劳动力不足。制定更加优惠的政策措施，吸引和留住农村劳动力。同时，加强农村教育和人才培养工作，提高农村居民的文化素质和技能水平，为农村发展提供人才保障。第五是公共服务不均的问题。在教育方面，可以通过大幅提高农村教师待遇、改善农村教学设施、引入教育类社会组织等方式提升农村教育质量；在医疗卫生方面，可以通过加强农村医疗机构建设、培养农村医疗人才等措施提高农村医疗服务水平；在社会保障方面，可以完善农村社会保障体系、提高保障水平，尤其是通过农村养老服务保障等方式增强农村居民的保障感；在基础设施建设方面，可以通过加大投入力度、优化布局、完善智能设施等方式改善农村基础设施条件。

（三）城乡一体化是缩小城乡差距的必由之路

党的二十大报告指出，要"坚持农业农村优先发展，坚持城乡融合发展，畅通城乡要素流动"。除了乡村振兴，在考虑如何缩小城乡差距时还必须意识到城乡一体化的重要性。在我国推进共同富裕的进程中，乡村振兴与城乡一体化相互促进，在某种程度上是一体两面的。乡村振兴与城乡一体化密切相关、相互促进。乡村振兴旨在推动农村经济的发展和农民收入的增长，而城乡一体化则提供了实现这一目标的平台和机制。只有将乡村振兴与城乡一体化有机结合起来，推动乡村振兴和城乡发展双向促进，才能够实现我国经济社会的可持续发展。

以城乡一体化为导向，积极推进城乡结构转型，不仅是构建全国统一大市场、实现资源优化配置和经济高效运行的关键所在，更是推动高质量发展、满足人民群众对美好生活向往的内在要求。为了达成这一目标，我们必须坚决破除长期存在的城乡二元结构壁垒，通过制度创新和政策引导，加快提升农业现代化水平，确保农业发展与现代科技、市场需求紧密对接。同时，要大力推进城市群和都市圈建设，形成以大中小城市和小城镇协调发展的城镇格局，促进城乡之间在产业、基础设施、公共服务等方面的深度融合与共享。通过这些措施，我们可以不断缩小城乡发展差距，让城乡居民在共建共享中有更多获得感，共同开启全面建设社会主义现代化国家的新征程。

除了上面提到的几个方面，在城乡一体化的进程中，我们还必须注意我国城镇化率的提升以及人口总量的下降所带来的可能性影响。近年来，我国城镇化率持续上升，国家统计局数据显示，截至 2023 年末全国常住人口城镇化率为 66.16%，比上年末提高 0.94 个百分点。这意味着大量人口从农村涌向城市，寻求更好的生活机会。然而，这一趋势也加剧了城乡之间的经济、文化和社会差距。

与此同时，我国的人口总量增长呈现放缓趋势，其中农村人口比城市人口的放缓趋势可能更为明显。这主要是由于农村地区的生育观念相对较为传统，随着经济社会的发展和城市化进程的加快，越来越多的农村年轻人选择进入城市工作和生活，导致农村地区的生育率逐渐下降。此外，农村地区的老龄化问题也更为突出，老年人口比例较高，进一步加剧了农村人口增长的放缓趋势。相比之下，城市人口增长放缓的趋势可能相对较为

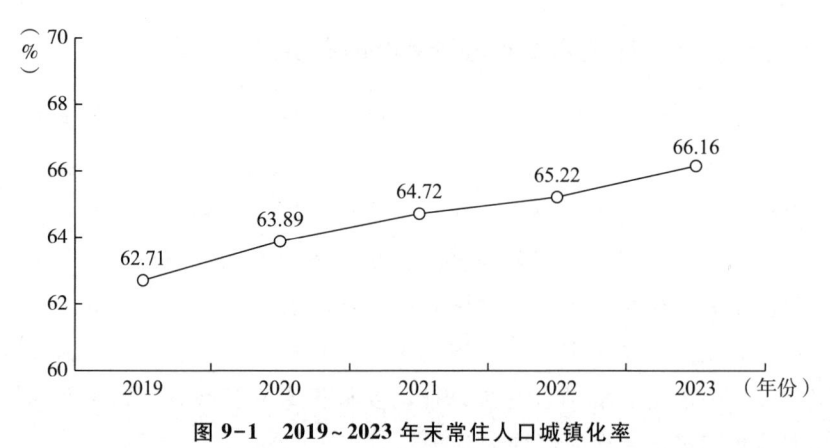

图 9-1　2019~2023年末常住人口城镇化率

注：图片转自《中华人民共和国2023年国民经济和社会发展统计公报》，https://www.gov.cn/lianbo/bumen/202402/content_6934935.htm。

缓和。虽然城市地区的生育率也在下降，但城市人口基数较大，且城市对年轻人的吸引力仍然较强，因此城市人口的自然增长仍然保持一定的水平。此外，随着城市化进程的加快和户籍制度的改革，越来越多的农村人口转化为城市人口，也在一定程度上缓解了城市人口增长放缓的趋势。我国人口总量已经开始下降。人口结构的变化将对劳动力市场、经济发展和社会福利等方面产生深远影响。因此，缩小城乡差距不仅需要关注城镇化率的提升，更要关注如何平衡城乡发展，确保农村人口也能分享到经济发展的成果。

正如习近平总书记在《扎实推动共同富裕》中所强调的，"促进共同富裕，最艰巨最繁重的任务仍然在农村"，"要全面推进乡村振兴，加快农业产业化，盘活农村资产，增加农民财产性收入，使更多农村居民勤劳致富。要加强农村基础设施和公共服务体系建设，改善农村人居环境。"通过实施乡村振兴战略和城乡一体化，加大政府投入力度，引导社会资本投向农村领域以及加强科技创新和人才培养等措施，我们可以有效应对农村共同富裕工作面临的挑战，推动农村经济社会全面发展，不断缩小城乡差距，为实现共同富裕奠定坚实基础。

四　释放消费潜能：新发展格局、消费主义和消费社会

共同富裕作为社会主义的本质要求，旨在通过合理的分配制度和社会

政策，实现社会财富的共同增长和公正分配。在这一目标下，正确理解新发展格局、消费主义和消费社会三者之间的关系显得尤为重要。

(一) 新发展格局、消费主义和消费社会的关系

新发展格局是以国内大循环为主体、国内国际双循环相互促进的先进发展模式，旨在通过激发内需潜力，特别是消费潜力，推动经济持续健康发展。在这一格局下，消费作为内需的重要组成部分，其地位和作用日益凸显。内需是中国经济发展的基石，而消费则是内需的核心。通过激发国内市场的活力和消费潜力，可以推动产业升级、创新发展，进而促进经济持续健康发展。同时，国内市场的繁荣也会吸引更多国际资本和优质资源流入，形成国内国际双循环相互促进的良性发展格局。因此，新发展格局下的消费不仅关乎经济增长，更关乎经济质量和可持续性。

新发展格局下，消费发挥的促进作用是多方面、深层次的。消费是国内生产总值的重要组成部分，与投资和净出口通常并列为拉动经济增长的"三驾马车"。作为经济活动的最终环节，消费是驱动经济增长的关键动力之一。它不仅直接反映了市场需求和民众的生活水平，还通过其反馈机制影响着生产、分配和交换等其他经济环节。消费不仅直接促进了商品和服务的流通，还通过反馈机制引导生产环节的优化和升级。具体来说，消费的促进作用主要体现在以下几个方面。首先，消费是经济增长的稳定器。在外部环境不确定性增强的情况下，内需特别是消费成为稳定经济增长的关键因素。通过激发消费潜力，可以有效对冲外部风险，保持经济平稳运行。其次，消费推动产业升级和创新发展。随着消费结构的升级和多样化需求的增加，企业必须不断创新产品和服务，以满足市场需求。这种创新不仅增强了企业的竞争力，还推动了整个产业链的升级和发展。再次，消费促进就业和增加收入。消费的增长带动了相关产业的发展，从而创造了更多的就业机会。同时，消费也提高了居民的收入水平，进一步增强了消费能力，形成了良性循环。最后，消费提升人民生活品质。随着消费水平的提升和消费结构的优化，人们开始追求更高品质的生活。这不仅体现在物质消费上，还体现在教育、医疗、文化娱乐等的消费上。这些消费提升了人民的生活品质和幸福感，是精神富裕的重要目标之一。

相对而言，消费主义则是一种经济社会理念，它强调消费在推动经济

增长和社会进步中的主导作用。从历史的角度来看，消费主义的兴起与市场经济体制的确立和发展紧密相连。在消费主义的视角下，消费不再仅仅是为了满足生存的需要，它更多地被看作一种实现个人价值、展示社会地位和追求幸福生活的手段。换句话说，人们通过消费来定义自己，通过所购买的商品和服务来展示自己的品位、风格和成功。这种观念的转变在很大程度上塑造了现代社会的消费文化。从时尚潮流的快速更迭到科技产品的不断升级，从奢侈品市场的繁荣到旅游业的兴旺发达，无不体现了消费主义对当代社会生活的深刻影响。消费主义的兴起与市场经济的发展密不可分。在市场经济中，消费成为经济增长的重要驱动力，而消费主义则进一步推动了消费的扩张和升级。它倡导通过消费来获得社会认可和身份认同，将消费与个人价值、成功和幸福等概念紧密联系在一起。

这种情况下，消费社会的形成则成为消费主义广泛渗透的结果。消费社会是指在一个社会中，消费成为经济活动的主要动力和社会关系的重要纽带。在这样的社会中，商品和服务的生产、分配与消费都呈现高度发达和复杂的特点，消费不仅仅是为了满足基本的生活需求，更成为一种生活方式、一种文化现象，甚至是一种社会价值的体现。商品和服务的极大丰富是消费社会最显著的特征之一。走进任何一家大型商场或打开任何一个在线购物平台，琳琅满目的商品和服务令人目不暇接。从食品、服装、家居用品到电子产品、旅游服务、文化娱乐，几乎涵盖了人们生活的方方面面。这种丰富性不仅体现在数量和种类上，更体现在质量和个性化上。消费者可以根据自己的需求和喜好，在众多的选择中找到最适合自己的商品和服务。消费方式的多样化也是消费社会的重要特征。随着科技的发展和互联网的普及，线上购物、移动支付、虚拟试衣间等新型消费方式层出不穷。这些新型消费方式不仅为消费者提供了更加便捷、高效的购物体验，还通过大数据、人工智能等技术手段，精准地捕捉消费者的需求和偏好，为消费者提供更加个性化的服务。此外，社交媒体、短视频等平台的兴起，也为消费者提供了更加多元化的信息获取和分享渠道，进一步推动了消费方式的创新和多样化。

由上可见，从推进共同富裕的角度，新发展格局、消费主义和消费社会之间存在正向关系，这种关系可以概括为：新发展格局通过激发内需潜力，特别是消费潜力，推动经济持续健康发展，而消费主义和消费社会则在这种发展过程中相互促进，共同推动共同富裕的实现。但需要注意的是，在追求共同富裕的目标下，我们需要理性看待新发展格局、消费主义、消费社会的关系。

（二）理性看待新发展格局下的消费主义和消费社会

在构建新发展格局时，消费主义和消费社会所带来的影响是双向的。一方面，消费的确在推动经济增长、创造就业机会和提高生活水平方面发挥着重要作用。另一方面，过度消费和奢靡消费不仅会造成资源浪费和环境压力，还可能强化对于社会不平等和阶层分化的认知，这与共同富裕的目标背道而驰。因此，应理性看待三者的关系。

从社会学的角度来看，消费主义和消费社会不仅仅是经济现象，更是一种社会现象和文化现象。德国社会学家马克斯·韦伯在其《新教伦理与资本主义精神》中提出，一种特定的生活方式和价值观可以推动社会经济的发展。法国社会学家鲍德里亚在其著作中进一步深刻剖析了消费社会的本质，他认为消费不再仅仅是为了满足实际需求，而更多的是为了追求符号价值和社会地位。这种消费观念的转变导致人们对物质的过度消费和浪费，进而凸显了社会的不平等和阶层分化。社会心理学家则更加关注消费对个体心理和行为的影响。美国社会心理学家亚伯拉罕·马斯洛的需求层次理论指出，人们在满足基本生理需求后，会追求更高层次的心理需求，如尊重和自我实现。在消费社会中，消费往往被视为满足这些心理需求的手段之一。然而，当消费过度时，它可能会导致人们的心理失衡和焦虑感增强，甚至引发一系列社会问题。如，城乡消费差距过大、消费分层与不平等等，可能引发社会冲突、加剧犯罪等现象。消费不平等可能比收入不平等对社会造成更大的破坏和影响，这些问题如果不加以解决，可能会影响社会的稳定和可持续发展。

共同富裕是社会主义的本质要求，它强调通过合理的收入分配和社会保障制度，实现全体人民的共同繁荣和富裕。在实现共同富裕的过程中，需要关注消费分配结构的问题，重视消费过程中的分层与不平等现象。推动共同富裕的一个阶段性目标就是逐步缩小居民收入和实际消费水平之间的差距，促进消费的均衡和可持续发展。因此，在追求共同富裕的新时代背景下，必须更加审慎地看待消费主义和消费社会的影响。我们不仅要关注消费在推动经济增长和提高生活水平方面的积极作用,更要警惕其可能带来的社会不平等、心理失衡等负面影响。政府应制定科学合理的消费政策,引导消费者形成绿色、健康、理性的消费观念。同时,社会各界应加强消费教育和引导,增强消费者的环保意识和节约意识。此外,我们还应倡导有品质、有内涵的生活方式,鼓励人们追求精神上的富足和成长。

(三) 理性面对新发展格局下的低迷消费和低欲望社会

当然,在警惕过度消费和奢靡之风的同时,我们还需要更加理性地面对可能出现的低迷消费和低欲望社会。这些现象并非由单一原因导致,而是多种因素相互交织的结果。一方面,从经济社会发展的角度来看,随着经济的增长和社会的进步,人们的消费需求和消费观念在发生变化。当经济社会发展到一定程度时,人们可能会逐渐对物质消费产生饱和感,转而追求更高层次的精神满足和个性化需求。这时,如果市场上的产品和服务不能及时跟上这种变化,就可能出现低迷消费的情况。另一方面,经济社会环境的不安定因素也可能对消费行为产生影响。当就业市场动荡、社会福利保障水平下降或贫富差距拉大时,人们可能会更加谨慎地对待消费,更倾向于增加储蓄以应对未来的潜在风险和不确定性。这种情况下,即使市场上有再多的产品和服务,人们也会降低消费预期,难有较高的消费欲望。

这样的现象对于依赖内需拉动经济的国家来说问题尤为严峻。低迷消费会导致生产活动放缓,企业盈利下滑,进一步抑制就业与收入增长,形成恶性循环。因此,政策制定者和市场主体必须正视这一问题,通过科学合理的手段激发消费潜能,打破经济僵局。首先,政府应发挥关键作用,制定并执行针对消费行为的政策,既要抑制过度消费和奢靡之风,又要防止低迷消费对经济造成的负面影响。这包括通过税收优惠、政策补贴、法规限制等手段来引导民众形成理性、健康的未来预期,进而形成合理的消费观念。其次,企业作为市场主体,应承担起社会责任,积极响应政府的政策号召,通过提供优质的产品和服务来满足消费者的实际需求。同时,企业还应加大研发投入力度,创新产品和服务,以激发消费者的购买欲望。此外,社会各界也应共同努力,营造良好的消费环境。这包括加强消费教育,增强消费者的辨别能力并培养理性消费意识,推动形成绿色低碳的消费模式,促进可持续发展,以及关注消费者的心理健康,帮助他们树立科学的消费观念。最后，还需要建立健全社会保障体系，增强人们的消费信心。通过完善社会福利制度、提高居民收入水平等措施，可以降低人们对未来不确定性的担忧，从而使其更愿意进行消费。除此之外，我们还应该关注消费者的心理健康和价值取向，引导他们形成科学、合理的消费观念。这需要社会各方面的共同努力，包括家庭教育、学校教育、媒体宣传等，共同营造一个理性、健康的消费环境。只有这样，我们才能在抑制过度消费的同时有效激发消费潜力，实现经济的可持续健康发展。

五　构建社会治理体系：共建共治共享

共建共治共享社会治理体系，是指在社会治理过程中，实现政府、市场、社会等多元主体的共同参与、平等协商和合作互动。这一体系强调的不仅是党委和政府的责任，也强调市场主体和社会各方的责任。治理方式从过去的单向管理转向多元良性互动，治理目标也由过去偏重经济增长转向更加重视推动人的全面发展和社会全面进步。这一体系的形成经历了多个阶段。党的十七大报告首次提出"发展成果由人民共享"。随后，党的十八届五中全会增加了"共建"的概念，提出"构建全民共建共享的社会治理格局"。到了党的十九大报告，进一步完善为"打造共建共治共享的社会治理格局"。党的二十大报告再次强调，健全共建共治共享的社会治理制度，以提升社会治理效能。

（一）共建共治共享社会治理体系是推进共同富裕的基石

高效的社会治理和良好的社会秩序是扎实推进共同富裕的保障。共同富裕不仅仅是经济层面的目标，更是一个包含社会和谐、公正与全面进步的综合目标。要实现这一目标，离不开一个有序、公正、高效的社会治理体系。共建共治共享社会治理体系正是在这样的背景下应运而生的，它不仅是对传统社会治理模式的创新，更是对现代社会治理需求的回应。构建共建共治共享的社会治理体系，意味着将政府、市场、社会等多元主体有机地结合在一起，形成一个协同共治的网络。在这样的体系下，政府不再是唯一的治理主体，而是与市场、社会等各方共同参与、平等协商的治理伙伴。这种治理模式能够最大限度地调动社会各方面的积极性并发挥创造力，形成社会治理的合力。

不断满足人民日益增长的美好生活需要是共建共治共享社会治理体系的根本出发点和落脚点。随着经济社会的发展，人民群众对美好生活的向往越来越强烈，对优质教育、医疗、文化、体育等公共服务的需求日益增长。构建共建共治共享的社会治理体系，就是要通过优化资源配置、提高公共服务质量、推动社会全面进步等措施，不断满足人民群众对美好生活的向往和追求。为此，增强社会治理能力是构建共建共治共享社会治理体系的核心目标之一。通过完善社会治理制度、创新社会治理方式、提高社会治理的智能化水平等措施，可以显著提升社会治理的效能和效率。这不仅有助于及时化解社会矛盾、维护社会稳定，还能够为经济发展提供良好的社会环境，从而为实现共同富裕奠定坚实的基础。此外，共建共治共享的社会治理体系在保障人民群众合法权益方面发挥着重要作用。通过畅通民意表达渠道、完善公共服务体系、加强社会保障制度建设等措施，可以切实保障人民群众的合法权益不受侵害。同时，这一体系还能够促进社会公平正义，确保不同群体在共同富裕进程中都能够公平地分享发展成果。

（二）构建社会治理体系进程中的诸多阻力

在构建共建共治共享的社会治理体系过程中会遭遇多方面的阻力和挑战。其中，多元主体参与不足是一个显著的问题。这主要是由各主体在社会治理中的角色定位不明确、参与渠道不畅通，以及激励机制不完善所导致的。例如，一些社会组织和企业可能缺乏参与社会治理的意识和能力，而政府部门则可能过于强调自身的主导地位，忽视了其他主体的参与和作用。

一方面，协商机制不完善是构建社会治理体系过程中的一大阻力。这主要体现在协商平台不健全、协商程序不规范，以及协商结果缺乏约束力等方面。由于缺乏有效的协商机制，各主体之间难以就社会治理问题进行深入沟通和协商，无法达成共识并形成合力，从而影响了社会治理的效果和效率。另一方面，资源共享不充分也是一个不容忽视的问题。这主要是由资源分配不均、信息共享渠道不畅，以及合作机制不健全所导致的。在资源有限的情况下，各主体可能会出于自身利益考虑而争夺资源，导致资源浪费和重复建设。同时，信息共享渠道不畅也会影响各主体之间的合作和协同，降低社会治理的整体效能。

这些阻力的存在，可能源于制度设计的有待完善。例如，相关法律法规和政策体系可能尚未健全，无法为多元主体参与社会治理提供充分的法律保障和政策支持。此外，传统管理模式的惯性是一个重要因素。在长期的社会治理实践中，政府部门可能已经形成了一套相对固定的管理模式和思维方式，难以适应新的治理理念和方式。此外，社会各方对新治理模式的接受程度有限也是一个不可忽视的因素。由于对新治理模式的认知不足和理解不深，一些社会主体可能对其持怀疑或观望的态度，从而影响了其参与社会治理的积极性和主动性。

（三）多角度、多渠道持续完善社会治理体系

为了构建共建共治共享的社会治理体系，我们需要从多个方面入手，其中完善多元参与机制、加强多元共建、强化社会组织的参与、畅通民意表达渠道以及推进基层协商制度化是几个主要着力点。

第一，完善多元参与机制是至关重要的。我们应该通过建立和完善公民参与机制，鼓励公民通过多种形式积极参与到社会治理中来。比如，可以设立居民议事会、社区业委会等，让居民能够直接参与到社区事务的讨论和决策中，这样不仅能增强公民的参与感和归属感，还能增强决策的科学性和民主性。第二，加强多元共建是必不可少的。我们应该投入更多资源来完善社区基础设施和公共服务，提高居民的生活品质和满意度。同时，还可以增设公共场所，如图书馆、文化活动中心等，促进社会文化的多元共建，让不同群体都能在社会治理中找到自己的位置和价值。第三，强化社会组织的参与是非常重要的。社会组织是社会治理的重要力量之一，我们应该支持社会组织开展公益事业，发挥其在社会治理中的积极作用。比如，可以通过政府购买服务等方式，引导社会组织参与到社区治理、环境保护等领域中来。第四，畅通民意表达渠道是关键所在。我们应该完善办事公开制度，让居民能够及时了解社区事务的进展和情况。同时，还可以创新民意收集、协商、反馈形式，如设立网上问政平台、开展居民满意度调查等，确保人民的意见和建议能够及时有效地反映到社会治理中来。第五；推进基层协商制度化也是必不可少的。基层是社会治理的基础和关键所在，我们应该积极完善城乡社区协商机制，建立健全居民、村民监督机

制,实现基层自治与法治的有机结合。比如,可以制定相关规章制度来明确各方职责和权利,推动基层治理的规范化和制度化。

综上所述,完善多元参与机制、加强多元共建、强化社会组织的参与、畅通民意表达渠道以及推进基层协商制度化是构建共建共治共享社会治理体系的重要内容。只有这些方面得到全面、有效的推进和落实,才能实现社会治理的现代化和科学化,为扎实推进共同富裕创造稳定的社会环境。

六 发展与互构:个人、家庭、国家和世界

共同富裕不仅是一个经济目标,更是一个涉及社会各个层面的复杂系统工程。从全局、系统的角度来看,实现共同富裕是一个涉及个人、家庭、国家和世界多个层面的复杂过程。换言之,在这个宏大的社会实践中,个人、家庭、国家与世界各自扮演着不可或缺的角色,它们之间既相互依存又相互影响,共同构成了一个动态而多维的互动体系。

(一)个人发展

个人作为社会的基本细胞,其创造力、积极性和责任感是共同富裕的微观基础。每个人的努力工作和智慧创新都是社会财富的源泉。首先,个人的创造力是推动社会进步和经济发展的重要动力。在数字经济时代,创新成为经济增长的核心驱动力。每个人的独特思维、新颖想法和创造性实践,无论大小,都在为社会注入新的活力。从科技发明到艺术创作,从商业模式的改进到生活方式的创新,个人创造力的迸发不断推动着社会向前发展。其次,个人的积极性是实现共同富裕的必要条件。一个充满活力和干劲的社会,必然是由那些勇于担当、主动作为的个人构成的。当每个人都能够以积极的态度面对生活和工作,主动寻求机会,努力提升自身素质和能力时,整个社会的生产力和创造力就会得到极大的提升。这种积极性不仅体现在个人的职业发展和经济活动中,也体现在对公共事务的参与和社会责任的承担上。最后,个人的责任感是共同富裕的道德支撑。共同富裕不是简单的财富分配问题,更是一个涉及社会公正、道德伦理和价值取向的深层次问题。一个具有高度责任感的个人,不仅会关注自身的利益和发展,更会关心社会的整体福祉和他人的需求。这种责任感促使人们在追

求个人目标的同时,也积极承担社会责任,关注公共利益,为社会的和谐稳定和共同富裕做出贡献。

然而,个人的发展受到多种限制,这些限制可能源于社会、经济、文化等多个方面。在教育机会均等化方面,城乡差距、地区差异以及不同的社会经济背景使得人与人之间仍存在一定的鸿沟。技能水平的差异是一个不容忽视的因素,它可能导致部分人群在劳动力市场中处于不利地位,从而限制了他们的发展和社会参与。此外,健康条件的不平等可能对个人发展产生深远影响,健康问题可能成为阻碍个人发挥自身潜能的绊脚石。与此同时,在现代社会中,个体原子化、个体的发展目标与集体的目标脱嵌以及部分人群躺平等现象也对共同富裕建设构成了挑战。个体原子化导致人们更加注重个人利益和自我实现,这可能与集体利益和社会整体发展目标产生冲突。当个体的发展目标与集体的目标不一致时,就可能出现社会矛盾加剧的情况,不利于共同富裕的实现。而部分人群的躺平现象则表现为他们对工作和生活的消极态度以及对社会责任的逃避,这种现象不仅抑制了个体在共同富裕中的积极作用,还可能对整个社会的发展产生负面影响。

为了应对这些挑战,我们需要采取一系列措施。首先,政府应致力于促进教育公平和技能水平提升,通过加大投入力度、优化资源配置等方式缩小城乡和区域之间的教育差距。其次,加强社会保障体系建设,为弱势群体提供必要的生活保障和发展支持。同时,鼓励和支持民众参与社会实践和志愿服务活动,培养他们的社会责任感和服务意识。最后,倡导积极向上的生活态度和工作精神,营造有利于共同富裕的良好社会氛围和文化环境。通过这些努力,我们可以逐步消除制约个人发展的各种因素,激发个体的积极性和创造力,为实现共同富裕的目标奠定坚实的基础。

(二)家庭建设

作为人类社会的基本组成单位,家庭一直以来都承担着养育子女、传承文化、提供情感支持等重要功能。新家庭主义价值观是近年来凸显的一种社会价值观。它强调家庭成员间的平等、互助与共享,摒弃了传统家庭观念中过于强调等级和服从的成分。这种价值观的转变意味着现代家庭更加注重个体的自由发展和家庭成员间的情感交流,有助于培养更具创新精神和社会责任感的个体。

在共同富裕的进程中，家庭的作用更加凸显，它不仅是连接个人与社会的桥梁，更是培育个体社会责任感和道德观念的摇篮。首先，家庭是养育子女的第一课堂。家庭环境对于一个人的成长轨迹有着深远的影响。父母通过言传身教，向子女传递着社会的基本规范和价值观，培养他们的独立思考能力和社会适应能力。一个充满爱与关怀的家庭，能够为子女提供稳定的情感支持，帮助他们在面对外部世界的挑战时更加自信、坚韧。其次，家庭是文化传承的重要场所。每个家庭都承载着独特的历史记忆和文化传统，这些宝贵的精神财富通过家庭成员的代代相传，得以保留和发扬光大。在共同富裕的进程中，我们不仅要追求物质层面的富足，更要关注精神文化的繁荣。家庭作为文化传承的基石，对于维护社会文化的多样性和丰富性具有不可替代的作用。此外，家庭还发挥着社会稳定的基石作用。一个健康和谐的家庭有助于培养个体的社会责任感和道德观念，使他们在日常生活中更加注重公共利益和他人福祉。当每个家庭都能够积极履行其社会责任时，整个社会的和谐稳定就有了坚实的基础。在共同富裕的道路上，我们需要构建更加包容、公正的社会环境，让每个家庭都能够在同一起跑线上为社会的繁荣做出贡献。

但是，家庭层面的各种变化和挑战不容忽视。随着社会的发展，核心家庭（由父母和子女组成）逐渐成为主导的家庭形式，而大家庭（包括祖父母、叔舅等扩展亲属）的比例则在下降。这种变化对家庭经济状况和生活质量产生了深远影响，也对共同富裕的实现提出了新的挑战。家庭规模的小型化是一个显著趋势。由于生育观念的转变和计划生育政策的实施，现代家庭的子女数量普遍减少。少子化现象不仅影响了家庭的经济负担和养老问题，也在一定程度上削弱了家庭的社会功能。与此同时，老龄化是影响家庭结构和家庭功能的另一个重要问题。随着人口预期寿命的延长和生育率的下降，老年人口在家庭和社会中的比例不断上升。老龄化对家庭经济状况、养老保障以及代际关系等方面都产生了深刻影响。

面对新家庭主义价值观、家庭结构变化、家庭规模小型化、少子化以及老龄化等挑战，我们需要从多个层面入手，提升家庭教育的质量、培养家庭成员的责任感和创新精神、关注家庭的经济状况和生活质量，以及提供必要的支持和保障。只有这样，我们才能促进家庭的幸福与和谐，进而实现共同富裕的宏伟目标。

(三) 国家演进

在共同富裕的宏大构想中，国家扮演着至关重要的角色。作为宏观主体，国家不仅承担着制定政策、提供公共服务、维护社会公正等重要职责，其政策导向和执行力度更是直接影响着个人和家庭的发展环境，进而深刻决定着共同富裕的实现程度。

首先，政策制定是国家推动共同富裕的重要手段。通过制定科学、合理、公正的政策，国家能够引导社会资源的合理分配，优化经济结构，促进区域协调发展，从而为个人和家庭创造更加公平、有利的发展环境。例如，通过税收政策调节收入分配，通过教育政策提升人力资源质量，通过社会保障政策兜底民生等，都是国家在政策层面推动共同富裕的具体体现。其次，提供公共服务是国家义不容辞的责任。教育、医疗、社保、环保等领域的公共服务，直接关系到人民群众的切身利益和生活质量。国家通过加大投入、优化布局、提升质量等方式，不断完善公共服务体系，确保每个人都能享受到基本而均等的公共服务。这不仅有助于提升人民群众的幸福感和获得感，也为个人和家庭的发展奠定了坚实的基础。最后，维护社会公正是国家长治久安的重要保障。在共同富裕的道路上，我们不能忽视社会公正的重要性。国家通过对法律法规的制定和执行，保护弱势群体的权益，打击违法犯罪行为，维护社会秩序和稳定。同时，国家还通过反腐败斗争、深化改革开放等措施，推动政治清明、经济繁荣、社会和谐，为共同富裕的实现创造更加良好的社会环境。

然而，我们也必须清醒地认识到，国家在推动共同富裕的过程中，并非一帆风顺，而是面临着诸多挑战和问题。政策落地有难度，可能是其中最突出的一个问题。有时，尽管政策设计初衷是好的，但由于执行层面的种种问题，如官僚主义、地方保护主义、利益集团阻挠等，政策无法真正落到实处，或者在执行过程中变形走样，无法达到预期效果。这不仅损害了政策的权威性和公信力，也影响了民众对共同富裕的信心和期待。其次，公共服务不均等是一大挑战。由于地区间、城乡间经济发展水平的差异，以及财政投入、资源配置等方面的不均衡，一些地区的公共服务水平明显滞后，无法满足民众的基本需求。这种不均等状况不仅加剧了社会的不公平感，也可能引发社会矛盾和不稳定。此外，社会公正还有待提升也不容忽视。在市场经济条件下，由于资本逐利、竞争压力等因素，一些社会群体在资源获取、机会分配等方面处于不利地位。如果缺乏有效的制度保障和政策干预，这种不公正状况可能会恶化，形成社会阶层固化、贫富差距拉大的不利局面。此外，由于信息不对称、决策机制不完善、利益集团影响等原因，国家在制定政策、分配资源等方面可能出现偏差或失误，导致社会资源的错配和浪费。这不仅影响了共同富裕的进程，也可能引发一系列经济社会问题。

针对这些挑战和问题，我们需要不断加强国家的治理体系和治理能力现代化建设。首先，要增强政策制定的科学性和精准性，深入调查研究，广泛听取民意，确保政策符合实际、顺应民心。其次，要加大政策执行和监督力度，建立健全问责机制，确保各项政策能够真正落到实处、惠及广大民众。同时，要优化公共服务供给，加大财政投入力度，均衡资源配置，推动公共服务均等化。最后，要加强社会公正建设，完善法律法规，保障弱势群体权益，打击违法违规行为，维护社会公平正义。除了国家层面的努力外，我们还需要加强社会监督和舆论监督。通过媒体曝光、公众参与等方式，推动国家权力在阳光下运行，防止权力滥用和腐败现象的发生。同时，要鼓励社会各界积极推动共同富裕，形成全社会共同努力、共建共享的良好氛围。

（四）世界依存

在全球化的大背景下，世界已经成为一个紧密联系的整体，各国之间的经济、政治、文化交流日益频繁。对于我国来说，世界不仅是一个展示自身实力的舞台，更是一个实现共同富裕的重要平台。在这个广阔的舞台上，我国既面临着难得的发展机遇，也面临着前所未有的挑战。

在全球化的背景下，各国之间的相互依存程度日益加深。实现共同富裕不仅需要关注本国国内的情况和问题，还需要积极参与全球治理和国际合作，推动构建人类命运共同体。通过加强与其他国家的交流与合作，共同应对全球性挑战，我们可以为实现共同富裕创造更加有利的国际环境。全球化进程推动了资源、技术和信息的跨国流动，为我国实现共同富裕提供了有力支持。全球化使得我国能够更加便捷地从国际市场获取所需的资源和能源，保障了国内生产的稳定进行。随着科技的进步和信息技术的飞速发展，我国得以接触到世界先进的科技成果和管理经验，这极大地提升了我国的生产效率和创新能力。全球化促进了国际文化交流与融合，为我国带来了多元的文化资源和创意灵感，丰富了人民群众的精神生活。

然而，全球化是一把双刃剑。在为我国带来发展机遇的同时，它也带来了一系列挑战。首先，全球化加剧了国际竞争。随着贸易自由化和投资便利化，各国之间的经济联系日益紧密，市场竞争也日趋激烈。我国在某些领域，如高端制造、信息技术、生物医药等，面临着来自其他国家的强劲竞争。这些竞争不仅体现在产品和服务的市场份额上，更体现在技术创新能力、品牌影响力、供应链管理等多个层面。为了在全球竞争中占据有利地位，我国必须加快产业升级步伐，提高自主创新能力，培育具有国际竞争力的企业和品牌。其次，全球化可能导致资源和能源的过度消耗以及环境问题的加剧。随着全球经济的持续增长和人口的不断增加，对资源和能源的需求也在持续上升。一些国家为了追求短期经济利益，过度开采自然资源，忽视环境保护，导致生态环境恶化、气候变化等问题。我国作为世界上最大的发展中国家，面临着资源环境压力持续增大的挑战。为了实现可持续发展，我国必须转变经济发展方式，推动绿色低碳发展，加强资源节约和环境保护，构建人与自然和谐共生的现代化新格局。此外，全球化还带来了文化冲击和价值观的多元化。随着国际交流的日益频繁和信息技术的快速发展，不同文化之间的交流和碰撞也日益增多。一些西方国家的文化产品和价值观念通过电影、音乐、社交媒体等途径传入我国，对我国的传统文化和价值观念产生了冲击。同时，国内也出现了多种文化并存、价值观多元的现象。这种文化多样性和价值观多元化虽然丰富了人民群众的精神生活，但也给我国的文化安全和社会稳定带来了新的挑战。为了维护国家文化安全和社会稳定，我国必须加强文化自信建设，弘扬中华优秀传统文化，推动社会主义核心价值观的深入人心，构建具有中国特色的社会主义文化体系。

世界局势的复杂性和严峻性无疑对实现共同富裕的目标带来了挑战。然而，通过深入分析达利欧世界兴衰周期率、康德拉季耶夫的康波理论以及布罗代尔的历史时段理论等理论，我们可以发现，尽管世界历史中存在着周期性的波动和挑战，但中国的未来在整体上是光明和稳定的，具备实现共同富裕的世界局势基础。面对这些机遇和挑战，我国需要采取积极的措施加以应对。首先，要坚定不移地推进改革开放，进一步融入全球经济体系，积极参与国际竞争与合作。其次，要加强自主创新能力，提升产业核心竞争力，推动经济高质量发展。再次，要注重生态环境保护，坚持走绿色、低碳、可持续发展之路。最后，要加强文化自信和价值观建设，维护国家文化安全和社会稳定。

总的来说，在这个多维互动体系中，个人、家庭、国家与世界相互依存、相互影响。个人的发展离不开家庭的支持和国家的保障；家庭的和谐稳定需要国家的政策引导和社会的文化滋养；国家的繁荣富强则建立在个人和家庭的共同努力以及国际环境的稳定之上。同时，它们之间也存在着复杂的互构和脱嵌关系。个人可能通过努力脱离原有的家庭和社会环境，追求更高层次的发展；家庭可能因社会变迁而失去传统的功能和角色；国家可能因国际环境的变化而调整其发展战略和政策导向；全球化进程中的不平衡发展也可能导致某些国家或地区被边缘化或排斥。因此，实现共同富裕需要我们从全局和系统的角度出发，综合考虑各个层面的因素和影响。我们需要提升个人的全面素质，强化家庭的正面功能并纠正其内部的不平等现象，完善国家的政策体系并提高治理效能，加强国际合作以共同应对全球性挑战。只有这样，我们才能构建一个更加公平、和谐和繁荣的社会，实现共同富裕的宏伟目标。

第十章
扎实推进共同富裕：从衡量到实践

一 总路径：以中国式现代化推动共同富裕

党的二十大报告指出，中国式现代化是全体人民共同富裕的现代化。从整个人类社会发展史来看，走向现代化是一个世界性的历史过程，更是全人类的共同理想。然而，以实现全体人民共同富裕为本质要求之一的中国式现代化道路，是对资本逻辑主导的现代化模式的全面超越。[1] 共同富裕不仅是中国式现代化的重要特征和本质要求，更是其追求的核心目标。中国式现代化，作为社会主义的现代化道路，始终以全体人民的共同富裕为核心使命。当我们谈论实现共同富裕，实际上是在探讨如何通过中国式现代化这一总路径，使每一个国民都能分享到国家发展的成果，实现生活水平的提升和幸福感的增强。

换言之，实现共同富裕紧密嵌入在中国式现代化的整体进程中。从经济结构的调整到社会保障体系的完善，从教育资源的均衡分配到医疗卫生的普及，中国式现代化的每一步都致力于缩小贫富差距，推动社会的公平与正义。可以说，中国式现代化不仅是实现国家强盛、民族复兴的必由之路，更是引领我们走向共同富裕的总路径。

---

[1] 李合亮：《走共同富裕的中国式现代化道路》，《光明日报》2023年1月3日第6版。

（一）中国式现代化的内涵[①]

中国式现代化是中国共产党领导的社会主义现代化，既有各国现代化的共同特征，更有基于自己国情的中国特色。中国式现代化是我党领导全国人民正在砥砺奋进的中华民族伟大复兴之路，为世界上那些既希望加快发展又希望保持自身独立性的国家和民族提供了可供选择的道路。

要理解何谓中国式现代化，首先要弄清楚何谓现代以及何谓现代化。在社会学领域，现代是指与传统中世纪社会不同的一种社会形态，并非纯粹的时间或时代概念。现代化是指由传统农业社会向现代工业社会的变迁过程，是在社会分化的基础上，以科学技术进步为先导，以工业革命和信息革命为主要内容，经济、社会、政治、文化、生态等各方面协调发展的社会变迁过程。

在"大社会"的视角下，现代化表现为一个连续不断的历史变迁过程，而不是某些指标的堆积，是一种与前现代社会发展相比独具特色的发展过程。对于任何一个国家或地区来说，不能把它的"传统"与"现代"绝对割裂，相反只有在本国家、本地区的传统基础上充分运用当下发展的特点和优势，扬长避短地推进现代化道路才能最终取得成功。然而，由于现代化作为社会变迁与发展过程中的一种社会形态，率先在西方发达资本主义国家出现，并在经济水平上表现出了相对较高的成果，为此有学者将西方发达国家作为其他国家现代化的"典范"，提出了"西方式"的现代化，即无论历史经验、社会现状、发展起点有何不同，各个社会都将按照西方的发展道路，展现大体相似的现代化发展过程[②]，发展中国家只有照搬西方国家的发展方法和路径才能最终实现现代化。不过，部分发展中国家走"西方式"现代化道路的失败事实，深刻表明这种观点违反了历史发展的客观规律和现实，并没有真正把握理解何谓现代、何谓现代化。

实际上，现代化并非只有单一的经济维度，在探索如何实现现代化时不能只把注意力集中在经济角度。发展社会学家胡格韦尔特认为，发展中

[①] 本部分的（一）（二）两节发表于《中国社会科学报》2022年11月。
[②] 比如，美国经济学家 W. 罗斯托认为，世界各国的经济发展，都要经历他总结发达国家经验所提出的六个阶段，即传统阶段、准备起飞阶段、起飞阶段、成熟阶段、大众消费阶段、追求生活质量阶段。

国家与发达国家之间的差异是"经济、政治、社会文化、社会中个人的价值观念以及国际环境等多种因素相互叠加导致的结果，社会经济增长与社会结构的变迁共同构成社会真正的发展"。现代化没有一个固定的模式可以参照遵循，发展中国家只能在迈向现代化的进程中依照本国的特点走自己的道路。历史反复证明，不顾本国国情、照搬西方模式，不是水土不服，就是成为他国附庸。2021年习近平总书记在福建考察时提到："如果没有中华五千年文明，哪里有什么中国特色？如果不是中国特色，哪有我们今天这么成功的中国特色社会主义道路？"

（二）把握中国式现代化的特点

要真正理解中国式现代化的特点，需基于对比分析，通过了解什么是"西方式"的现代化道路，从而理解为何我们正在实践的是中国式且有别于"西方式"的现代化。

中国式的现代化与"西方式"的现代化存在不同。关于"西方式"的现代化路径，马克思曾就对外贸易与资本主义扩张的关系进行了讨论，认为发达的第一世界与不发达的第三世界之间存在辩证关系，即西方之所以能够实现现代化，正是因为它剥夺了第三世界发展的机会，而第三世界又以其不发达状态帮助了西方的发达。马克思主义的辩证唯物主义历史观为理解"西方式"的现代化道路提供了极佳的方法论路径。

分析"西方式"的现代化发展道路可以发现，除了西方发达国家本身的科技发展、社会出现手工业者阶层、基督教新教徒的道德观念等内在动力外，它们实现现代化的重要的条件之一是第三世界很多国家的财富几乎无偿地转入了西方发达国家。马克思主义者在其"不发展的发展理论"中，强调欧洲各国之所以能经济扶摇直上，在于通过殖民式的或者说不平等的海外贸易，带来了经济爆发式的剩余价值，这些剩余价值大都集中在资本家手中，资本家又用它们完成了工业投资，进而为工业革命乃至现代化提供了非常必需的条件。在西欧通过掠夺海外的剩余产品而取得社会和经济上的长足进步的同时，与西欧进行贸易的那些国家和地区却由于全面地丧失了剩余产品而被剥夺了经济繁荣的机会，在与西方国家的"互动"中出现人口下降、经济衰退、政治退化等现象。①

在这一点上，中国式的现代化道路与"西方式"的现代化道路明显不同。在人口规模巨大、自然资源禀赋差异大、地区差别明显的特殊国情下，中国的现代化没有范本可学，在不断尝试摸索、学习创新、实践纠错、合作发展中走出了自己的道路。在借鉴西方发展经验的基础上，全中国人民在党中央的领导下，在不断探索和实践中，坚持独立自主、自力更生，立足本国的物质资源和精神资源，发扬中华民族吃苦耐劳、团结奋斗、合作创新的传统，坚持和平共处五项基本原则，开辟了中国式现代化道路。这条道路以为人民服务为目标中心，以全中华民族为行动主体，以守正创新为发展原则，面对"中华民族伟大复兴的战略全局和世界百年未有之大变局"，逐步形成了五位一体的发展模式，在创新、开放、共享、和谐、绿色的新发展理念引导下坚持推进以国内循环为主、坚持国内国际双循环的新发展格局。当前我国科学技术、经济水平、社会水平、文明水平、政治水平、生态水平等多维度的高质量发展，脱贫攻坚、全面建成小康社会、乡村振兴、共同富裕、生态文明建设、区域平衡发展、"一带一路"等多项重点项目和战略的完成或积极推进，都显示出中国的现代化既具有其他各国现代化的共同特点，更逐渐展现习近平总书记提出的"人口规模巨大、全体人民共同富裕、物质文明和精神文明相协调、人与自然和谐共生、走和平发展道路"五大特征。

（三）中国式现代化下的共同富裕

随着中国特色社会主义进入新时代，中国开始走向"创造现代化"的新阶段，创造了人类文明的新形态，更为发展中国家独立自主探索现代化道路提供了可能。共同富裕是中国式现代化的重要特征之一，也是社会主义的本质要求。共同富裕并不是简单的平均主义或绝对贫困的消除，而是一种更高层次的共享发展理念。在中国式现代化的进程中，我们始终坚持发展为了人民、发展依靠人民的原则，致力于实现全体人民的共同富裕，既体现社会主义的本质要求，也符合中国国情和历史文化传统。

党的二十大报告有关中国式现代化的论述强调中国式现代化的独特特

---

① 胡格韦尔特：《发展社会学》，白桦、丁一凡编译，四川人民出版社，1987，第 89~92 页。

征及其所蕴含的"现代"元素和"中国"因素,已经形成较为明确和系统的中国式现代化理论。中国式现代化具有的五大特征,为中国现代化建设提供了指引、明确了方向。分析五大特征不难发现,它们涵盖了政治、经济、文化、社会、生态、治理等几大领域的内容,并为每个领域的现代化建设提供了内在的评估参照点。因此,在对共同富裕实现路径的探索中,我们要坚持以中国式现代化为总路径,按照"五位一体"的总体布局和"四个全面"的战略布局,扎实推进共同富裕的建设事业。

具体来说,一是,坚持走中国特色社会主义道路,坚持以人民为中心的发展思想。中国特色社会主义道路是我们党在长期革命和建设实践中探索出来的成功之路。这条道路既遵循科学社会主义的基本原则,又根据中国的国情和时代特征进行了创新性探索和实践。以人民为中心的发展思想则强调发展成果更多更公平惠及全体人民,推动人的全面发展和社会全面进步。二是,坚持以经济建设为中心,坚持深化改革开放,推动高质量发展。经济发展是实现共同富裕的物质基础。只有经济持续健康发展,才能不断创造更多的社会财富和就业机会,为实现共同富裕奠定坚实的物质基础。因此,我们要继续深化供给侧结构性改革,推动中国经济社会持续健康发展,加快构建新发展格局,推动经济实现质的有效提升和量的合理增长。三是,加强社会保障体系建设,促进社会公平正义。社会保障体系是实现共同富裕的重要保障机制。通过完善社会保险、社会救助等制度,我们可以更好地保障困难群众的基本生活和维护社会公平正义。我们还需要加大教育投入力度,提高教育质量,让每个孩子都能享受到优质的教育资源,从而促进人的全面发展和社会全面进步。四是,加强文化现代化建设。挖掘并传承中华优秀传统文化,强化社会主义核心价值观的引领作用,同时加强文化事业建设,提升公共文化服务水平,满足人民精神文化需求。我们还应鼓励文化创新,推动文化产业的发展,健全现代文化产业体系,以此激发社会活力和创造力。此外,提升公民文明素养,持续推进道德、志愿服务、诚信及网络文明建设,也是实现共同富裕的重要一环。五是,推进生态文明建设,促进人与自然和谐共生。生态文明建设是实现共同富裕的重要条件之一,只有保护好生态环境才能实现可持续发展,打造长期繁荣稳定的社会局面。因此需要加强生态文明建设和环境保护工作,推动经济社会发展全面绿色转型,努力实现经济效益、社会效益、生态效益相统一的目标。此外，为了实现共同富裕，我们还要发扬斗争精神，在面对各种风险和挑战时保持战略定力、增强发展信心、坚定必胜信念，同时加强国际交流与合作，推动构建人类命运共同体。

二 核心路径之一：加强发展机制

为了讨论和测量我国共同富裕的发展机制，本研究构建了富裕度一级指标，并从生产水平（人均国内生产总值）、收入水平（人均可支配收入）、物质消费水平（人均肉类消费量、城镇人均住房面积、每百户年末家用汽车拥有量、每百户年末移动电话拥有量）、服务消费水平（文化产业增加值占当年国内生产总值的比重、人均生活用电量、城镇人均公园绿地面积）、消费结构（恩格尔系数）、居民发展（HDI）、富裕感（获得感、幸福感、安全感）共7个二级指标14个三级指标构建了衡量指标。研究发现这些指标存在差异性。比如，人均肉类消费量、城镇人均住房面积、每百户年末移动电话拥有量相对较高，HDI也较高，但人均国内生产总值、人均可支配收入、服务消费水平、富裕感等都有很大的提升空间，距离基本实现共同富裕目标还有一定的"路程"。

鉴于此，要多维度、多渠道地加强发展机制建设，必须正视存在的问题和短板，采取有针对性的措施，构建起一个全面、协调、可持续的发展机制。这不仅要求我们关注经济总量的增长，更要注重经济结构的优化、社会公平的促进以及人民生活质量的提升。一是，强化经济维度。尽管我国物质消费水平在某些方面已达到较高水平，如人均肉类消费量、城镇人均住房面积等，但在生产水平、收入水平等方面仍有待提升。因此，我们应继续深化经济体制改革，激发市场活力和社会创造力，推动经济高质量发展。通过创新驱动，加快转变经济发展方式，提高全要素生产率，从而持续增加国家整体财富和居民收入。二是，拓展社会维度。共同富裕不仅仅是物质层面的富裕，更包括精神层面的富足。我们应大力发展文化事业和文化产业，提高文化产业增加值在GDP中的占比，丰富人民群众的精神文化生活。同时，应加快发展现代服务业，特别是与人民群众生活密切相关的教育、医疗、养老等领域。通过政策引导和市场机制，鼓励社会资本投入，增加服务供给，提高服务质量，满足人民群众多样化的服务需求。

通过完善社会保障体系、促进教育公平、加强公共卫生体系建设等措施，构建和谐社会，增强人民群众的获得感、幸福感和安全感。三是，融入生态维度。共同富裕的实现还需要我们关注生态环境保护，实现绿色发展。通过推广绿色生产方式、倡导绿色生活方式、加强生态环境治理等措施，促进经济社会发展与生态环境保护相协调，为人民群众创造宜居的生活环境。

三 核心路径之二：完善共享机制

为了讨论和测量我国共同富裕的共享机制，本研究构建了共同度一级指标，并从收入不均匀度（基尼系数、帕尔玛比值）、一次分配系数（劳动收入占 GDP 比重）、二次分配系数（社会保障和就业支出占 GDP 比重、教育支出占 GDP 比重、卫生健康支出占 GDP 比重）、三次分配系数（年度慈善捐赠额占 GDP 比重、人均志愿服务时长）、城乡平等度（城乡居民人均可支配收入比）、地区平等度（人均可支配收入最低和最高地区比）、民众公平感（收入分配公平感、公共服务公平感）共 7 个二级指标 12 个三级指标构建了衡量指标。通过衡量测算，发现共同度指标值整体上低于驱动力、富裕度两个指标值，同时共同度内部的各子指标也存在明显的差异性。比如，收入不均匀度、一次分配系数、城乡平等度等都有很大的提升空间。

鉴于此，本研究认为，在继续加强民众公平感建设的同时，要着重加强以下几方面共享机制的建设。一是，优化收入分配结构，改善收入不均衡的现象。当前，我国收入分配仍存在一定程度的不均衡性。为了实现共同富裕，我们必须深化收入分配制度改革，完善按劳分配为主体、多种分配方式并存的分配制度。通过税收、社会保障等政策的调节，缩小贫富差距，让发展成果更多更公平地惠及全体人民，减少贫富分化，消除贫富极化。虽然共同度内的二次分配系数比其他二级指标值高一些，但基尼系数过大的问题仍旧存在。国家仍需完善税收制度，通过调整税收政策，加大对高收入者的税收调节力度，同时减轻中低收入者的税收负担。通过税收杠杆，调节社会收入分配，缩小贫富差距。

二是，在促进分配模式转变上下功夫，改变资本收益过高的状况。在保持市场经济制度的前提下，贯彻劳动价值观，从根源上解决贫富分化的问题。这需要国家加大对新兴技术和产业的投入力度，推动技术创新与产业升级，代表全体人民掌握生产力核心要素，从而减少对资本的过度依赖。同时需要完善资本市场，加强金融监管，防止资本过度集中于某些领域或行业。通过政策引导和市场机制，鼓励资本流向更具创新性、成长性和社会效益的领域，实现资本的高效利用。并且，还要加强劳动者权益保护，保障劳动者的合法权益，增强劳动者在收入分配中的话语权，实现全体人民的共同富裕。

四 核心路径之三：深挖动力机制

为了讨论和测量我国共同富裕的动力机制，本研究构建了驱动力一级指标，并从国有和集体经济占比（国有六大银行在银行业中的比重）、科技创新力（研发经费投入在 GDP 中的比重）、政府清廉度（清廉指数）、民众参与治理观（社区治理参与观、政治治理参与观）、利他性价值观占比（集体主义价值观占比）、政体支持度（国家认同度、制度认同度、政府信任度）、共同富裕素养（共同富裕关联度、共同富裕认知度）共 7 个二级指标 11 个三级指标构建了衡量指标。通过指标测算，发现驱动力指标值高于富裕度、共同度指标值，驱动力的内部异质性弱于前两者，但仍具差异性。比如，政体支持度相对较高，国有和集体经济占比也较高，但政府清廉度、民众参与治理观等都有很大的提升空间。

鉴于此，本研究认为，在继续发挥我国制度优势、文化优势的同时，要围绕深挖驱动力，加强以下两方面的工作。一是，继续加强廉政建设不放松。我国在新时代反腐倡廉工作中取得了很大成果，但要认识到反腐倡廉工作是一项长期而重要的任务，对于维护社会稳定、促进经济发展、提升政府形象具有重要意义。要在加强廉政教育方面不放松，通过广泛开展廉政教育活动，让广大党员干部深刻认识到廉政建设的重要性，自觉遵守廉洁自律的规范，形成风清气正的政治生态。要在制度上完善，保证廉政建设有序进行。确保权力在阳光下运行，防止腐败现象的发生。要在强化监督执纪方面发挥有力的震慑作用，对违纪违法行为进行严肃查处。

二是，积极鼓励民众参与社会治理。民众作为社会的基本单元，其参与治理不仅有助于增强社会凝聚力和向心力，还能增强治理的民主性、科学性和有效性。民众作为治理的直接利益相关者，他们的意见和建议能够更直接地反映社会需求和民意。通过广泛听取民众的意见，政府和相关机构能够更全面地了解社情民意，从而做出更符合实际、更贴近民心的决策。民众参与治理也有助于提升政策效能。民众作为社会治理的参与者和监督者，他们的参与能够提高政策实施过程的透明度并增强公开性，减少权力寻租和腐败现象的发生。同时，民众的智慧和创造力也能够为治理提供更多的思路和方法，促进治理的创新和进步。

  总的来说，通过构建由3个一级指标、21个二级指标、37个三级指标构成的共同富裕衡量指标，本研究得到共同富裕指数为0.5121，当前我国共同富裕基本处于中等以上水平。通过指数增长模型分析，接下来的27年，若此指数的平均增速保持在2.5%，2035年达到0.7~0.75，便能在2050年基本实现共同富裕的目标。习近平总书记多次强调："消除贫困、改善民生、实现共同富裕，是社会主义的本质要求。"实现共同富裕是社会主义的核心理念和本质要求，它深刻反映了社会主义制度的根本属性和价值取向。扎实推进共同富裕，不仅揭示了社会主义对公平、正义的坚定追求，更凸显了其与资本主义等其他社会形态在发展目标、价值取向上的根本差异。我国的共同富裕不是简单地追求经济增长，而是致力于构建一个更加公平、和谐的社会，使全体人民能够共建共享发展的成果。可以说，共同富裕的理念和实践，是社会主义制度优越性的集中体现，是社会主义区别于其他社会形态的重要标志。扎实推进共同富裕，是社会主义与其他社会形态的差异性和独特性的最本质的彰显。在这条实践道路上，我们要坚定信心决心，不断追求经济的持续健康发展，注重社会的全面进步，相信通过全体人民的共同努力和不懈奋斗，共同富裕的美好愿景一定能够成为现实。

附录
共同富裕衡量指标

一级指标 3	二级指标 21	三级指标 37
富裕度（7，14）	生产水平	人均国内生产总值（美元）
	收入水平	人均可支配收入（元）
	物质消费水平	人均肉类消费量（公斤）
		城镇人均住房面积（平方米）
		每百户年末家用汽车拥有量（辆）
		每百户年末移动电话拥有量（部）
	服务消费水平	文化产业增加值占当年国内生产总值的比重（%）
		人均生活用电量（千瓦时）
		城镇人均公园绿地面积（平方米）
	消费结构	恩格尔系数
	居民发展	人类发展指数
	富裕感	获得感
		幸福感
		安全感
共同度（7，12）	收入不均匀度	基尼系数
		帕尔玛比值
	一次分配系数	劳动收入占 GDP 比重（%）
	二次分配系数	社会保障和就业支出占 GDP 比重（%）
		教育支出占 GDP 比重（%）
		卫生健康支出占 GDP 比重（%）

续表

一级指标3	二级指标21	三级指标37
共同度（7，12）	三次分配系数	年度慈善捐赠额占GDP比重（%）
		人均志愿服务时长（小时）
	城乡平等度	城乡居民人均可支配收入比
	地区平等度	人均可支配收入最低和最高地区比
	民众公平感	收入分配公平感
		公共服务公平感
驱动力（7，11）	国有和集体经济占比	国有六大银行在银行业中的比重（%）
	科技创新力	研发经费投入在GDP中的比重（%）
	政府清廉度	清廉指数
	民众参与治理观	社区治理参与观
		政治治理参与观
	利他性价值观占比	集体主义价值观占比（%）
	政体支持度	国家认同度
		制度认同度
		政府信任度
	共同富裕素养	共同富裕关联度
		共同富裕认知度

参考文献

安东尼·吉登斯：《社会学》（第五版），西蒙·格里菲斯协助，李康译，北京大学出版社，2009。

蔡宏波、郑涵茜：《中等收入群体"滑落"的特征、影响因素与防范路径》，《人口与经济》2023年第5期。

曹海军：《党建引领下的社区治理和服务创新》，《政治学研究》2018年第1期。

陈光金：《不仅有"相对剥夺"，还有"生存焦虑"——中国主观认同阶层分布十年变迁的实证分析（2001—2011）》，《黑龙江社会科学》2013年第5期。

陈云松、范晓光：《阶层自我定位、收入不平等和主观流动感知（2003—2013）》，《中国社会科学》2016年第12期。

陈忠海：《先秦时代的共同富裕思想》，《中国发展观察》2021年第17期。

崔岩、黄永亮：《中等收入群体客观社会地位与主观阶层认同分析——兼议如何构建主观阶层认同上的橄榄型社会》，《社会发展研究》2017年第3期。

党秀云：《论志愿服务可持续发展的价值与基础》，《中国行政管理》2019年第11期。

范晓光、陈云松：《中国城乡居民的阶层地位认同偏差》，《社会学研究》2015年第4期。

斐迪南·滕尼斯：《共同体与社会：纯粹社会学的基本概念》，林荣远译，商务印书馆，1999。

冯仕政：《中国社会转型期的阶级认同与社会稳定——基于中国综合调查的

实证研究》,《黑龙江社会科学》2011年第3期。

高海燕、王鹏、谭康荣:《中国民众社会价值观的变迁及其影响因素——基于年龄—时期—世代效应的分析》,《社会学研究》2022年第1期。

高勇:《地位层级认同为何下移:兼论地位层级认同基础的转变》,《社会》2013年第4期。

桂勇、黄荣贵:《城市社区:共同体还是"互不相关的邻里"》,《华中师范大学学报》(人文社会科学版)2006年第6期。

郭新华、孙俊婷:《扩大中等收入群体规模对消费升级的影响——基于湖南省14个地级市面板数据的实证》,《时代经贸》2022年第9期。

何干之:《近代中国启蒙运动史》,大有书局,2022。

何昀、过天姿:《我国中等收入群体消费的影响因素实证研究——基于CHFS2015数据》,《商学研究》2019年第4期。

亨利·罗斯文:《家庭和家庭价值观》,安继民译,《中国儒学》2020年第1期。

黄杰:《"共同体",还是"社区"?——对"Gemeinschaft"语词历程的文本解读》,《学海》2019年第5期。

黄隽、李冀恺:《中国消费升级的特征、度量与发展》,《中国流通经济》2018年第4期。

黄晓星、蒋婕:《治理现代化与社会建设:社区志愿服务发展的分析进路》,《中国志愿服务研究》2020年第2期。

黄群慧:《协调发展是实现共同富裕的必由之路》,《金融理论探索》2022年第1期。

卡尔·曼海姆:《卡尔·曼海姆精粹》,徐彬译,南京大学出版社,2002。

克劳斯·奥菲:《福利国家的矛盾》,郭忠华等译,吉林人民出版社,2006。

李春玲:《迈向共同富裕阶段:我国中等收入群体成长和政策设计》,《北京工业大学学报》(社会科学版)2022年第2期。

李春玲:《我国阶级阶层研究70年:反思、突破与创新》,《江苏社会科学》2019年第6期。

李春玲:《中等收入群体成长的个体因素分析》,《社会科学辑刊》2018年第6期。

李春玲:《中等收入群体的增长趋势与构成变化》,《北京工业大学学报》

（社会科学版）2018年第2期。

李春玲：《中等收入群体概念的兴起及其对中国社会发展的意义》，《中共中央党校学报》2017年第2期。

李骏：《从收入到资产：中国城市居民的阶层认同及其变迁——以1991-2013年的上海为例》，《社会学研究》2021年第3期。

李连江：《差序政府信任》，《二十一世纪》2012年第3期。

李凌：《志愿服务对推动第三次分配、促进共同富裕的重要价值》，《中国志愿服务研究》2021年第2期。

李培林、崔岩：《我国2008—2019年间社会阶层结构的变化及其经济社会影响》，《江苏社会科学》2020年第4期。

李培林：《社会冲突与阶级意识当代中国社会矛盾研究》，《社会》2005年第1期。

李培林：《中国跨越"双重中等收入陷阱"的路径选择》，《劳动经济研究》2017年第1期。

李培林、朱迪：《扩大中等收入群体，促进消费拉动经济——上海中等收入群体研究报告》，《江苏社会科学》2016年第5期。

李实、杨修娜：《中等收入群体与共同富裕》，《经济导刊》2021年第3期。

李炜：《中间阶层与中等收入群体辨析》，《华中科技大学学报》（社会科学版）2020年第6期。

李晓光、郭小弦：《个体社会资本在下降吗？——城市居民社会资本的变迁趋势分析》，《社会学研究》2022年第5期。

厉以宁、黄奇帆、刘世锦、蔡昉等：《共同富裕：科学内涵与实现路径》，中信出版集团，2022。

林春梅、秦江梅、张丽芳等：《2020年全国社区医院建设追踪监测分析》，《中国全科医学》2021年第31期。

刘世雄、周志民：《从世代标准谈中国消费者市场细分》，《商业经济文荟》2002年第5期。

刘娴静：《城市社区治理模式的比较及中国的选择》，《社会主义研究》2006年第2期。

刘相伟：《2009年零售业简报——与经济衰退相比，娱乐业却在良好发展》，《记录媒体技术》2009年第5期。

刘欣：《转型期中国大陆城市居民的阶层意识》，《社会学研究》2001年第3期。

罗伯特·帕特南：《独自打保龄：美国社区的衰落与复兴》，刘波等译，燕继荣审校，北京大学出版社，2011。

彭宗峰：《政府、社会与居民良性互动的社区治理何以可能——一个基于内卷理论重释的理解框架》，《求实》2022年第4期。

任莉颖：《中等收入群体与中等社会地位认同——基于社会质量理论的探讨》，《华中科技大学学报》（社会科学版）2022年第4期。

容志、孙蒙：《党建引领社区公共价值生产的机制与路径：基于上海"红色物业"的实证研究》，《理论与改革》2020年第2期。

田志鹏：《中等收入群体家庭就业稳定性与生育计划研究——基于2017年和2019年中国社会状况综合调查数据》，《华中科技大学学报》（社会科学版）2022年第4期。

王春光、李炜：《当代中国社会阶层的主观性建构和客观实在》，《江苏社会科学》2002年第4期。

王春光：《社会治理"共同体化"的日常生活实践机制和路径》，《社会科学研究》2021年第4期。

王金水、吴愈晓、许琪：《年龄-时期-世代模型的发展历程与社会科学应用》，《社会研究方法评论》2022年第2期。

王伟进、王雄军：《我国社会组织参与社会治理的进展与问题》，《国家治理》2018年第35期。

吴愈晓、王金水、王旭洋：《中国性别角色观念变迁（1990—2018）：年龄、时期和世代效应及性别差异模式》，《中华女子学院学报》2022年第4期。

习近平：《在庆祝改革开放40周年大会上的讲话》，《人民日报》2018年12月19日第2版。

向德平：《推动新时代社区治理创新发展》，《中国社会科学报》2020年7月14日第1版。

向林冰：《中国哲学史纲要》，生活书店，2014。

肖若石：《"十四五"期间培育和发展中等收入群体若干问题研究》，《价格理论与实践》2021年第7期。

289

许琪：《"混合型"主观阶层认同：关于中国民众阶层认同的新解释》，《社会学研究》2018年第6期。

许琪、王金水、吴愈晓：《理论驱动还是方法驱动？——年龄—时期—世代分析的最新进展》，《社会学研究》2022年第6期。

杨麟慧：《集体主义价值观与社会主义核心价值观的逻辑关系》，《学校党建与思想教育》2016年第22期。

杨团：《社区公共服务论析》，华夏出版社，2002。

尹广文：《多元主体参与社区场域中的协同治理实践——基于四种典型的社区治理创新模式的比较研究》，《云南行政学院学报》2016年第5期。

郁建兴、任杰：《共同富裕的理论内涵与政策议程》，《政治学研究》2021年第3期。

袁方成：《增能居民：社区参与的主体性逻辑与行动路径》，《行政论坛》2019年第1期。

袁志刚、夏林锋、樊潇彦：《中国城镇居民消费结构变迁及其成因分析》，《世界经济文汇》2009年第4期。

张栋：《评析我国2009年以来的房地产调控政策》，西南政法大学硕士学位论文，2011。

张海东、刘晓瞳：《我国居民阶层地位认同偏移对社会政治态度的影响——基于CGSS2010的实证分析》，《福建论坛》（人文社会科学版）2019年第9期。

张海东、杨城晨：《住房与城市居民的阶层认同——基于北京、上海、广州的研究》，《社会学研究》2017年第5期。

张来明、刘理晖：《新中国社会治理的理论与实践》，《管理世界》2022年第1期。

张文宏：《扩大中等收入群体促进共同富裕的政策思考》，《社会科学辑刊》2022年第6期。

张翼：《当前中国社会各阶层的消费倾向——从生存性消费到发展性消费》，《社会学研究》2016年第4期。

张翼：《全面建成小康社会视野下的社区转型与社区治理效能改进》，《社会学研究》2020年第6期。

赵祥云：《业主委员会参与社区治理的多重合法性及运行逻辑——基于对苏

州市相城区 R 小区的分析》,《深圳社会科学》2019 年第 4 期。

赵延东:《"中间阶层认同"缺乏的成因及后果》,《浙江社会科学》2005 年第 2 期。

"中国季度宏观经济模型(CQMM)"课题组:《2021—2022 年中国宏观经济更新预测——提高中等收入群体收入增速的宏观经济效应分析》,《厦门大学学报》(哲学社会科学版) 2021 年第 6 期。

中国社会科学院社会研究所课题组:《疫灾引发的社会心理冲击及应对之道》,《中央社会主义学院学报》2020 年第 3 期。

朱迪:《中等收入群体的消费趋势:2006—2015》,《河北学刊》2017 年第 2 期。

邹宇春、李建栋、张丹:《主观中间阶层的各级政府信任与主观幸福感的关系研究》,《华中科技大学学报》(社会科学版) 2020 年第 6 期。

邹宇春:《时代之力:我国中等收入群体阶层认同偏差的趋势分析》,《社会学研究》2023 年第 3 期。

邹宇春:《提升制度信任:确保政府良性运行的重要方向》,《中国发展观察》2014 年第 8 期。

Aquinas, T. *Summa Theologica*. Translated by Fathers of the English Dominican Province. Benziger Bros, 1952.

Bellah, R. N. *Habits of the Heart: Individualism and Commitment in American Life*. Berkeley: University of California Press, 1973.

Bell, W., & Boat, M. D. "Urban Neighborhoods and Informal Social Relations." *American Journal of Sociology* 62 (4), 1957.

Deaton, A. "Franco Modigliani and the Life Cycle Theory of Consumption." *Banca Nazionale del Lavoro Quarterly Review* 58, 2005.

Derndorfer, J., & Kranzinger, S. "The Decline of the Middle Class: New Evidence for Europe." *Journal of Economic Issues* 55 (4), 2021, 914-938.

Elder, G. H. "Time, Human Agency, and Social Change: Perspectives on the Life Course." *Social Psychology Quarterly* 57 (1), 1994.

Enrico, A., Aron, R., & Oktavia, W. "The Factors that Influenced Consumptive Behavior: A Survey of University Students in Jakarta." *International Journal of Scientific and Research Publications* 4 (1), 2014, 1-6.

Fosse, E. Than, & C. Hristopher Winship. "Analyzing Age-Period-Cohort Data: A Review and Critique." *Annual Review of Sociology* 45, 2019.

George, H. *Progress and Poverty*. New York: Cosmopolitan Publishing Company, 1897.

Hayati, A., Yusuf, A. M., & Asnah, M. B. "Contribution of Self Control and Peer Conformity to Consumptive Behavior." *International Journal of Applied Counseling and Social Sciences* 2 (1), 2020, 16-24.

Jackman, M. R., & Jackman, R. "An Interpretation of the Relation between Objective and Subjective Social Status." *American Sociological Review* 38, 1973, 569-582.

Kant, I. *Groundwork of the Metaphysics of Morals*. Cambridge University Press, 1998.

Locke, J. *An Essay Concerning Human Understanding*. Edited by Peter H. Nidditch. Oxford University Press, 1975.

Locke, J. *Two Treatises of Government*. Cambridge University Press, 1690.

Luo, L., & J. S. Hodges. "The Age-Period-Cohort-Interaction Model for Describing and Investigating Inter-Cohort Deviations and Intra-Cohort Life-Course Dynamics." *Sociological Methods & Research* 51 (3), 2022.

Lu, Y., L. Luo & M. R. Santos. "Social Change and Race-Specific Homicide Trajectories: An Age-Period-Cohort Analysis." *Journal of Research in Crime and Delinquency*, 2022.

Marx, K. *Capital: A Critique of Political Economy*. Volume 1. Penguin Classics, 1990.

OECD. *Under Pressure: The Squeezed Middle Class*. OECD Publishing, Paris, 2019.

Rawls, J. *A Theory of Justice*. Harvard University Press, 1971.

Reed, A. "Social Identity as a Useful Perspective for Self-Concept-Based Consumer Research." *Psychology & Marketing* 19 (3), 2002, 235-266.

Rousseau, J. J. *The Social Contract and Other Later Political Writings*. Cambridge University Press, 1978.

Ryder, N. B. "The Cohort as a Concept in the Study of Social Change." *American Sociological Review 30 (6), 1965.

Schumpeter, J. *Economic Development: Theory and History*. Oxford University Press, 1954.

Sen, A. *Development as Freedom*. Oxford University Press, 1999.

Smith, A. *An Inquiry into the Nature and Causes of the Wealth of Nations*. W. Strahan and T. Cadell, 1776.

Smith, A. *The Wealth of Nations*. Modern Library, 1976.

Thomas Aquinas. *Summa Theologica*. Translated by Fathers of the English Dominican Province. Benziger Bros, 1952.

Wirth, L. "Urbanism as a Way of Life." *American Journal of Sociology* 44 (1), 1938.

Yang, Yang, S. Sam Schulhofer-Wohl, Wenjiang W. Jr. Fu & Kenneth C. K. C. Land. "The Intrinsic Estimatior for Age-Period-Cohort Analysis: What It Is and How to Use It." *American Journal of Sociology* 113 (7),2008.

Zahra, D. R., & Anoraga, P. "The Influence of Lifestyle, Financial Literacy, and Social Demographics on Consumptive Behavior." *The Journal of Asian Finance, Economics and Business* 8 (2), 2021, 1033–1041.

图书在版编目(CIP)数据

共同富裕：衡量指标与实现路径 / 邹宇春著.
北京：社会科学文献出版社，2024.5. -- (当代中国社会变迁研究文库). -- ISBN 978-7-5228-3800-7

Ⅰ.F124.7

中国国家版本馆 CIP 数据核字第 2024FZ2371 号

当代中国社会变迁研究文库
共同富裕：衡量指标与实现路径

著　　者 / 邹宇春

出　版　人 / 冀祥德
组稿编辑 / 谢蕊芬
责任编辑 / 庄士龙
责任印制 / 王京美

出　　版 / 社会科学文献出版社·群学分社（010）59367002
　　　　　 地址：北京市北三环中路甲29号院华龙大厦　邮编：100029
　　　　　 网址：www.ssap.com.cn
发　　行 / 社会科学文献出版社（010）59367028
印　　装 / 三河市龙林印务有限公司

规　　格 / 开　本：787mm×1092mm　1/16
　　　　　 印　张：19.25　字　数：310千字
版　　次 / 2024年5月第1版　2024年5月第1次印刷
书　　号 / ISBN 978-7-5228-3800-7
定　　价 / 128.00元

读者服务电话：4008918866

▲ 版权所有 翻印必究